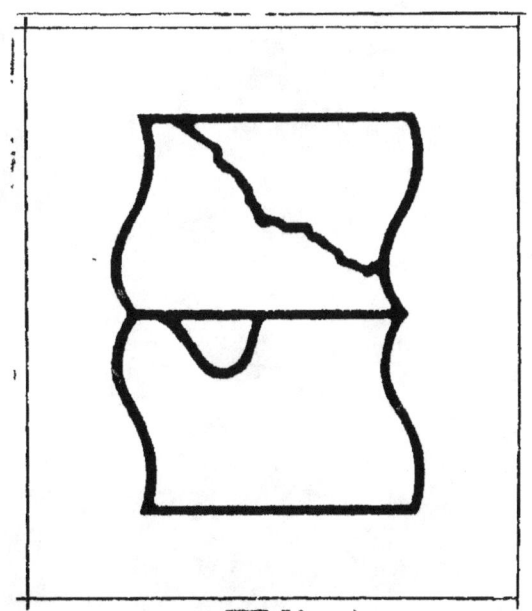

GUEUSQUIN REL.

VLADIMIR SOLOVIEV

TROIS ENTRETIENS

SUR LA GUERRE
LA MORALE ET LA RELIGION

TRADUITS DU RUSSE, AVEC UNE INTRODUCTION
PAR
EUGÈNE TAVERNIER

Avec un portrait de l'auteur

PARIS
LIBRAIRIE PLON
PLON-NOURRIT ET Cⁱᵉ, IMPRIMEURS-ÉDITEURS
8, RUE GARANCIÈRE — 6ᵉ

1916
Tous droits réservés

TROIS ENTRETIENS

SUR LA GUERRE

LA MORALE ET LA RELIGION

OUVRAGES DU MÊME AUTEUR

Louis Veuillot. *L'Homme, le Lutteur, l'Écrivain.* 4ᵉ édition. Un volume in-16 avec un portrait.............. 3 fr. 50
(Couronné par l'Académie française.)
(Librairie PLON-NOURRIT et Cⁱᵉ.)

La Morale et l'Esprit laïque. Un volume in-12..... 3 fr. 50
La Religion nouvelle. Un volume in-12.......... 3 fr. 50
(Librairie LETHIELLEUX.)

Du Journalisme, son histoire, son rôle social, politique et religieux. Un volume in-12................ 3 fr. 50
(Librairie OUDIN.)

VLADIMIR SOLOVIEV
1853-1900

VLADIMIR SOLOVIEV

TROIS ENTRETIENS

SUR LA GUERRE
LA MORALE ET LA RELIGION

TRADUITS DU RUSSE, AVEC UNE INTRODUCTION

PAR

EUGÈNE TAVERNIER

Avec un portrait de l'auteur

PARIS

LIBRAIRIE PLON

PLON-NOURRIT ET Cⁱᵉ, IMPRIMEURS-ÉDITEURS

8, RUE GARANCIÈRE — 6ᵉ

1916

Tous droits réservés

Droits de reproduction et de traduction
réservés pour tous pays.

INTRODUCTION

VLADIMIR SOLOVIEV

L'HOMME

Vladimir Soloviev est un des noms illustres de la Russie contemporaine. Il est le plus grand philosophe de ce pays. Mort en 1900, après une carrière éclatante mais courte (ayant vécu moins de cinquante ans), il a laissé une œuvre philosophique, religieuse et littéraire de première importance : dix volumes compacts dont on vient de publier une nouvelle édition d'ensemble; quatre volumes de correspondance; un recueil de poésies; une traduction de Platon. Très célèbre de son vivant, il continue de posséder un prestige et d'exercer une influence qui ne cessent de s'accroître. La Russie studieuse et la Russie savante le lisent et l'admirent. Là-bas, dans les centres cultivés, se rencontrent des associations Soloviev, des cercles Soloviev, des comités Soloviev. Il inspire des analystes et des biographes très nombreux. Les Russes qui n'admettent pas sa doctrine sont, comme les autres, fiers de lui et heureux de proclamer sa gloire, qui s'est emparée de l'avenir. Non seulement on le célèbre, mais on l'aime. Tous les hommes qui l'ont connu gardent de lui un souvenir incomparable.

Aujourd'hui où, dans les exploits d'une guerre européenne, Russes et Français mêlent leurs âmes et leur sang, c'est, plus que jamais, un devoir et une joie de rendre hommage à Soloviev, manifestation magnifique du génie de sa noble race.

Il aimait beaucoup notre pays. Il en parlait et il en écrivait la langue à merveille. Même, il a, voici plus de vingt années, publié chez nous un important ouvrage en français *(la Russie et l'Église universelle)*, qui touche à plusieurs des sujets traités dans le livre russe dont je donne la traduction (1). Et cependant les deux livres

---

(1) En fait de traduction française se rapportant à l'œuvre russe de Soloviev, il n'y a jusqu'à présent que le volume de deux cents pages, publié en 1910 par M. Séverac (librairie Louis

sont très différents, du moins par la forme. Leur comparaison met en évidence l'étonnante variété des dons que possédait Soloviev. Philosophe et apôtre, il était encore, comme écrivain, un artiste. Ces *Trois Entretiens*, imprégnés de philosophie et de théologie, ont l'attrait d'un exercice littéraire fort élégant, très dégagé et aussi, dans le meilleur sens du mot, mondain. Ils donnent l'idée la plus exacte de l'imprévu et du charme que présentait la conversation du grand philosophe russe.

J'ai fait connaissance avec Vladimir Soloviev pendant son deuxième séjour à Paris, qui dura du mois de mai au mois d'octobre 1888. Le 25 mai de cette année-là, j'avais eu la bonne fortune d'être invité à une réunion assez originale, dans les salons de la princesse Wittgenstein, née Bariatynski.

Soixante personnes environ, le plus grand nombre fourni par la société du faubourg Saint-

---

Michaud, Paris). Ce sont des extraits, précédés d'une analyse générale et d'une biographie. Bien que choisis avec discernement et parfois assez notables, ces extraits ne peuvent manquer de paraître courts, étant données la valeur et l'étendue des écrits d'où ils sont tirés. La biographie constate le prestige qui, en Russie, s'attache au nom, au souvenir, à l'œuvre de Vladimir Soloviev.

Germain, un groupe de Russes à peu près naturalisés Parisiens, quelques Religieux d'origine étrangère, trois ou quatre publicistes de notoriété diverse, écoutaient une conférence que lisait en français un écrivain récemment arrivé de Petrograd. Il exposait l'*Idée russe*, sujet familier au monde littéraire et politique de là-bas; plus ou moins connu mais assez négligé par les Russes qui habitent ou qui fréquentent notre capitale; presque entièrement ignoré chez nous. Qui était ce conférencier? Ses compatriotes eux-mêmes, sauf quelques-uns, savaient seulement qu'il était le fils d'un des meilleurs historiens de la Russie; qu'il avait occupé très jeune une chaire à l'Université de Moscou; que, dans des livres et dans des revues, il traitait principalement les questions philosophiques et religieuses; qu'il lui était arrivé maintes fois de soutenir des polémiques très retentissantes; que, s'il avait des adversaires de toute sorte, il possédait, en revanche, une multitude d'amis et d'admirateurs enthousiastes; qu'il passait pour aimer les théories paradoxales; et que, d'allures singulières, il menait une existence plus ou moins nomade.

Les Français le regardaient et l'écoutaient avec curiosité. Très grand, d'une maigreur et d'une minceur extrêmes, le port droit, l'attitude recueillie, il donnait tout d'abord l'impression d'un personnage qui n'aurait eu qu'une demi-réalité physique. Mais, sous la longue chevelure grisonnante qui encadrait son front large et harmonieux, s'épanouissait rapidement une puissance pénétrante. Ses yeux de myope, immenses et magnifiques, projetaient des rayons. La voix, étendue et pleine, était singulièrement nuancée. Gutturales, éclatantes, douces et même caressantes, toutes les notes se succédaient; ou bien elles composaient un seul accord, ainsi que dans les cloches d'un métal artistique et savant où les sonorités les plus graves sont traversées de vibrations argentines. Des manières humbles et presque timides, avec un profond accent d'énergie audacieuse et obstinée. Tel apparaissait Vladimir Soloviev.

Que venait-il nous dire? et quel intérêt spécial pouvait présenter cette *idée russe?* Avait-elle donc plus d'importance ou plus de précision que l'idée française, anglaise, allemande ou italienne? Le discours, bien qu'il ne fût pas long, produisit une impression de puissance. Bientôt l'auditoire s'était rendu compte que le conférencier interprétait des sentiments qui touchaient à la nature propre d'un peuple et qui résumaient toute une crise intellectuelle et morale. Mais on ne soupçonnait guère en quoi la doctrine qu'il exposait avec tant d'élévation et d'éloquence se rapportait à nos intérêts et à nos besoins.

On comprendrait mieux chez nous, maintenant. Ou plutôt, on *comprendra* mieux. Car l'enseignement que nous apportait ce philosophe russe est devenu la leçon qui ressort de la crise formidable où, depuis deux années, le sang français coule à flots, et où se déchire, pour se reconstituer, l'âme de la France. Nous avons vu les aberrations et les monstruosités que peut engendrer une *idée nationale* développée sans mesure et nourrie d'une exaltation aveugle. L'idée *allemande* nous a montré de quelle folie furieuse peut être dévoré un peuple obsédé par l'amour de soi-même. C'est ainsi qu'est apparue au milieu de la civilisation l'idée allemande, qui prétendait être la civilisation supérieure et totale.

Un peuple peut donc, jusqu'à l'aveuglement et jusqu'à la frénésie, se tromper sur ses droits, sur ses forces, sur sa destinée. Le patriotisme, qui, éclairé et généreux, est si beau et si noble, subit des déviations et des déformations prodigieuses quand il se laisse aller à l'idolâtrie de soi-même. Dans un peuple, l'amour-propre démesuré peut exercer les mêmes ravages que dans un individu et le rendre, comme un particulier, injuste, déraisonnable, fou furieux.

Il y a aussi d'autres égarements, dans le sens inverse. Un peuple peut prendre en mépris et en horreur les sentiments et les traditions qui ont fait sa force. Nous commencions à être entraînés par cet aveuglement, lorsque Soloviev vint nous parler des devoirs d'une nation envers autrui et envers elle-même. Alors, on voyait s'épanouir dans notre politique l'erreur fondamentale qu'une fausse philosophie, une fausse histoire et une fausse littérature cultivaient chez nous depuis un siècle. Beaucoup de Français s'étaient mis à détester le passé de leur pays. Sous prétexte de mieux aimer la France, ils voulaient forger une France qui, par l'âme, par les institutions et par les mœurs, fût tout le contraire de ce qu'elle avait été si longtemps. Persuadés qu'ils avaient pour toujours mis la main sur la vérité historique, philosophique et sociale, ils voulaient encore introduire dans les lois cette vérité prétendue; et ils appelaient la politique à leur aide.

La Russie, elle, subissait à la fois les deux emportements opposés. Il y avait chez elle, surtout depuis un demi-siècle, beaucoup de penseurs, de savants, de professeurs et d'écrivains qui travaillaient à la détacher de tout ce qui était russe et à la faire rompre avec sa tradition politique et religieuse. Ils prêchaient les sophismes fabriqués en Allemagne et en France. Ces hommes se glorifiaient d'être des *Occidentaux*. En même temps, parmi les fidèles de la tradition russe, un très grand nombre représentaient la Russie comme une puissance à part, ayant en elle-même toute la morale, toute la civilisation, toute la religion, ne devant rien à personne et ne recevant rien de personne. Ceux-là, c'étaient les *Slavophiles*.

Soloviev combattait les exagérations et les aberrations des uns et des autres. Aux incrédules qui prêchent la morale et le patriotisme, il rappelait que les droits et les devoirs des hommes sont réglés par la loi divine et que la civilisation chrétienne ne peut subsister sans la doctrine chrétienne. Aux croyants qui s'enferment dans une infatuation exaltée, il montrait l'Église russe soumise à l'autorité politique nationale et isolée du centre de la vie religieuse universelle.

Cette attitude déconcertait les libres penseurs et scandalisait les croyants. Les philosophes, les savants et les autres occidentaux reprochaient à Soloviev d'être trop mystique; les croyants, d'être trop philosophe et trop occidental. Et tous ses adversaires s'accordaient à le trouver beaucoup trop indépendant d'allures dans les grandes choses ainsi que dans les petites. Peu d'hommes supérieurs furent comme lui en butte aux critiques contradictoires. Mais peu aussi eurent tant d'amis et d'admirateurs enthousiastes. Il en avait même une foule dans les camps hostiles à sa doctrine et à ses tendances.

Historien, philosophe et croyant, Soloviev envisageait la notion de patrie, et spécialement la destinée de la patrie russe, d'après les enseignements de l'histoire, de la philosophie, de la révélation chrétienne.

Aux auditeurs de Paris il disait : « *L'idée d'une nation n'est pas ce qu'elle pense d'elle-même dans le temps, mais ce que Dieu pense sur elle dans l'éternité.*

« ... En acceptant l'unité essentielle et réelle du genre humain, nous devons considérer l'humanité entière comme un grand être collectif ou un organisme social dont les différentes nations représentent les membres vivants. Il est évident, à ce point de vue, qu'aucun peuple ne saurait vivre *en soi, par soi et pour soi,* mais que la vie de chacun n'est qu'une participation déterminée à la vie générale de l'humanité.

« La fonction organique qu'une nation doit remplir dans cette vie universelle, voilà sa vraie idée nationale, éternellement fixée dans le plan de Dieu.

« ... Le peuple russe est un peuple chrétien, et, par conséquent, pour connaître la vraie idée russe, il ne faut pas se demander ce que la Russie fera par soi et pour soi, mais ce qu'elle *doit faire* au nom du principe chrétien qu'elle reconnaît et pour le bien de la chrétienté universelle à laquelle elle est censée appartenir. Elle doit, pour remplir vraiment sa mission, entrer de cœur et d'âme dans la vie commune du monde chrétien et employer toutes ses forces nationales à réaliser, d'accord avec les autres peuples, cette unité parfaite et universelle du genre humain, dont la base immuable nous est donnée dans l'Église du Christ. »

Ces déclarations et d'autres analogues étaient nouvelles pour la plus grande partie de l'auditoire de 1888 réuni à Paris. Mais elles avaient déjà été maintes fois, par la parole et par la plume, développées devant le public russe, depuis une quinzaine d'années.

L'apostolat chrétien que Soloviev exerçait datait de la thèse même soutenue pour le doctorat, en 1874, lorsque le jeune philosophe n'avait que vingt et un ans. Dans cette première thèse, intitulée *la Crise de la philosophie occidentale,* se trouvait déjà une notable partie de la doctrine à laquelle allait être consacrée une existence de labeur passionné.

La soutenance de thèse eut un retentissement extraordinaire, non pas seulement à cause de l'originalité et de la grande valeur des idées qui étaient ainsi développées devant un public d'élite ; mais surtout à cause de la puissance intellectuelle dont le jeune candidat faisait preuve. Ce fut un événement. L'impression en resta vivante pendant bien des années ; et la trace en subsiste dans l'histoire de l'époque. Devant des centaines d'auditeurs, camarades d'études, professeurs, écrivains, le jeune candidat remporta un triomphe, salué dans les revues scientifiques et dans les journaux. En sortant de la séance, l'historien Bestoujev-Rioumine écrivait : « Si les espérances de ce jour se réalisent, la Russie possède un nouvel homme de génie : il ressemble à son père par ses manières et par sa tournure d'esprit; mais il le dépassera. Jamais, à aucune soutenance de thèse, je n'avais constaté *une puissance intellectuelle si prodigieuse.* » Une foule d'auditeurs répétaient avec Zamyslovsky : « C'est un homme inspiré; c'est un prophète ! »

Ce prophète de vingt et un ans avait déjà une histoire. Son extrême précocité de pensée et de culture lui avait fait subir, dès l'adolescence, la crise qui, en général, ne se produit que dans la seconde partie de la jeunesse ou même plus tard. A quatorze ans, il était devenu athée et, jusqu'à l'âge de dix-sept ans, il s'était débattu entre les systèmes les plus contradictoires, tous radicalement opposés à notre foi. Je l'ai entendu, dans une causerie intime, me raconter cette épreuve et parler du fol enthousiasme qu'il ressentait pour le matérialisme. C'était la maladie d'alors. Un prêtre français, qui a publié sur le grand philosophe russe un beau livre, très consciencieux et très intéressant, M. l'abbé d'Herbigny, a résumé avec délicatesse les phases de l'étonnante crise juvénile et aussi, d'ailleurs, de toute l'évolution accomplie par l'âme et par l'intelligence de Soloviev (1).

Au foyer familial, l'adolescent respirait une atmosphère de foi. Son père, historien éminent et chrétien très ferme, « aimait d'un amour passionné l'orthodoxie, la science et la patrie russe ». C'est Vladimir Soloviev lui-même qui, plus tard, l'a dit dans un article consacré à son noble père. Mais le jeune garçon, assoiffé de savoir, lisait en cachette presque autant que près des yeux paternels. Notamment, il lut à la dérobée le livre tout matérialiste de Büchner, *Force et Matière,* dans le texte allemand; puis Strauss; puis, dans le texte français, la *Vie de Jésus,* de Renan; et d'autres ouvrages de même espèce. Bientôt, par franchise et sans doute aussi un peu par orgueil, il déclara son incroyance radicale, que le père, attristé, sut ne pas déplorer et blâmer avec irritation, se bornant à des conseils de réserve et de prudence.

Faute de ces deux qualités, Vladimir Soloviev avait du moins une grande et rare franchise, un fondamental besoin de vérité, un insatiable désir d'apprendre et de connaître. Il continua

(1) *Vladimir Soloviev,* par Michel d'Herbigny. Paris, librairie Beauchesne.

d'étudier, comme d'ailleurs il devait étudier toute sa vie, absolument toute sa vie, avec la plus ardente et la plus puissante passion. Chose compréhensible mais tout de même inattendue, ce fut Spinoza qui le tira du matérialisme. L'impression produite par l'étude de Spinoza fut décisive. Elle explique le penchant assez sensible que Soloviev garda longtemps pour l'auteur de l'*Éthique*. — Délivré de l'erreur qui asservit toute chose à la matière, Soloviev ne pouvait rester prisonnier de la doctrine qui confond le monde et Dieu. Un moment, il avait pris goût au bouddhisme, dont il se détacha bientôt, ne trouvant là ni principe de morale, ni principe de vérité. — La parfaite connaissance de sa langue originelle, du latin, du grec, du français, de l'allemand, de l'anglais, de l'italien; plus tard, de la langue et de la littérature hébraïques; des philosophies anciennes ou modernes; son savoir théologique et historique, son inclination pour le symbolisme et pour la mysticité; ses dons de poète; tant de ressources le disposaient à s'engager dans les voies les plus différentes. Déçu, mais non découragé, pas même fatigué, il procéda à un inventaire et à un classement des notions recueillies dans le cours de recherches si prolongées et toujours si actives. Je cite volontiers M. l'abbé d'Herbigny pour compléter les détails que je tiens de Soloviev personnellement : « Il fréquentait en même temps la Faculté d'histoire et de philologie, la Faculté des sciences physiques et mathématiques et l'Académie ecclésiastique de théologie. Outre ses professeurs préférés, P. D. Iourkévitch et V. D. Koudriatsev-Platonov, il consultait assidûment tous les grands philosophes de l'antiquité et des temps modernes. Il lisait et annotait dans leur langue originale Platon et Origène, Sénèque et saint Augustin, Bacon et Stuart Mill, Descartes et Bonald, Kant et Schopenhauer, Hegel et Schelling, enfin, parmi les Russes, Tchadaïev et Khomiakov. Surtout, il s'absorbait en de longues réflexions qu'il prolongeait souvent le jour et la nuit; ainsi élaborait-il sur de riches matériaux une pensée très personnelle. »

Enfin, la conclusion de tant d'études et d'efforts lui apparut dans le christianisme doctrinal et vivant. Incorporé déjà au christianisme par l'onction baptismale, il se donna d'une volonté pleine, forte, éclairée, n'aspirant qu'à être un apôtre, dédaigneux de toute ambition humaine, de tout égoïsme et de tout confort, résolu à ne pas se marier et à vivre chaste.

C'était surtout comme professeur qu'il comptait d'abord mettre au service de l'apostolat religieux toutes les ressources des sciences. Professeur, il le fut très jeune (à Moscou et à Petrograd) et avec un succès incomparable; mais pendant fort peu de temps.

L'impression extraordinaire produite dès les débuts a été conservée dans les souvenirs de nombreux témoins, notamment le magistrat académicien Koni, dont le récit est résumé par M. l'abbé d'Herbigny : « Quand les leçons sur le théandrisme furent annoncées dans l'Université de Saint-Pétersbourg, il y eut une immense agitation parmi les étudiants de toutes les Facultés. Quel était cet insolent qui osait introduire un sujet religieux dans le sanctuaire de la science, la nuit dans la demeure du soleil? Un vrai complot fut organisé. Le tumulte devait être tel que le cours serait définitivement *coulé* dès la première leçon. Tous les étudiants étaient convoqués Le grand jour arriva : la Faculté des Sciences, celle des Lettres et celle de Droit se trouvèrent au grand complet. Devant cet auditoire immense et bourdonnant, le professeur de vingt-cinq ans entre; on lui refuse les applaudissements habituels. Cependant tous les yeux se sont fixés sur lui; et déjà son visage, son regard imposent le respect. Quelques meneurs, parmi les *philologues*, essayent de lancer le tumulte; ils ne sont pas suivis. L'auditoire entier a été saisi par ce jeune homme qui lui parle de l'idéal chrétien, de la grandeur humaine et de l'amour divin pour elle. La grande voix, profonde et souple, du professeur retentit dans un silence religieux; elle rend hommage au Christ, elle le désigne comme le seul principe qui puisse instaurer le règne de l'amour et d'une vraie fraternité; elle convie tous les auditeurs à se laisser diviniser par Lui. Et, soudain, les applaudissements éclatent, unanimes : juristes, philologues, naturalistes, acclament celui qu'ils devaient honnir; ils se presseront désormais à toutes ses leçons, ils l'applaudiront jusqu'au bout. »

Et pourtant, dans le cours des six années où il figura parmi les professeurs officiels, il ne put occuper sa chaire que treize ou quatorze mois au total. C'était l'administration qui lui interdisait la parole; une première fois, provisoirement; d'une manière définitive, en mars 1881.

Il avait alors vingt-huit ans. Entre ces deux mesures on toléra qu'il fît un cours aux jeunes filles élèves d'un établissement supérieur ; puis, de loin en loin, quelque conférence dans des milieux académiques. De même que les cours, ces rares conférences inquiétaient l'administration, religieuse ou civile. Soloviev réclamait la liberté pour les chrétiens dissidents ; et parfois il indiquait le Saint-Siège romain comme le centre légitime et nécessaire autour duquel doivent s'unir les Églises du Christ.

Trois de ces conférences, prononcées d'année en année, ont pour sujet Dostoïevsky. Le grand romancier et le grand philosophe avaient été très liés, quoique le premier eût trente-cinq ans de plus que le second. C'est sans doute cette différence d'âge qui, récemment, a fait dire à un écrivain anglais que Soloviev reconnut Dostoïevsky pour son prophète. Mais il faut signaler là une erreur. Assurément, le grand philosophe russe a donné à Dostoïevsky le nom de prophète, ainsi qu'à d'autres personnalités qui agissaient beaucoup sur la masse des esprits ; assurément, il lui a témoigné une affectueuse admiration ; mais, comme philosophe, comme érudit et aussi comme écrivain, Soloviev possédait une puissance qui l'empêchait de se mettre à la suite du célèbre romancier. Il n'a suivi la trace de personne. Il était de force à conduire une armée d'intelligences; et cela, précisément, on l'a reconnu en Russie, dès qu'il exerça un rôle public. Dostoïevsky lui-même voyait et montrait dans le jeune philosophe un apôtre et un prophète, un vivant symbole de la destinée réservée au monde russe. Dans son dernier roman (non terminé), *les Frères Karamazov*, Dostoïevsky mettait en scène, sous le nom d'*Aliocha*, Vladimir Soloviev comme la personnification de cette race intelligente, croyante, glorieuse.

Les conférences sur Dostoïevsky valurent à Soloviev de nouvelles « journées triomphales ». C'est le mot employé, à propos des leçons universitaires, par le vicomte de Vogüé, qui fréquenta l'Université de Moscou avant de publier l'ouvrage si intéressant *le Roman russe*. Plus tard, dans un autre livre, *Sous l'horizon*, Vogüé a tracé du philosophe orateur, écrivain, apôtre, un émouvant portrait, dont voici quelques lignes : « Son éloquence arrachait des acclamations à tous ses disciples. Nous suivions avec épouvante la parole audacieuse, comme on suit un acrobate sur la corde raide : quel faux pas allait le faire trébucher? Aucun. Savamment ramenée à l'idéal religieux, rassurante pour le plus rigide des conservateurs russes, la pensée de l'orateur côtoyait les précipices avec ces souplesses innées qui confondent toutes nos idées, dans le pays où l'on ne peut rien dire et où l'on peut tout dire. Le succès fut éclatant — éphémère comme ce cours bientôt suspendu. »

Dans les réunions intimes, dans un salon ou à table, Soloviev provoquait aussi l'admiration et l'enthousiasme, sans y songer le moins du monde. J'ai mentionné qu'il avait une multitude d'amis. Ceux-ci, à la lettre, se le disputaient. La formule : « Nous aurons Soloviev », était une invitation irrésistible et enviée.

Non point qu'il aimât se prodiguer, s'imposer ou beaucoup discourir. Son penchant fondamental était bien plutôt le recueillement, la méditation. Sa pensée ne savait pas s'accorder de répit pour se reposer ou se distraire. Fréquemment, on le voyait renfermé en lui-même, taciturne, assez mélancolique. Mais il était toujours prêt à payer de sa personne, en donnant, comme un prodigue, son érudition et ses idées, si l'entretien faisait surgir une affaire importante ; ou dès qu'il y avait à remplir un devoir de convenance et de conscience. A cet égard, il était scrupuleux, non moins que généreux. Il se livrait tout entier. Alors, la scène devenait très impressionnante. Humble d'attitude, effacé, perdu dans un rêve, il se transfigurait soudain. Ce grand corps maigre qui semblait défaillir se redressait d'un coup, comme soutenu par une armature d'acier. Le visage rayonnant d'énergie et de lucidité, la voix pleine, Soloviev développait une démonstration où se suivaient, rapides, les raisonnements et les exemples. C'était un jaillissement d'idées, régulier et majestueux. Bien peu d'hommes ont été à ce point maîtres de leur pensée ardente. Sur ses lèvres (comme sous sa plume) deux expressions revenaient fréquemment : « organique » et « déterminé » ; car dans cet esprit rien ne marchait au hasard ; et la fantaisie elle-même suivait une logique.

On le sentait bien ; et pourtant, parfois, pendant quelques secondes, une inquiétude vague mais vive frôlait l'âme des auditeurs. Ici, il faudrait citer encore la page d'Eugène de Vogüé que j'ai reproduite plus haut, celle où sont rendues sensibles l'audace de l'orateur et l'appréhension de l'auditoire. Mais dans les salons de Petrograd et surtout de Paris (1), il ne s'agissait pas des risques administratifs que courait Soloviev. L'inquiétude était d'un autre genre; selon le point de vue, elle était moins grave ou beaucoup plus grave. A certains moments, rares et très courts il est vrai, le philosophe russe semblait être entraîné par son sujet, par sa passion pour la logique, par son imagination audacieuse. On se demandait si cet élan hardi et impétueux n'allait pas se heurter à la contradiction des chimères et se briser dans le vide. Tendu à l'extrême, le merveilleux instrument de la plus noble pensée paraissait sur le point de perdre son équilibre et de se rompre. Mais c'était l'instant juste où Soloviev, avec une aisance et une sûreté souveraines, savait se marquer une limite d'où il redescendait tranquillement vers les régions connues de la raison et de la foi. On avait senti un frisson; et tout de suite on se reprenait à contempler, avec une admiration rassurée toute entière, le retour rapide et calme de cette pensée qui venait de

---

(1) Et surtout encore dans le salon de notre ami Henri Lorin, homme de haute intelligence, cœur généreux dévoué aux grandes causes.

courir si loin et si haut. Alors, on ne connaissait point l'aéroplane, dont les hardiesses et les habiletés nous sont familières. C'est l'image qui convient aujourd'hui pour donner l'idée exacte de l'allure propre à la pensée de Soloviev.

On le ferait bien rire s'il était encore là et nous entendait parler de la sorte. Pour mieux railler les louangeurs, il se raillerait lui-même. Car il avait autant d'esprit que d'humilité, un esprit fait d'intelligence et de justesse. C'est par là qu'était facilement combattue et vaincue la mélancolique disposition qu'entretenait en lui l'habituel souci des plus grands problèmes. Cet esprit, qui aurait pu être mordant et qui s'y refusait avec une sensibilité charitable, sans s'interdire toutefois les effets amusants et gracieux, possédait l'ironie, ou plutôt le sens de l'ironie. Appliqué sans repos à étudier les lois et les mystères de la nature humaine et du monde, Soloviev savourait puissamment la vérité dont il faisait la conquête; mais une intelligence de cette vigueur et de cette finesse ne pouvait manquer d'apercevoir le contraste et la dérision qui guettent si obstinément les plus beaux succès. Alors, une soudaine et intense gaîté s'éveillait dans son âme et en débordait bruyamment.

Un ancien magistrat russe, qui est aussi un écrivain distingué, spirituel et délicat, M. N. Davydov, a, d'une manière bien intéressante, parlé de Soloviev dans un ouvrage intitulé *Choses du passé*. L'auteur, qui a été en relations avec un bon nombre d'hommes célèbres, a réuni quantité de souvenirs personnels. Seul, le premier volume a paru; mais M. Davydov a bien voulu me communiquer par avance un extrait du deuxième volume, en préparation : le chapitre qui concerne Soloviev. Là, il est question des rapports amicaux qui existèrent entre le grand philosophe russe et le comte Sollogoub. Celui-ci, mort depuis assez longtemps, poète humoristique et fantaisiste, lié avec Soloviev, non moins original que lui d'allures, mais nullement incliné au mysticisme ou à la philosophie, a jadis composé un poème ironique sur un voyage et sur certaines aventures de Soloviev en Égypte. C'est une satire où l'on voit Soloviev aux prises avec les artifices démoniaques. Il a finalement l'avantage, mais il reste marqué par les traits d'une incisive et constante raillerie. Non seulement Soloviev ne s'offensa point de la caricature, mais il s'en divertit de bon cœur, prenant souvent lui-même l'initiative de plaisanter là-dessus ; et il continua de témoigner à Sollogoub des sentiments très affectueux.

Il aimait à entendre des histoires comiques, surtout des histoires fantastiques. Lui-même en racontait plutôt deux qu'une, avec une malice ingénieuse qui en faisait ressortir quelque enseignement utile à tout le monde. Sauf l'argent, le vice et la vanité, il ne méprisait rien de l'ordinaire existence ; pas même la sottise, dont il s'amusait selon les occasions, se donnant volontiers, sans aucun orgueil, le luxe de la mettre en déroute à coups d'arguments historiques ou métaphysiques.

Ses divers biographes russes, notamment Velichtko, ont réuni d'abondants et curieux souvenirs qui montrent le grand philosophe provoquant la joie des réunions amicales les plus variées.

A Paris, pendant les séjours qu'il y fit, en 1888 et 1893, quelques amis et moi avons beaucoup bénéficié de son incomparable conversation. Les traits de l'esprit français lui allaient comme à un Parisien. Bien entendu, je pourrais, moi aussi, mentionner bon nombre d'incidents originaux.

Certain soir, X... et moi, qui étions encore célibataires, nous avions emmené notre cher Russe au restaurant. Nous avions eu soin d'éviter la salle commune, car, avec sa longue chevelure et sa longue barbe, l'une et l'autre un peu grisonnantes, avec son air de prophète, sa voix sonore et les sujets qu'il affectionnait (nous disions qu'il circulait dans l'Apocalypse comme chez lui), Soloviev risquait trop d'attirer l'attention, vulgaire ou grossière, des badauds et des imbéciles. Nous voulions d'autant moins l'y exposer que, s'il avait l'âme héroïque, cette âme était aussi très douce, jusqu'à la tendresse. Donc, ce soir-là, suivant l'habitude, nous nous étions offert en cabinet particulier le philosophe théologien, apôtre et ironiste. Après les détours d'une conversation abandonnée, nous avions, je ne sais plus comment, conduit notre génial et délicieux compagnon à nous parler de la fin du monde! Survint le garçon, accomplissant son office. L'auditeur fortuit éprouva une extrême surprise des paroles prononcées par notre invité, si différentes des propos qui se tiennent d'ordinaire en ces lieux. Sans doute, la figure attentive et animée que nous faisions, X... et moi, acheva de bouleverser le garçon. Il crut avoir affaire à trois fous et faillit lâcher le plat ! A la fin du dîner, je me rappelai ce détail et le signalai à Soloviev, qui en ressentit une gaîté éclatante. Si, au lieu d'être un convive, notre philosophe eût été l'amphitryon, il aurait certainement triplé ou décuplé le pourboire. Car telle était sa manière.

En fait de générosité, il dépassait non pas seulement toutes les limites, mais encore toutes les invraisemblances. Il donnait tout ce qu'il avait : son argent et son travail. Pour lui, l'argent n'avait de valeur que par la joie qu'on se procure en le distribuant, autant que possible, à pleines mains. Le modeste patrimoine qui lui était venu de sa famille avait fondu bientôt sous le soleil d'une charité sans mesure. Les profits qu'il retirait de son labeur acharné avaient continuellement le même sort. Depuis que les rigueurs administratives le tenaient écarté du professorat, Soloviev vivait de sa plume. En composant ses livres, il collaborait à des revues philosophiques et littéraires (notamment les *Questions de philosophie et de psychologie*; le *Messager de l'Europe*; *la Semaine*, etc.), au grand dictionnaire encyclopédique Brockhaus-Ephron, dont il rédigea presque toute la partie philosophique; et à plusieurs journaux. Le mérite supérieur de tout ce qu'il écrivait, sa célébrité, la curiosité et la sympathie qu'il inspirait, tout cela rendait ses travaux productifs. Il aurait pu vivre tranquillement et avec un peu de confort. Mais c'était bien le moindre de ses soucis! Il avait un grandiose mépris des calculs personnels dont se compose si souvent l'existence dite pratique. Il ne put jamais s'astreindre à la régularité d'un domicile ordinaire. Une partie du temps, il logeait chez l'un ou l'autre de ses amis innombrables. Ce qu'il aurait pu économiser ainsi passait aux domestiques, sous forme de pourboires princiers. Ou bien, il habitait dans un hôtel. Là, une foule de solliciteurs l'assiégeait. Littéralement, il se laissait dépouiller de tout, même du temps si précieux dont il avait si grand besoin pour son labeur. Il faisait des courses et des démarches au profit de besogneux indiscrets. Il avait dans les rues toute une clientèle qui le rançonnait. Sa famille et ses amis essayaient vainement de le garantir contre l'incroyable exploitation dont il se rendait victime. Pour faire quelque large aumône, il allait jusqu'à emprunter de l'argent, qu'il remboursait par la production d'un travail supplémentaire. Il se nourrissait de thé et de légumes; mais aux amis qui venaient le voir, ou qu'il invitait, il offrait les plats et les vins les plus coûteux. On le grondait sans le fâcher, ni, bien entendu, sans réussir à le corriger. Les complications dans lesquelles il se débattait étaient oubliées par lui, dès qu'il avait l'occasion de faire plaisir à quelqu'un. Là-dessus, ses biographes russes ont recueilli un grand nombre d'anecdotes.

J'emprunte à Velitchko le récit de la suivante. Un soir, chez Velitchko, tout un cercle d'amis attendait Soloviev pour dîner, à six heures. Sept heures, sept heures et demie avaient sonné sans que celui-ci eût encore paru. La physionomie des convives s'allonge, la cuisinière fulmine, la maîtresse de maison est sur le point de pleurer. Serait-il arrivé un accident? Velitchko part en recherche, naturellement d'abord vers l'*Hôtel de l'Europe*, où loge Soloviev, au cinquième étage. Le grand philosophe est chez lui, sain et sauf physiquement, mais dans quel désarroi!... Plié sur un divan, les pieds plus haut que la tête, plus pâle que d'ordinaire, les yeux à demi fermés. Il sort de sa torpeur pour dire qu'il a une horrible crainte d'avoir offensé et irrité les personnes par lesquelles il s'est fait attendre si longtemps. Velitchko lui ayant assuré qu'on ne lui en veut pas du tout, mais qu'on est inquiet, le voilà soulagé, réconforté, réjoui. Il avait eu pendant la journée une série de mésaventures, toute une épopée tragi-comique, qu'il raconta aussitôt. Il était sorti de bonne heure pour faire des courses, et d'abord acheter des bottines. Dans le magasin, le choix est long. On ne trouve pas la pointure qu'il faut. Il s'aperçoit que le commis se désole de ce remue-ménage inutile. Désolé à son tour, il prend au hasard une paire de belles bottines et les chausse tout de suite, puisque, le soir, il doit aller dans le monde. Les vieilles bottines, il les enveloppe d'un papier et les emporte sous le bras. Par économie (il ne lui restait que quelques roubles) et aussi pour élargir les bottines neuves, qui sont trop étroites, il s'en va à pied dans Vasili Ostrov, à l'imprimerie Stassulevitch, où s'imprime un de ses livres. En route, il rencontre coup sur coup des mendiants, auxquels il distribue ses derniers roubles, sa bourse, son portefeuille vide, son mouchoir de poche, et les vieilles bottines. — Heureusement, je n'avais pas ma montre, ajoute-t-il avec un soupir. — Pourquoi heureusement? Est-ce que vous auriez voulu la donner à un miséreux? — Non, c'est un souvenir de mon père. Je ne l'aurais pas donnée; mais ensuite, j'aurais eu un regret. — Après une longue course, toujours à pied par nécessité, et ses bottines étant devenues un instrument de torture, le pauvre philosophe rentre à l'hôtel, désolé, épuisé, anéanti, ne sachant que devenir. Plus de quoi se payer une voiture. — Mais, mon cher Vladimir Serguiévitch, vous n'aviez qu'à venir chez moi en voiture et dire à mon concierge de payer le cocher. — Alors, avec un rire éclatant, Soloviev de s'écrier : — Comme c'est simple! Et je n'y ai pas pensé! Il est vrai que je n'ai rien mangé depuis ce matin. — Alors, allons dîner, ou plus exactement souper, à l'heure qu'il est. Je vous régalerai du céleri que vous aimez tant. — Mon cher, ce serait parfait si j'avais encore mes vieilles bottines. Ces maudites-là me font mal. D'ailleurs, peu importe, je vais en venir à bout. — Sautant du divan, il prend un canif, et aux endroits où elles le gênaient trop, fend les bottines toutes neuves. Ensuite il va dîner et charme tous les convives par son aimable et fantastique gaîté. Il fut tout le temps plein de verve...

Il y aurait de quoi remplir un volume avec des historiettes de ce genre. La plupart montrent en entier le personnage : son mépris des choses vulgaires, sa passion pour les choses intellectuelles et morales, son immense bonté, son imprévoyance, sa délicatesse, son esprit et son humilité. Il ne supportait point d'être traité comme un homme supérieur. Il disait, il m'a dit à moi-même, qu'on ne vaut véritablement que par la droiture et par la bonté. C'était sa règle constante, sans distinction de temps ou de lieu. A Paris, Soloviev était tel qu'à Petrograd et à Moscou. Il employait à des amabilités et à des générosités magnifiques l'argent qu'il avait gagné en travaillant plusieurs mois toute la nuit; dispos et en train après d'incroyables excès de labeur; menant de front la composition d'ouvrages philosophiques, de poésies, d'articles de revue, et se nourrissant de thé et de légumes. J'ai vu souvent ce myope, au risque de se faire écraser, traverser la rue afin de porter une large aumône à des mendiants, qu'il devinait plutôt qu'il ne les apercevait, et courir après eux pour leur donner des pièces blanches ou de l'or. L'impression qu'il produisait est bien résumée par ces mots qu'une de ses sœurs (1), les ayant maintes fois entendus, a recueillis dans une tendre et charmante notice familiale : « En présence de votre frère on devenait meilleur; la bassesse de pensée ou de sentiment avait honte devant lui. »

Il inspirait la plus vive affection même à des gens qui ne partageaient rien de ses opinions philosophiques ni de sa foi religieuse. Quand il mourut (31 juillet 1900, le 13 août de notre calendrier) j'étais sans nouvelles de lui depuis assez longtemps. En voyage, sur le quai d'une gare, je rencontrai un Russe que je voyais parfois à Paris, esprit distingué, très lettré, excellent homme, libre penseur radical. Je lui demandai s'il avait récemment entendu parler de notre grand ami. Il me répondit d'abord par un geste tout découragé, puis par ces mots prononcés d'une voix tremblante, avec des larmes dans les yeux : — « Vous ne savez pas?... Hélas!... Il est très malade... peut-être mourant... peut-être... » Nous étions tous deux consternés. Il m'expliqua que ses journaux ne

---

(1) Mme de Bezobrazov. Une autre sœur de Vladimir Soloviev est, sous le pseudonyme *Allegro*, un écrivain distingué. Le frère aîné, Vsevolod, a obtenu la célébrité comme romancier. Un autre frère était un professeur d'histoire très estimé.

l'avaient pas suivi. Il comptait avoir bientôt des lettres. Deux jours après, il m'envoyait le *Novoë Vremia,* qui justifiait notre angoisse en nous apportant la désolation : « *Skontchalsia Vladimir Soloviev !* Vladimir Soloviev est mort ! »

Il avait quarante-sept ans et demi.

Le 15-28 juillet, en route pour aller voir sa vieille mère, Soloviev avait manifesté un affaiblissement brusque. Installé chez son ami le prince Serge Troubetzkoï, à Ouskoïë (où venait de le conduire M. Davydov), il vit ses forces s'épuiser rapidement malgré les soins les plus empressés. Les poumons, le cœur, le foie étaient atteints. Bientôt, se rendant compte que nul remède ne serait efficace, il fit appeler le prêtre, se confessa et reçut la communion. Il gardait sa connaissance, calme, recueilli, confiant. On l'entendait prier avec ardeur. Puis, vinrent des accès de délire, pendant lesquels il parlait français, allemand, anglais, hébreu. Ayant repris sa lucidité, il adressa aux personnes qui l'entouraient cette recommandation imprévue : « Empêchez-moi de dormir et faites-moi prier pour le peuple juif. Je dois prier pour lui, beaucoup » ; et il se mit à lire un psaume en hébreu. Le rôle historique, moral et politique des Juifs, ce qu'il appelait « le processus judéo-chrétien », était un des sujets qui avaient souvent inspiré ses travaux et ses méditations. Ainsi s'éteignit cette existence vouée toute entière au bien et consumée dans un labeur ininterrompu.

Certaines circonstances qui accompagnèrent les derniers moments, et certaines autres qui s'étaient produites quatre ans plus tôt, ont plusieurs fois provoqué de vives discussions dans les universités, dans les salons et dans les journaux russes.

Soloviev était-il devenu catholique? On devait croire qu'il l'était, si l'on en jugeait d'après l'enseignement public distribué par lui avec une longue et ferme persévérance. Le grand apôtre de la foi chrétienne ne pouvait manquer d'être un zélé serviteur de l'Église universelle. Connaissant très bien les besoins et les droits de l'Église universelle, il souhaitait ardemment et, de toutes ses forces, il favorisait l'union des différentes Églises chrétiennes. Or, en fait d'union de ce genre, il n'y a de positive, de légitime et de sérieuse que celle qui s'accomplit autour du Pontife romain, c'est-à-dire sous l'autorité du

Pape. Cela, aussi, Soloviev l'a reconnu et déclaré maintes fois, non pas seulement dans le livre français intitulé *la Russie et l'Église universelle,* mais encore dans d'autres ouvrages, et même dans la *Justification du Bien,* qui est surtout consacré à l'exposé des principes de la morale. Sur le même sujet encore, il eut des polémiques avec de hauts représentants de l'Église russe. En outre, il entretenait des relations avec un certain nombre de catholiques, notamment avec le P. Pierling et le P. Martinov, de la Compagnie de Jésus; avec le P. Tondini, barnabite; avec M. Anatole Leroy-Beaulieu. C'est dans l'habitation de campagne de ce dernier, près de Paris, qu'il acheva de rédiger le livre français *la Russie et l'Église universelle.* Surtout, il était lié avec l'archevêque catholique de Diakovo, l'illustre Strossmayer, dont il fut l'hôte plusieurs fois.

Ici se place, d'une manière assez naturelle, une historiette finement contée au cours d'une étude sur Mgr Strossmayer, étude publiée en 1905 dans le *Correspondant,* par un écrivain français de beaucoup de talent et de beaucoup d'esprit, M. Charles Loiseau (1). L'anecdote est bien

---

(1) M. Charles Loiseau, mon ami depuis la jeunesse, se lia avec le grand philosophe russe à Paris, en même temps que moi

caractéristique de l'allure extérieure et de l'allure morale propres à Soloviev :

« Le commerce de ces deux esprits (Strossmayer et Soloviev), qui n'avaient à s'envier ni l'érudition ni la puissance, offrait je ne sais quoi de noble, de fraternel et de touchant, dont l'impression reste ineffaçable chez ses témoins. C'est à Djakovo qu'échut à Soloviev une de ces aventures symboliques dont il assurait d'ailleurs que sa vie était parsemée. Noctambule impénitent, il arpentait une nuit le grand corridor dallé que tous les hôtes de Djakovo connaissent bien et sur lequel donnent une douzaine de chambres. Après avoir convenablement ruminé quelque problème métaphysique, le philosophe s'aperçut que retrouver la sienne était un autre problème. C'était un de ces simples de cœur qui ne se font pas honneur de leur distraction, mais qui en conviennent et prient qu'on la leur par-

---

(1888). Deux ans plus tard, il rencontrait à Agram la digne compagne de sa vie, une jeune et brillante Croate très instruite, appartenant à une famille pleine de traditions de foi et d'honneur, Mlle Jenny de Vojnovic, dont le père, le comte Constantin de Vojnovic, personnifiait la noblesse d'intelligence et de caractère. L'un des frères de Mme Loiseau, le comte Lujo de Vojnovic, est un homme politique de haute valeur. Toute cette famille de Vojnovic est pour ainsi dire imprégnée des souvenirs de Mgr Strossmayer et de Vladimir Soloviev.

donne. Avec prudence, il essaya d'ouvrir une porte, puis une seconde. A la troisième qui lui résista, il comprit que sa méthode empirique n'était pas assez discrète. Il prit dès lors le parti de continuer sa promenade. Vers le matin, il s'aperçut qu'une des portes devant lesquelles il avait passé cent fois était entre-bâillée ; et de certains signes lui révélèrent qu'il était enfin arrivé chez lui. Au déjeuner, l'aventure défraya la conversation. Et, comme Strossmayer le plaisantait doucement, il lui répondit de sa voix posée et profonde : « Que de fois, à la recherche du vrai, ou dans l'incertitude de la détermination morale à prendre, il nous arrive d'hésiter devant une porte que nous croyons bien close et que nous n'avons qu'à pousser ! »

Incliné vers Rome et ferme à défendre les droits supérieurs de la Papauté, il restait néanmoins, de cœur et d'âme, et aussi pour la pratique des sacrements, attaché à l'Église russe, qui, elle, demeure séparée du Pape. N'était-ce pas une contradiction positive et flagrante? Aux yeux de Soloviev, non. Il invoquait surtout deux arguments : 1° la validité des ordinations sacerdotales conférées par l'Église russe, validité que Rome a toujours reconnue ; 2° l'absence de toute condamnation générale prononcée par Rome contre l'ensemble de l'Église russe. La séparation de ces deux Églises, disait-il, n'existe qu'à l'état de fait ; et ce fait résulte, non pas d'un conflit de doctrines, mais d'un amas de préjugés.

Donc Soloviev, attaché à l'intégralité des *doctrines* romaines, y compris les décrets du concile du Vatican tenu en 1869-70 ; y compris, par conséquent, le dogme de l'infaillibilité pontificale, professait la foi catholique doctrinale et conservait ses liens d'origine avec l'Église russe.

Bien singulière en apparence était la situation du grand philosophe. D'autant plus singulière encore que, généralement, des deux côtés on ne se rendait pas compte de la véritable raison pour laquelle il s'y maintenait.

Des catholiques russes s'offraient à solliciter pour lui et à lui faire obtenir la permission de vivre secrètement en catholique. Mais il n'avait nul besoin du secret ; et il n'en voulait pas : le catholicisme, il le professait tout haut, bravant les préjugés de la foule et l'hostilité de l'administration.

Quant à rompre avec son Église russe, il s'y refusait en raison des trois motifs suivants. Il aimait cette Église où il était né. Il ne voulait pas la renier ; il ne voulait pas embrasser le rite latin. — Ensuite, il pensait fortement que, pour agir sur elle, pour la tourner vers Rome, il devait continuer d'appartenir à elle. Séparé du public, des amis et des adversaires auxquels il s'adressait, il prévoyait qu'il perdrait aussitôt son influence. Loin d'eux, disait-il, on ne l'écouterait plus que d'une oreille distraite et avec une défiance qui rendrait inutile son continuel effort. — Enfin, comme je l'ai indiqué et comme lui-même le déclarait dans ses livres et dans ses discours, il affirmait que l'Église romaine et l'Église gréco-russe étaient en communauté de foi et qu'entre ces deux Églises il n'y avait pas eu de rupture complète et véritable.

Son Église ne lui sut point gré d'un tel exemple de fidélité. Depuis l'année 1892, le clergé russe avait reçu l'ordre de refuser la communion à Soloviev.

Isolé au point de vue des sacrements, tel était donc le sort de l'apôtre de l'union. Ce fut ainsi jusqu'en 1896.

Alors, dans une circonstance dont l'essentiel seul est connu, Soloviev réalisa, en ce qui le concernait personnellement, la conclusion de ses efforts. Il y a sur le sol russe une Église non latine qui pratique le rite oriental gréco-slave et qui est unie à Rome. Elle porte le nom significatif d'Église *uniate*. Le 18 février 1896, Soloviev reçut la communion des mains d'un prêtre appartenant à cette Église gréco-russe, elle-même unie à Rome. Dans le livre dont j'ai parlé, M. l'abbé d'Herbigny a publié les détails qu'il a pu recueillir à cet égard et que je résume (1). Il n'y eut point d'abjuration proprement dite. Soloviev lut sa profession de foi, en y ajoutant cette déclaration déjà publiée par lui dans l'ouvrage intitulé *la Russie et l'Église universelle* : « Comme membre de la vraie et vénérable Église orthodoxe orientale ou gréco-russe, qui ne parle pas par un synode anti-canonique ni par des employés du pouvoir séculier... je reconnais pour juge suprême en matière de religion... l'apôtre Pierre, qui vit dans ses successeurs et qui n'a pas entendu en vain les paroles du Seigneur. » Ainsi était précisée et complétée la réponse que Soloviev avait faite maintes fois à ceux qui l'interrogeaient sur sa confession religieuse : « J'appartiens à la vraie Église

---

(1) *Vladimir Soloviev*, p. 314, 315, 316.

orthodoxe; car c'est pour professer, dans son intégrité, l'orthodoxie traditionnelle que, sans être latin, je reconnais Rome pour centre du christianisme universel. » Là-dessus, en Russie, se produisirent beaucoup de discussions; ailleurs, des commentaires variés; et aussi la rumeur, d'origine inconnue, d'après laquelle certains amis croyaient pouvoir espérer que Rome le nommerait évêque. Ce qui semble fondé, c'est, en somme, sa participation aux sacrements par le ministère d'un prêtre de l'Église uniate. Quand, à l'improviste, le philosophe chrétien s'éteignit dans la maison de campagne du prince Troubetskoï, le seul prêtre qu'on eut le temps d'appeler fut le curé du village d'Ouskoïe, représentant de l'Église officielle.

Pendant les premiers mois qui suivirent la mort de Soloviev, il y eut sur lui, dans les revues et dans les journaux russes, une quantité d'articles de tout genre et qui tous contenaient l'hommage du regret et de l'admiration. Études analytiques sur les ouvrages et sur les tendances du défunt, biographies, anecdotes, la collection de ces documents remplirait plusieurs volumes. Ce devint tout de suite une habitude de citer, à propos des sujets les plus différents, le nom, la pensée, la parole de Soloviev. Dix ans après sa mort, les littérateurs, les philosophes, les étudiants célébraient sa mémoire par une fête solennelle; et, dans le *Novoë Vremia*, M. Pertsov pouvait dire avec une entière exactitude : « Il semble qu'il écrivait encore hier. » On le reconnaissait dès lors pour l'écrivain « le plus contemporain ». Et, depuis, son influence n'a pas cessé de gagner en profondeur comme en éclat.

Cette gloire qu'il possède, il ne l'avait point recherchée.

Je puis dire davantage. Il savait qu'il la posséderait... et il la dédaignait d'avance. En 1893, à Paris, un soir, il me communiquait confidentiellement ses impressions au sujet des difficultés qu'il rencontrait pour faire avancer la grande idée à laquelle il s'était consacré. Il me découvrit la cruelle lassitude qui, par instants, menaçait de l'envahir. Je lui rappelai ses succès. J'ajoutai que certainement on continuerait de lire ses livres, et que, dans l'avenir, on les lirait encore plus qu'à l'heure où nous étions. Il demeura une minute silencieux et sombre ; puis, avec un sourire mélancolique et froid, il murmura : « Oui, j'aurai la gloire... » Après un soupir, il changea de conversation. Je le quittai, le laissant se livrer au travail que, selon sa coutume, il allait prolonger pendant la plus grande partie de la nuit.

Si, de temps à autre, il ressentait la lassitude morale, il n'en devenait jamais la victime. La force d'âme reprenait vite le dessus. Maintes fois, j'ai dit que Soloviev était doux et tendre comme une jeune fille, mais courageux et puissant comme un lion. Je suis sûr de n'avoir exagéré en aucune manière. Sous son exquise douceur palpitait une puissance superbe. Sa gloire personnelle, qu'il méprisait, rendra durable et fécond l'effort magnifique déployé par lui pour le triomphe du bien et de la vérité.

L'ENSEMBLE DE SON ŒUVRE

C'est l'œuvre d'un philosophe, d'un croyant et d'un apôtre.

Sa philosophie concerne principalement la

morale; et cette morale, édifiée sur une vaste doctrine métaphysique, est toute pénétrée, vivifiée, animée par l'esprit et par les principes de la foi chrétienne.

D'ordinaire, on ne considère pas comme de véritables philosophes les penseurs qui écrivent sur la religion. Ils passent pour ne pas traiter la philosophie proprement dite avec assez de soin, ni assez de vigueur, ni assez d'indépendance. Ce reproche est très souvent injuste. En tout cas, il ne peut être adressé à l'homme dont je parle. Rempli de foi religieuse et fortement incliné au mysticisme, Soloviev savait exposer les questions philosophiques d'après la méthode non seulement la plus éloquente, mais aussi la plus stricte. On en a eu la preuve maintes fois et même dès les débuts. La thèse par laquelle il conquit d'un coup sa première célébrité est une démonstration vaste, originale et rigoureuse. A vingt et un ans, Soloviev possédait la complète connaissance de la philosophie universelle; et il pouvait exposer l'histoire des principaux systèmes, anciens ou modernes, occidentaux ou bouddhistes; en outre, critiquer, avec une élévation et une force admirables, des hommes tels que Spinoza, Kant, Schopenhauer, Comte,

Stuart Mill, etc. J'ai noté qu'il avait d'abord été très attaché à Spinoza. Cependant, il sut bientôt dévoiler les erreurs du panthéisme en général et celles du maître lui-même. Il avait aussi été disciple de Kant et de Schopenhauer. Graduellement, il échappa à leur influence.

Il a souvent discuté et polémiqué; mais ses réfutations, même celles qu'il composait avec le plus grand soin, ne sont, dans son œuvre, qu'une partie secondaire. Il ne détruisait que pour construire. Cet inflexible adversaire des erreurs répandues par le positivisme a construit une doctrine morale qui, tout en s'appuyant sur la critique et sur le mysticisme, mérite cependant d'être appelée positive. Elle est même plus positive que toutes les autres constructions ainsi dénommées. En effet, elle envisage et harmonise les divers aspects de la vie humaine, individuelle, familiale, politique, sociale; et elle accorde tous ces aspects avec les lois si nombreuses qui constituent l'existence du monde et qui donnent au monde une signification compréhensible pour l'homme et digne de Dieu. Grand métaphysicien, Soloviev est aussi un grand théologien et un grand mystique. On peut dire, avec une entière justesse, qu'il est toujours tout cela ; et voilà de quoi se compose la haute et forte originalité de son enseignement.

Ajoutons tout de suite que Soloviev, habitué à développer les plus larges vues d'ensemble, prend néanmoins un constant souci de distinguer les caractères et les limites de chacun des sujets qu'il groupe dans le même cadre. Par exemple, il place sous la loi du Christ le monde matériel et la vie physique, de même que l'intelligence, la conscience et la morale ; mais il traite ces différents sujets d'après la méthode qui convient pour chacun d'eux. Écoutez-le disserter sur les atomes ou sur la logique, sur l'art ou sur les passions, sur le dogme ou sur la mystique : vous croirez entendre successivement plusieurs spécialistes. Pourtant, c'est la même voix qui résonne ; c'est le même esprit qui enseigne tant de choses, sans rien confondre.

Sans rien confondre, certainement ; mais, certainement encore, *sans rien diviser* de tout ce qui doit rester uni. Car si Soloviev distingue toujours, toujours aussi, avec la même attention, il rappelle et met en lumière le principe supérieur par lequel sont rattachés les uns aux autres les domaines les plus opposés et, en apparence, les plus séparés. Pas de séparation radicale ; du moins, pas d'intervalle ou d'abîme que ne puisse combler la loi de la vérité et du bien, c'est-à-dire, en un mot, le christianisme. *Sans confusion et sans division*, cette formule est très chère à Soloviev. Elle se rencontre souvent dans ses ouvrages, à propos de la foi comme à propos de la morale, de l'économie politique, des sciences naturelles ou d'autres sujets encore. Tout en respectant scrupuleusement les frontières de chaque catégorie de lois et de phénomènes, il veille à ce que rien ne reste détaché du principe par lequel il explique le monde. Le monde il le définit et le résume d'après l'antique formule de la scolastique chrétienne : c'est-à-dire la variété dans l'unité.

On a appelé Soloviev un « conciliateur ». Mais ce mot, insuffisant, est, au fond, très inexact. Soloviev a fait beaucoup plus et beaucoup mieux que ne firent autrefois les philosophes alexandrins et, au commencement du siècle dernier, les éclectiques qui suivaient la voie tracée par Victor Cousin. Dans l'éclectisme ancien ou moderne s'associaient des théories généralement contradictoires. Celles qui s'accordaient à peu près les unes avec les autres n'étaient pas liées entre elles par un même principe fondamental. Bref, l'éclectisme formait un assemblage souvent incohérent, toujours dépourvu de stabilité, de vie, de force génératrice. Soloviev avait l'esprit trop élevé et trop puissant pour se contenter d'une conciliation extérieure et incomplète. Il voulait non pas seulement concilier mais *unifier*. L'unification qu'il avait en vue n'était pas du tout une combinaison matérielle, étroite et sèche. Il voulait mettre les doctrines, les théories, les opinions, les aspirations en contact avec l'éternelle et universelle source de vérité, de lumière, d'activité et de vie; c'est-à-dire : unifier pour vivifier.

Il a écrit des pages merveilleuses sur l'unité active et féconde, qu'il appelle l'unité plurale et qu'il emprunte au dogme de la trinité divine. Là s'épanouit l'étonnant accord que réalisaient en lui le mathématicien, le philosophe et le mystique. C'est pourquoi on a pris parfois Soloviev pour un élève de Pythagore; d'autres fois, pour un adepte de la gnose (il avait en effet beaucoup pratiqué les gnostiques); ce qui n'a pas empêché qu'on le rangeât aussi parmi les disciples de Schelling. Il y avait en lui plus ou moins de cela... et d'autres choses encore. Surtout il y avait la *foi chrétienne*, foi intense, immense, approfondie, qui nourrissait sa pensée, son cœur, son talent de prosateur et de poète, sa philosophie, sa métaphysique, son zèle de réformateur et d'apôtre.

L'esprit de foi le possédait et l'animait entièrement. C'est le trait principal de son œuvre et de sa personnalité. Cela est reconnu dans les études critiques ou biographiques qui ont été consacrées à Soloviev par des auteurs nombreux et différents, entre lesquels on distingue le prince Serge Troubetskoï, Kousmine-Karavaev, Slonimski, Speranski, Koni, Loukianov, Boulgakov, Velitchko ; et dans l'étude si remarquable, large et pénétrante que M. Radlov a jointe à l'édition des œuvres complètes.

Ces auteurs, et d'autres aussi, s'accordent à appeler Soloviev un penseur croyant et mystique. En effet, il était et voulait être cela. Il envisageait toutes choses d'après la divinité, l'enseignement et la résurrection du Christ ; et il prenait un soin continuel de rattacher au Christ morale et science, individus et sociétés, vie présente et vie future. Son mysticisme s'appuyait sur la philosophie, sur la théologie, sur l'histoire et, en outre, offrait un caractère essentiellement pratique.

Pratique, c'est le mot juste. Car Soloviev avait toujours en vue l'application de la doctrine religieuse dans l'ensemble et dans les détails de l'existence ordinaire. C'est si vrai que, parmi ses écrits, nombreux et variés, celui qu'il a composé avec le plus d'attention et de recueillement est un vaste traité de morale intitulé *la Justification du Bien*. Ne nous étonnons pas si le titre est original. Soloviev était toujours original. D'ailleurs, les premières lignes du livre en indiquent complètement la signification. « Mon but, dit l'auteur, est de montrer que le bien est la vérité ; que le bien est la voie de la vie, voie unique, voie juste et sûre, en tout, jusqu'au bout et pour tous. » L'ouvrage expose en détail les fondements philosophiques de la moralité et du devoir et retrace avec ampleur « l'action du bien à travers l'histoire de l'humanité ». La première édition de ce grand volume fut épuisée dans l'intervalle de neuf mois. A la fin de la préface de la deuxième édition (1898), l'auteur déclarait qu'il venait de relire cinq fois son ouvrage en entier pour le corriger et l'éclaircir. Il avait voulu, comme il l'affirmait lui-même, éviter le reproche de faire avec négligence l'œuvre du Seigneur. Or, loin d'avoir rien négligé, il avait prodigué toutes ses ressources et tous ses soins pour accomplir le travail qui lui était si cher. Là, vraiment, le grand penseur russe a employé tout son génie, toute son âme. Car ses plus ardentes aspirations avaient pour but le progrès de la morale théorique et pratique.

Une analyse de la *Justification du Bien* demanderait une longue étude. Je dois me borner ici à en indiquer les lignes principales. D'abord, l'auteur montre la nécessité, pour les hommes raisonnables, de chercher et de comprendre le sens de la vie qui leur a été donnée. La vie ne peut se dispenser d'être morale. La moralité, c'est le progrès continuel dans la voie du bien. Le bien, par essence, c'est Dieu, de qui dérivent tous les autres biens. Nous sommes assujettis à la matière, mais nous sommes aussi assujettis à la loi divine; et notre moralité représente l'effort que nous déployons pour faire prédominer en nous le bien sur le mal. Ce bien que nous nous appliquons à conquérir et à nous incorporer nous est antérieur et supérieur. C'est le bien absolu, c'est Dieu. Le devoir nous est imposé par Dieu. (On voit tout de suite que la doctrine morale de Soloviev est en opposition radicale avec celle de Kant. Soloviev s'est, de plus en plus, détaché de l'influence de Kant, influence qu'il avait d'abord profondément ressentie.) Dans l'examen détaillé des devoirs, le philosophe russe réfute la fausse philosophie qui prétend séparer la morale, non seulement de la religion, mais aussi de la métaphysique. Puis, il étudie l'opposition apparente et le lien réel qu'on observe entre la société et l'individu. C'est le sujet du grand chapitre intitulé : « Le Bien dans l'histoire de l'humanité. » Là, apparaît l'homme social, sous le triple aspect de la famille, de la nation et de l'humanité. On retrouve dans ce chapitre le développement méthodique de la règle chère à Soloviev : « *sans division et sans confusion* », qui fixe la place, le rôle, les rapports de chaque chose et de chaque être dans l'ensemble du monde. Tout cet ensemble s'harmonise par la solidarité et se perfectionne par la spiritualisation. Nous nous avançons ainsi vers l' « organisation parfaite de l'humanité intégrale ». La loi du progrès, que tant de philosophes et d'hommes politiques ont voulu opposer à la puissance divine, rentre dans le plan providentiel et se développe sous l'action du Christ et de l'Église.

Si, comme moraliste, théologien et mystique,

Soloviev se souvenait toujours de la vie réelle, individuelle ou sociale, on n'a pas lieu de s'étonner que sa philosophie proprement dite porte la marque de la même préoccupation. De bonne heure, il a publié une thèse intitulée *Critique des principes abstraits*. Dans cette œuvre, ce qu'il reproche surtout aux plus célèbres philosophes modernes, c'est d'avoir construit des théories faites pour se tenir en l'air et d'avoir traité l'homme comme si celui-ci n'était qu'une machine à raisonner. Soloviev ne niait pas la valeur des principes abstraits, mais il affirmait que ce sont surtout des instruments de travail, utiles pour étudier la réalité; et qu'on doit avoir soin de ne pas les confondre entièrement avec la réalité absolue. Ne jamais perdre de vue l'homme tel qu'il est, c'est-à-dire un être faible, agité par des besoins et par des passions, soumis à des épreuves, obligé de lutter non seulement pour vivre ici-bas mais aussi pour se connaître et pour se conduire, pour accomplir sa destinée définitive, voilà ce que Soloviev a toujours recommandé.

Pour connaître sa nature et pour accomplir sa destinée, l'homme a besoin de la religion. Aussi Soloviev a-t-il toujours pris le plus grand soin de rattacher la philosophie et la morale au christianisme enseignant, vivant et agissant. La source de la vie intellectuelle et morale, c'est la parole du Christ, c'est le Christ lui-même, personnel, vivant, ressuscité, le Christ avec sa doctrine, ses exemples, son Église. Cela, Soloviev l'a démontré depuis le premier jour jusqu'à la fin.

En 1877, en effet, le grand penseur russe publiait les *Principes philosophiques d'une science intégrale;* puis, bientôt après, les leçons sur *l'Humanité-Dieu* et, quelques années plus tard, les *Fondements religieux de la vie*. Là, comme dans la *Critique des principes abstraits,* et d'ailleurs comme dans ses autres ouvrages, il a pour but d'établir l'accord total de la science, de la philosophie, de la théologie, de la morale privée et publique.

Soloviev ne demande pas que la religion absorbe et remplace la philosophie, la science et la politique ; mais il veut lui rendre l'autorité supérieure à laquelle elle a droit. Il affirme que la philosophie, la science et la politique ont usurpé sur la religion. Il se préoccupe de corriger cette usurpation et de rétablir l'ordre, selon la justice et selon la vérité. En somme, chacun dans son rôle ; chacun à sa place.

N'est-ce pas très simple? Bien des lecteurs seraient disposés à juger que c'est trop simple; mais je les prie d'admettre deux remarques. D'abord, le programme que je résume d'une manière si banale et si pauvre, Soloviev l'a exposé avec une ampleur, une élévation et une pénétration extraordinaires. Puis, le même programme l'a conduit à soutenir contre de nombreuses et très hautes personnalités russes une ardente polémique, qui, pendant vingt-cinq années, s'est renouvelée coup sur coup. Cette polémique faisait surgir une quantité de problèmes philosophiques, religieux, politiques. Bref, une conception en apparence toute simple a procuré au philosophe russe une éclatante destinée, d'autant plus originale qu'il a eu, tantôt contre lui, tantôt pour lui, les groupes les plus différents.

Demander que chaque chose fût mise à sa place, c'était affirmer que la religion doit être reconnue comme l'autorité supérieure. Par cela même, Soloviev irritait les savants, les philosophes, les économistes et, en général, les libres penseurs. Mais bientôt, il **vit**, ainsi que je l'ai noté, se dresser contre lui une foule de chrétiens zélés qui le trouvaient beaucoup trop philosophe. Enfin, sa propagande pour l'union des Églises et pour la reconnaissance de la suprématie du Pape scandalisait les « orthodoxes » comme les libres penseurs. Le triple antagonisme fut persistant et eut des phases très agitées.

Dans la première partie de cette Introduction, j'ai indiqué comment le hardi chrétien se trouva souvent en lutte avec une foule de croyants, fidèles défenseurs de la Russie chrétienne. Entre eux et lui existaient trois sujets de désaccord : — 1° Les excès du nationalisme (du moins de ce qui s'appelait ainsi) ; — 2° le régime politique de l'Église russe ; — 3° l'isolement et l'hostilité de cette Église par rapport à l'Église romaine.

Résumons les longs débats sur le nationalisme. Aux nationalistes (ou slavophiles) Soloviev reprochait un amour égoïste et aveugle pour leur patrie terrestre. Cette patrie, il l'aimait profondément, passionnément; il la souhaitait forte et glorieuse ; d'ailleurs, tout en ayant puisé beaucoup de choses dans la culture occidentale, il était, par ses habitudes et par ses goûts, demeuré très Russe, tel que l'avaient fait son tempérament et son origine. Mais il n'admettait pas le genre de patriotisme qui régnait alors sous le nom de *nationalisme* ou de *slavophilisme* et qui jugeait avec mépris l'Europe occidentale. Soloviev accusait les nationalistes et les slavophiles de se laisser aller à une espèce d'idolâtrie de soi-même. Il leur reprochait de vouloir faire de la Russie une nation à part, supérieure et indépendante, n'ayant aucun devoir envers les autres, comme si elle avait accaparé et absorbé la totalité de l'esprit chrétien ; et comme s'il n'y avait plus qu'elle de chrétien, sur la terre. Ces excès et ces aveuglements de patriotisme, Soloviev les a souvent signalés et répudiés, soit dans des discours, soit dans des articles de revue, soit dans des livres.

J'ai (en commençant) cité des passages de la conférence l'*Idée russe*, où Soloviev expose que toutes les patries ont chacune un devoir propre : remplir la mission qui leur est assignée dans « le plan de Dieu ». Cette mission il l'a, de la même manière, définie dans plusieurs de ses ouvrages.

Il l'a même exposée de nouveau chez nous, lors de son dernier séjour à Paris, en 1893. C'était l'heure où se produisaient les manifestations qui préparaient l'alliance franco-russe. Cette année-là (16 décembre), Soloviev fit au

Cercle catholique du Luxembourg une autre conférence, dont je publiai dans l'*Univers* un compte rendu. Voici la partie essentielle de la conférence :

« La première condition pour que l'amitié contractée entre la Russie et la France soit durable et féconde, disait Soloviev, c'est que les deux peuples, différents par leur caractère et par leur histoire, éloignés l'un de l'autre au point de vue géographique, se fassent une idée précise des raisons qui les ont rapprochés. L'intérêt politique ne suffit pas, puisqu'il est, de sa nature, passager. Est-ce l'amour des contrastes ? Non ; car alors nous aurions pu, mieux encore, nous entendre avec la Chine. Il faut voir ce que les deux pays ont de commun et de spécial.

« Des sentiments de foi et de générosité, une tendance irrésistible vers l'idéal, constituent le premier élément de la sympathie qui s'est manifestée avec tant d'ardeur. Mais cette sympathie ne se développera point par elle-même. Elle a besoin d'être dirigée et stimulée pour ne pas demeurer inerte. Ici apparaît une loi essentielle de l'activité du monde : c'est par l'emploi des forces contraires que l'union se réalise.

Cette théorie, que les seuls esprits légers peuvent trouver paradoxale, est absolument d'accord avec les phénomènes les plus simples et les plus fréquents. On ne voit pas s'associer des êtres rigoureusement pareils l'un à l'autre. La vigueur et la faiblesse, la douceur et l'énergie sont faites pour s'allier. La force en mouvement cherche la force en repos. »

Soloviev montrait la France, qu'il appelait le verbe de l'humanité, toujours portée à répandre les idées engendrées par elle ou reçues du dehors. En regard de cette activité, il signalait la Russie, restée en quelque sorte passive et comme enfermée dans son immense domaine : « La France, qui dépense sans mesure son ardeur, ne ressemble-t-elle pas à un moteur qui est sur le point de fonctionner à vide? Au contraire, la Russie est riche des croyances qui se sont conservées comme un capital accru par les siècles. Elle attend l'impulsion qui déterminera un mouvement général et qui portera partout la chaleur et la vie. »

Il n'est pas jusqu'à la différence de leur état politique actuel où Soloviev ne trouve un argument et une facilité pour le rapprochement des deux nations : « L'esprit d'individualisme, personnifié aujourd'hui avec tant d'excès par la France, doit être bienfaisant pour la Russie, qui en est si dépourvue. En revanche, le peuple ami vous fera partager son amour de la solidarité, qui, chez lui, est purement la fraternité chrétienne. »

Espérer unir les efforts de la France et de la Russie dans une propagande et dans une action religieuses, n'est-ce pas un rêve contredit par la réalité présente et par les prévisions prochaines? Pour écarter cette crainte, il suffit d'examiner de près le caractère des grands mouvements qui se dessinent à notre époque. On se trompe en considérant comme révolutionnaires, en elles-mêmes, certaines idées ou certaines réformes soutenues par des hommes qui ne professent pas notre foi, ou bien qui la combattent sans la connaître. Plus d'une œuvre accomplie en apparence au nom de la vraie religion n'était pas chrétienne. En revanche, il y a un christianisme latent qui agit par des voies détournées. Il emploie à son avantage les instruments mêmes qui sont dirigés contre lui. C'est d'ailleurs l'un des principes qui éclairent l'activité universelle. Nous le savons par l'Évangile et nous le constatons dans l'histoire : ces forces innombrables qui se sont dépensées, qui cherchent leur voie ou qui dorment en réserve, sont destinées à se rencontrer, à s'unir, à se compléter les unes par les autres, à collaborer à l'œuvre définitive. La renaissance de l'esprit chrétien, Soloviev la voyait dans la passion qui s'est éveillée en faveur des œuvres sociales de vérité, de charité et de justice. Il saluait avec joie, il célébrait avec enthousiasme l'esprit qui pousse les hommes à se considérer de plus en plus comme obligés de se prêter assistance et de se témoigner une affection véritable. C'est la charité du Christ qui souffle sur le monde.

Soloviev ne manquait pas de rendre le plus chaleureux et le plus sincère hommage au Pape Léon XIII, qui venait de fixer la direction de ce mouvement et qui ouvrait ainsi une nouvelle période.

A notre époque, entreprendre de faire converger vers le triomphe de l'Évangile, sous la conduite du Pape, l'Occident, que la Révolution veut séparer de Rome, et l'Orient, que le schisme en a détourné, n'est-ce pas une utopie? Non. C'est dans ces conditions, c'est au milieu de cet antagonisme que s'élaborent le progrès et l'harmonie.

N'oublions pas, disait hardiment Soloviev,

que « l'histoire universelle est la réalisation des utopies ».

En terminant, il résumait, dans un original et charmant parallèle entre saint Pierre et saint Jean, les traits des deux nations unies aujourd'hui pour une œuvre commune. Pierre, l'apôtre de l'Occident, Jean l'apôtre de l'Orient, avaient en quelque sorte fait l'échange de l'excès de leurs qualités. Saint Jean, dont on ne connaît plus que la douceur, était à l'origine un violent. Saint Pierre avait été violent et faible. Tous deux, cédant à des pensées de représailles et croyant servir leur Maître, s'attirèrent une leçon mémorable : « Vous ne savez pas de quel esprit vous êtes ! » Gardons-nous d'encourir le même reproche. Servons la foi avec l'amour de la vérité ; servons la charité avec l'amour de la justice.

De la notion de la destinée providentielle des peuples Soloviev a tiré de graves conséquences, notamment celles qui le conduisirent à combattre le régime politique de l'Église russe. Voyons ce qu'il disait là-dessus dans ses livres :

Le plan de Dieu se manifeste et se réalise

par l'institution de l'Église universelle. Mais est-ce que l'Église universelle n'est pas en proie à la division? Est-ce que nous ne voyons pas des Églises chrétiennes, grandes ou petites, séparées les unes des autres? Oui, assurément. Or, cette division Soloviev voulait la faire cesser; et il l'a combattue de toutes ses forces, au milieu de polémiques diverses, qui agitaient les questions les plus passionnantes.

Parmi les causes de division, Soloviev signalait le système qui place la religion sous la dépendance de l'autorité nationale, c'est-à-dire du pouvoir civil.

Au sujet du régime politique et administratif de l'Église russe, Soloviev avait pris tout de suite et pour toujours l'attitude d'un contradicteur. Dans ce rôle, il avait l'avantage de ne pas se trouver seul de son côté et de pouvoir invoquer le témoignage de plusieurs écrivains russes, slavophiles très estimés, entre autres Ivan Aksakov et Georges Samarine. Comme eux, Soloviev a vivement combattu la dépendance de l'Église russe devant l'autorité civile. Je dis « comme eux », mais je dois ajouter qu'il le fit d'une manière moins violente et, en même temps, plus profonde. Tout en se montrant très énergique, il s'imposait dans le langage une certaine retenue, tandis que les deux autres écrivains, Aksakov surtout, s'exprimaient ordinairement avec colère. Mais, je le répète, l'argumentation de Soloviev était celle qui allait au fond des choses; car elle employait la philosophie et la théologie. Qu'on me permette de dire encore une fois, mais en trois lignes, que les discussions auxquelles il prenait part agitaient beaucoup les différentes catégories de lecteurs cultivés. Le grand philosophe avait le don de mettre les esprits en mouvement. D'ailleurs, la question qui se discutait était de celles devant lesquelles la conscience et l'intelligence russes ne pouvaient rester indifférentes.

L'émotion s'augmenta encore lorsque Soloviev exposa son plan complet de réforme de l'Église.

Alors, il ne s'agissait plus seulement des rapports entre l'autorité religieuse et l'autorité civile de la Russie, mais des rapports de l'Église russe avec le monde religieux occidental et avec l'Église catholique romaine.

C'était une conséquence de la thèse soutenue par Soloviev en faveur de l'indépendance de l'Église vis-à-vis de l'État.

e

Soloviev affirmait la nécessité, pour toutes les Églises chrétiennes, l'Église russe comme les autres, d'être unies autour d'un centre indépendant de toutes les autorités civiles ou nationales, un centre purement religieux et vraiment universel, c'est-à-dire la Papauté.

N'oublions pas que le grand penseur et grand croyant russe ne concevait et ne pouvait concevoir la religion chrétienne que sous la forme de religion réellement universelle. Pour ce motif (et pour d'autres encore) il repoussait l'ingérence de l'autorité civile ou politique, ou nationale, dans les questions de doctrine, de culte, de hiérarchie ecclésiastique ; ingérence qui divise l'Église chrétienne en nations et qui, ainsi, s'oppose au principe de l'universalité. Affranchies de la dépendance et de la limitation civile, politique, nationale, les Églises doivent s'unir les unes avec les autres. Une telle union universelle exige un centre. Or, il n'y a qu'un centre possible et concevable : celui qui est établi à Rome depuis les commencements du christianisme.

Soloviev le déclarait d'une manière très catégorique. Tout en critiquant, parfois avec animation, certains faits et certaines périodes historiques du gouvernement pontifical, Soloviev affirmait que la Papauté possède légitimement et nécessairement la puissance religieuse centrale et suprême.

Une telle doctrine, formulée en Russie par un écrivain russe éminent et célèbre, ne pouvait manquer d'y provoquer d'ardentes polémiques. Ces polémiques il les soutint avec une énergie croissante. Au lieu de reculer devant les reproches qu'il recevait de divers côtés, il accentua sa thèse en plusieurs occasions, qui se succédèrent bientôt et dont je note les principales.

Ce fut, d'abord, dans un discours prononcé le 19 février 1883 pour honorer la mémoire de Dostoïevsky. En cette circonstance, Soloviev qualifia de « malheur » et de « scandale » la longue séparation religieuse survenue entre l'Orient et l'Occident; et il glorifia l'Église romaine d'avoir combattu tous les réveils du paganisme et toutes les hérésies.

La même année, de nouveau et davantage encore, il remua les esprits par une publication considérable et didactique intitulée *le Grand débat de la politique chrétienne.* Là, tout en reproduisant un certain nombre des reproches qui sont ordinairement adressés à la politique pontificale, Soloviev prenait la défense de l'autorité religieuse romaine constituée sous la forme du Saint-Siège apostolique. De nouveau il désignait et il saluait Rome comme le centre unique, légitime et nécessaire de l'Église universelle.

A la date de 1885, nous trouvons l'apôtre philosophe en discussion publique, sur le même sujet, avec un métropolite. Cette fois, Soloviev présente sa thèse en une série de neuf questions, qui s'enchaînent, pour ainsi dire, mécaniquement. Raisonnant d'après les décrets des conciles œcuméniques et aussi d'après les décisions de l'Église russe, il soutient que la séparation accomplie depuis des siècles n'a pas de causes doctrinales et que c'est uniquement une œuvre de la politique humaine.

La conférence faite, en français, à Paris (25 mai 1888), affirme encore la nécessité d' « un sacerdoce général ou international, centralisé et unifié dans la personne d'un Père commun de tous les peuples, le Pontife universel ».

La moitié du livre, français aussi, publié à Paris en 1889, sous le titre *la Russie et l'Église universelle*, a pour but de prouver que la suprématie du Pape est fondée sur le droit divin. En faveur de cette suprématie hiérarchique et doctrinale, Soloviev invoque encore une quantité de considérations diverses, historiques et philosophiques. Le livre contient une Introduction qui donne, en cinquante pages, un incomparable résumé des grandes crises religieuses durant les premiers siècles chrétiens et durant le moyen âge. La dernière partie, consacrée à l'application du principe trinitaire, fait entrevoir une synthèse de toutes les sciences et de toutes les forces, humaines ou surnaturelles. On a reproché à l'auteur des excès d'imagination et une espèce de panthéisme mystique. En tout cas, il y a là une prodigieuse quantité de connaissances et d'idées; et, vraiment, le livre est extraordinaire.

J'ai noté que le livre *la Russie et l'Église universelle* est écrit en français; mais cela ne suffit pas. Il faut dire que le style français de l'éminent penseur et écrivain russe est un modèle de pureté, d'élégance et de noblesse. Obligé de quitter Paris avant l'impression de son travail, Soloviev m'avait confié le soin d'en corriger les épreuves. Le manuscrit semblait l'œuvre d'un auteur dont la langue natale est le français, le meilleur français, à la fois classique et moderne.

Si remarquable par son contenu et par sa forme, ce livre a encore l'avantage de préciser la conception et la tendance de Soloviev au sujet de l'Église.

On s'est souvent trompé à cet égard. Même en Russie, et peut-être surtout en Russie, certain grave malentendu est persistant.

Par exemple, bien des personnes pensent que, durant une période peut-être assez longue, le grand philosophe et théologien russe a eu pour le catholicisme une sympathie plus ou moins vive, mais peu à peu affaiblie et finalement dissipée.

Or, en ce qui concerne l'attitude de Soloviev à l'égard du catholicisme, le mot *sympathie* doit être écarté, étant à la fois équivoque et inexact. Le mot *sympathie* fait supposer que Soloviev aurait envisagé le catholicisme d'après les impressions variables d'un sentiment variable lui-même selon les circonstances. En réalité, il s'agit ici d'une chose tout autre qu'un sentiment, et beaucoup plus importante. Il s'agit d'une *doctrine* précise et qui, dans la pensée ainsi que dans l'œuvre de Soloviev, est fondamentale, essentielle, fixe. Même dans son grand ouvrage *la Justification du Bien*, qui est surtout un traité de morale, l'idée de l'union des Églises est exposée d'une manière catégorique et assez développée. Là, comme ailleurs, le philosophe apôtre affirme, coup sur coup, l'universalité, la *catholicité,* de la véritable Église chrétienne (1).

De bonne heure, et jusqu'à la fin de son apostolat, il a souhaité l'union des Églises et il a déclaré que cette union devait nécessairement avoir pour centre la Papauté. Dès 1882, dans l'un des premiers discours en l'honneur de Dostoïevsky, il affirmait l'universalité et la suprématie du Saint-Siège romain. On rencontre la même doctrine dans le livre si curieux, quoique inachevé : *Histoire et avenir de la théocratie.* Cette doctrine remplit la plus grande partie de l'ouvrage français *la Russie et l'Église universelle* (2).

La correspondance de Soloviev, elle aussi, montre souvent combien était profonde chez lui la préoccupation relative à l'union religieuse; union complète, c'est-à-dire morale, doctrinale, ecclésiastique. Comme exemple, je citerai deux

---

(1) Chapitre xix, p. 531-543.
(2) Publié à Paris par la librairie Savine, ce livre appartient aujourd'hui à la librairie Stock (rue Saint-Honoré, 155).

des lettres qu'il m'adressa. Ces lettres indiquent bien sa disposition d'esprit ordinaire, ou plutôt constante ; et elles le peignent lui-même tel qu'il était au milieu de ses travaux, de ses projets, de ses sollicitudes. Elles font, en outre, juger de la charmante affection qu'il témoignait à ses amis :

I

(Non datée. De Petrograd, 1894 ; probablement au commencement d'avril.)

Inappréciable ami et frère de mon âme, je profite d'une occasion favorable pour vous « mettre sur la piste ». Mon ami M. Cavos, demi-italien franco-russe et homme excellent sous tous les rapports, s'est chargé de vous remettre cette lettre, que je n'aurais pas voulu confier à la poste.

Il s'agit d'un grave mouvement parmi les dissidents russes (ceux que l'on considère comme protestants et nationalistes, mais qui ne le sont pas en réalité) vers la *catholicité* (je ne dis pas encore *catholicisme*). Ils tiennent, entre autres, à avoir une hiérarchie valable, c'est-à-dire possédant la succession apostolique. Puisqu'il n'y a aucune possibilité pratique d'obtenir la chose voulue d'une source orientale, il s'ensuit...

La seconde éventualité — la seule qui reste —

serait d'autant plus à désirer qu'elle réunirait à l'avantage de la valabilité celui de la régularité. — Vous comprenez l'impression personnelle que produisent sur moi ces horizons nouveaux ouverts d'une manière si inattendue. J'ai vu que je me suis préparé pendant ces douze dernières années (sans y penser et sans le prévoir) un rôle pratique et indispensable; que je ne me suis pas trompé et que je n'ai pas travaillé en vain, même au point de vue purement pratique. Il ne s'agit plus de « jeter la bonne graine », mais de préparer et de réaliser un acte historique d'un caractère tout à fait déterminé et d'une importance incalculable.

Je ne puis pas vous communiquer ces détails à présent. En automne, vous aurez des nouvelles plus précises, de vive voix, je l'espère. Je vous prie de ne communiquer à personne le contenu de cette lettre excepté à Lorin (1) et Menard (2), ainsi qu'à votre excellente femme, qui me fait l'effet d'être exempte de certaines faiblesses de son sexe.

Bientôt, j'espère vous envoyer le manuscrit très refait de ma conférence, sous le titre « Quelques pensées sur notre avenir à propos de l'amitié franco-russe. »

Je voudrais bien, qu'avec votre aide, M. Cavos apprenne quelque chose sur la destinée des papiers

---

(1) M. Henri Lorin, dont j'ai déjà mentionné le nom et chez qui Soloviev avait séjourné à la fin de 1893.
(2) M. Joseph Menard, mort député de Paris, avait, en 1888, mis Soloviev en rapports avec M. Savine, éditeur, pour la publication de *la Russie et l'Eglise universelle*.

laissés par notre amie défunte à mon nom, d'après ce que m'a écrit M. Onéguine (1).

Mille amitiés à M. Desquers (2) et à votre excellente femme. J'embrasse Lorin et Menard. Je vous embrasse de tout mon cœur.

Votre V. S.

Je me porte pas mal et travaille à de petites choses publiquement et à de grandes en secret.

II

Tsarskoïe-Sélo, mai-juin 96.

Dimidium animæ mææ, le plus cher et le plus excellent de tous les Eugènes ! Vraiment, votre lettre a été une grande joie pour moi, elle m'a transporté dans

---

(1) « Notre amie défunte » était Mlle Olga Smirnov, fille de Mme Alexandrine Smirnov dont on a publié les mémoires. Mlle Olga Smirnov, personnalité très originale et très distinguée, âme d'élite, venait de mourir à Paris, où elle résidait depuis longtemps. Au sujet des nombreux papiers qu'elle laissait et qui sont restés inédits (et dont peut-être, s'ils existent encore, on a perdu la trace), une lettre avait été adressée à Soloviev par M. Onéguine, un des membres de la colonie russe. M. Onéguine a formé à Paris, avec autant de goût que de dévouement, une rare et précieuse collection artistique et littéraire concernant de nombreuses célébrités russes, et notamment Pouchkine.

(2) Mon beau-père.

un monde de souvenirs agréables mêlés à des pressentiments plus agréables encore. Je souffre de nostalgie cosmopolitique. Le patriotisme n'empêche pas d'être gêné par les frontières. C'est pour cela que j'adore la mer, qui n'en a pas.

Il faut cependant que je vous explique ma lenteur à répondre, ainsi que l'insuffisance de ma lettre.

En dehors des préoccupations qui ne sont pas faites pour une communication postale et des travaux littéraires accidentels, j'ai deux travaux quotidiens, qui m'absorbent plus qu'il ne faut peut-être.

1° Je publie un gros volume sur la philosophie morale, qui sera suivi par deux pareils sur la métaphysique et l'esthétique, dont une moitié est sous presse tandis que les derniers chapitres sont encore *in statu nascenti;*

2° Je rédige la section philosophique et en partie théologique d'une énorme encyclopédie russe (lettres A-L) parue en trente-cinq volumes, deux mille feuilles d'impression, trente-deux mille pages; la plupart des articles de ma section sont écrits par moi-même, et la lettre M, à laquelle nous sommes arrivés, est infernale : matière, matérialisme, manichéisme, métaphysique, mystique, morale, monisme, monothéisme, monophysite, monothélite, mandéens, Maimonide, Malebranche, Mill, et un tas de termes russes que je vous épargne. Maintenant, je profite de deux ou trois jours un peu plus libres, entre Malebranche et Matière, pour vous répondre d'une manière très incomplète.

Je savais déjà quelque chose sur le mouvement anglo-romain par *la Quinzaine,* que l'on m'envoie quelquefois. Je trouve ce mouvement non seulement très désirable en lui-même, mais encore très tempestif, au moment où certaine partie de Right Reverends commence à jeter des œillades du côté Nord-Est ; ces œillades platoniquement adultérines ne peuvent avoir qu'un seul résultat, celui d'embêter les bons et d'encourager les méchants ; mais grâce au mouvement anglo-romain, ce triste effet sera quasi manqué (1).

Vous savez que, selon mon avis, *tant que la Chrétienté orientale est dans l'état où elle est, tout succès extérieur* pour elle ne peut être qu'un malheur pour la cause du Christianisme universel et, partant, pour les vrais intérêts de tout pays chrétien, la Russie et la

---

(1) Il s'agit de deux mouvements d'union religieuse qui se produisaient alors (1894-1898) au sein de l'Église anglicane. Le premier, personnifié par le noble lord Halifax, comportait l'union avec la Papauté. Et Soloviev s'en réjouissait. — Le second, entre des prélats anglicans et des prélats russes, se dessinait en dehors de Rome. Et Soloviev lui était hostile.

Coïncidence curieuse : au moment où je corrige cette épreuve, le *Correspondant* (livraison du 25 août 1916) publie un article anonyme intitulé : *L'intercommunion entre l'Église Anglicane et l'Église Orthodoxe russe*. C'est un historique des diverses tentatives qui furent faites pour amener l'union religieuse des Anglicans et des Gréco-Russes. Il y en eut sous Pierre le Grand et même plus tôt. Celle à laquelle Soloviev faisait allusion et qu'il réprouvait avait probablement été préparée par la *Eastern Church Association* (Association de l'Église d'Orient) ; mais ce groupe s'était dissous. Certains de ses éléments furent plus tard absorbés par une nouvelle association dénommée : *The Anglican and Eastern Orthodox Church Association* (Union des Églises Anglicane et Orthodoxe orientale), puis *The Anglican and Eastern Association*. En 1912, plusieurs membres importants de cette société se sont rendus à Petrograd pour y délibérer avec des membres d'une association russe, sur un **programme d'union religieuse**.

France comprises. Par contre, dans l'état actuel des choses, tout ce qui est succès pour la chrétienté occidentale dans le sens de son unification est un bonheur pour tout le monde.

Quant à votre demande de vous fournir des données pour un article concernant ma très maigre personne, je dois, pour des raisons que vous devinerez peut-être, me borner à une courte exposition de mes principes religieux. Si les remarques qui suivent sont inutiles pour l'article en question, acceptez-les tout de même comme une manifestation amicale.

Et, pour commencer, je commence par la fin.

Respice finem. Sur ce sujet, il n'y a que trois choses certaines attestées par la parole de Dieu :

1° L'Évangile sera prêché par toute la terre, c'est-à-dire que la vérité sera proposée à tout le genre humain, ou à toutes les nations ;

2° Le Fils de l'Homme ne trouvera que peu de foi sur la terre, c'est-à-dire que les vrais croyants ne formeront à la fin qu'une minorité numériquement insignifiante et que la plus grande partie de l'humanité suivra l'Antéchrist ;

3° Néanmoins, après une lutte courte et acharnée, le parti du mal sera vaincu et la minorité des vrais croyants triomphera complètement. De ces trois vérités aussi simples qu'incontestables pour tout croyant, je déduis tout le plan de la politique chrétienne.

Et d'abord la prédication de l'Évangile par toute la terre, pour avoir cette importance eschatologique qui lui a valu une mention spéciale de la part de Notre-Seigneur lui-même, ne peut pas être limitée à l'acte extérieur de répandre la Bible ou des livres de prières et de sermons parmi les nègres et les Papous. Ce n'est là qu'un moyen pour le vrai but, qui est de mettre l'humanité devant le dilemme : d'accepter ou de rejeter la vérité en connaissance de cause, c'est-à-dire la *vérité bien exposée et bien comprise*. Car il est évident que le fait d'une vérité acceptée ou rejetée *par malentendu* ne peut pas décider du sort d'un être raisonnable. Il s'agit donc d'écarter non seulement l'ignorance matérielle de la révélation passée, mais aussi l'ignorance formelle concernant les vérités éternelles, c'est-à-dire d'écarter toutes les erreurs intellectuelles qui empêchent actuellement les hommes de bien comprendre la vérité révélée. Il faut que la question d'être ou de ne pas être vrai croyant ne dépende plus des circonstances secondaires et des conditions accidentelles, mais qu'elle soit réduite à ses termes définitifs et inconditionnés, qu'elle puisse être décidée par un pur acte volitif ou par une détermination complète de soi-même, absolument morale, ou absolument immorale.

Maintenant, vous conviendrez sans doute que la doctrine chrétienne n'a pas atteint actuellement l'état voulu, et qu'elle peut encore être rejetée par des hommes de bonne foi à cause de réels malentendus théoriques. Il s'agit donc :

1° D'une instauration générale de la philosophie chrétienne, sans quoi la prédication de l'Évangile ne peut pas être effectuée;

2° S'il est certain que la vérité ne sera définitivement acceptée que par une minorité plus ou moins persécutée, il faut pour tout de bon abandonner l'idée de la puissance et de la grandeur extérieures de la théocratie comme but direct et immédiat de la politique chrétienne. Ce but est la justice; et la gloire n'est qu'une conséquence qui viendra de soi-même.

3° Enfin, la certitude du triomphe définitif pour la minorité des vrais croyants ne doit pas nous mener à l'attente passive. Ce triomphe ne peut pas être un miracle pur et simple, un acte absolu de la toute-puissance divine de Jésus-Christ, car s'il en était ainsi toute l'histoire du christianisme serait superflue. Il est évident que Jésus-Christ, pour triompher justement et raisonnablement de l'Antéchrist, a besoin de notre collaboration; et puisque les vrais croyants ne sont et ne seront qu'une minorité, ils doivent d'autant plus satisfaire aux conditions de leur force qualitative et intrinsèque; la première de ces conditions est l'unité morale et religieuse qui ne peut pas être arbitrairement établie, mais doît avoir une base légitime et traditionnelle, — c'est une obligation imposée par la piété. Et, comme *il n'y a dans le monde chrétien qu'un seul centre d'unité légitime et traditionnel,* il s'ensuit que *les vrais croyants doivent se rallier autour de lui;* ce qui est d'autant plus idoine qu'il n'a plus de pouvoir extérieur compulsif et que, partant, chacun peut s'y rallier dans la mesure indiquée par sa conscience. Je sais qu'il y a des prêtres et des moines qui pensent autrement et qui demandent qu'on s'abandonne à l'autorité ecclésiastique sans réserve, comme à Dieu. C'est une erreur qu'il faudra nommer hérésie, quand elle sera nettement formulée. Il faut s'attendre à ce que quatre-vingt-dix-neuf pour cent des prêtres et moines se déclareront pour l'A-C. C'est leur bon droit et c'est leur affaire.

Quand on parle du loup on en voit la queue. Voici que j'ai dû interrompre cette lettre pour en recevoir une autre venant d'un moine galicien, qui veut m'imposer à tout prix le dogme... de la peine de mort. Il paraît que c'est là le point le plus important de sa « doctrine chrétienne ». Bien qu'il appartienne à la Galicie d'Autriche et non pas à celle de l'Espagne, sa lettre n'a pas manqué de me rappeler qu'il y a des Espagnols qui se disent Espagnols mais qui ne sont pas de vrais Espagnols.

Pour revenir à nos propres affaires, dans quel sens doit-on agir pour la vraie concentration chrétienne?

Je crois qu'avant tout il s'agit d'être pénétré par l'Esprit du Christ à un degré suffisant pour pouvoir dire, en bonne conscience, que telle ou telle action ou entreprise est une collaboration positive avec Jésus-Christ. C'est le critérium définitif. Quant au côté pratique et purement humain de l'action, son exposition (en tant qu'_il_ s'agit de la Russie) n'est pas faite, dans les conditions données, ni pour la publicité, ni même pour la poste. Nous en parlerons donc à Paris. Quand? Je commence vraiment à croire que le nombre cinq est fatal pour mes visites en France et que j'y viendrai en 1898.

Ah! combien de choses aurons-nous à nous dire? Et en attendant pourquoi ne me donnez-vous aucun détail de votre vie privée? Monsieur votre beau-père est-il en bonne santé? Je vous prie de remettre mes salutations les plus cordiales à Mme Tavernier. S'il y a des amis à Paris qui se souviennent de moi (ce qui serait une preuve d'une très bonne mémoire et d'un cœur généreux, vu mon silence absolu), embrassez-les de ma part. Je vous embrasse mille fois, mon ami sans pareil.

Tout à vous,
      Vladimir Soloviev.

On voit que, dans ses propos intimes, de même que dans ses déclarations publiques, Soloviev désignait la Papauté comme le centre nécessaire de l'union des Églises.

Ce qui a varié chez lui, ce n'est pas la doctrine sur la nécessité ou sur les conditions de l'union des Églises, mais c'est, selon les circonstances, l'espoir qu'il avait de voir se réaliser le commencement d'un si grand dessein.

Peut-être faudrait-il dire qu'une autre chose encore a subi des variations : l'injuste sévérité avec laquelle il appréciait certaines périodes de la politique religieuse occidentale ou ce qu'il appelait le papisme. Or, vers la fin, cette injuste sévérité diminua d'une manière sensible et continue. Ainsi, en 1881, parlant du moyen âge devant un auditoire de jeunes filles, il avait encore reproduit l'une des fausses accusations les plus répétées à propos de la croisade contre

f

les Albigeois. Tout le monde connaît la parole attribuée au légat du Pape : « Tuez-les tous. Dieu reconnaîtra les siens. » Or, la parole atroce et fameuse n'a été rapportée par personne qui l'ait entendue ni même par aucun écrivain contemporain digne de créance. Elle n'apparut que soixante ans plus tard, sous la plume d'un Allemand, Césaire de Heisterbach, qui n'avait ni probité ni culture historique et qui ne racontait que des commérages. Comme beaucoup d'autres analogues, le mensonger récit de Heisterbach a été cru pendant des siècles. Mais aujourd'hui les vrais historiens, même libres penseurs, le dédaignent et le repoussent. Soloviev eut l'occasion de s'en apercevoir, lui qui continuait d'étudier lorsqu'il était reconnu pour un maître. Dans l'ensemble de ses derniers travaux, sa science historique, comme sa philosophie et sa théologie, est de plus en plus impartiale et sereine. On peut, sans faire tort à Soloviev, se souvenir des erreurs où il tomba. Elles ne sont pas nombreuses; et il savait, si humblement, si aisément, les avouer et s'en corriger !

Outre l'humilité et la droiture, admirables chez lui, il était aidé à se rectifier par la doctrine même, vaste et complète, qu'il possédait pleinement et qui lui assurait le don et le sens de l'équilibre.

C'est tout à fait l'opposé de ce qui se remarquait chez Léon Tolstoï, dont il fut toujours, et de plus en plus, l'adversaire. Ces deux génies, si différents d'allure et de nature, se rencontraient, et se heurtaient, sur le terrain de la morale, comme de la religion. Le célèbre romancier, on le sait, avait au suprême degré la prétention d'être un moraliste et même le plus grand des moralistes. En réalité, il n'y entendait rien. Ce qu'il comprenait ou croyait comprendre, il le saisissait par un instinct fantaisiste, aveugle, emporté, à la fois obstiné et mobile. Tolstoï était à peu près incapable d'une argumentation digne de ce nom. En outre, il ne possédait qu'une science confuse et vulgaire. Soloviev, au contraire, personnifiait la pensée méthodique, équilibrée jusque dans les efforts les plus ardents et les plus audacieux, habituée à utiliser les ressources d'un savoir immense. Tolstoï, qui invoquait si souvent l'autorité du Christ, manquait complètement de foi chrétienne et n'en avait ni la notion, ni le sens, ni le goût. Ses commentaires sur l'Évangile, et aussi sur la morale, sont souvent d'une prétention et d'une naïveté puériles. Son génie consistait à observer et à peindre les sentiments et les passions des individus. Cela, il le faisait avec une pénétration et une adresse merveilleuses, mais instinctives. Tolstoï était tout instinct, tout caprice ; tandis que Soloviev soumettait aux règles de la logique, de la science et de la foi ses plus vives aspirations. Pendant quelque temps, l'un et l'autre avaient semblé unis pour le même combat en faveur de la liberté, de la justice et de la charité — (je dois rappeler ici que Soloviev se montra toujours radicalement opposé à la peine de mort) —; mais, assez vite, Tolstoï s'enfonça dans les voies de l'impiété et de l'anarchie ; et, alors, l'hostilité des deux grands écrivains russes devint inévitable et sans remède. Il y avait eu, entre eux, des relations personnelles, dans lesquelles Soloviev s'était efforcé d'introduire de l'amitié. Tolstoï, passionnément désireux de faire le prophète, ne supportait la contradiction que lorsqu'elle venait d'hommes qui ne pouvaient lui porter ombrage. Soloviev dut prendre le parti de le contredire et, entre autres exemples, à maint endroit du gros volume intitulé la *Justification du Bien*, mais sans nommer une seule fois son rival. Comme le note M. Radlov, cet ouvrage renferme « une constante polémique contre les opinions de Tolstoï ». Dans le dernier livre de Soloviev, les *Trois Entretiens*, qui m'a donné l'occasion de publier la présente étude, la doctrine de Tolstoï est encore longuement et vigoureusement combattue, sous une forme originale, spirituelle, élégante, où le grand art littéraire se met au service de la philosophie supérieure, de la foi religieuse et de la mystique. Là, encore, le nom de l'adversaire n'est pas prononcé.

Tolstoï ou Soloviev, lequel des deux durera le plus longtemps et exercera la plus profonde influence? Ce n'est pas difficile à deviner; ou plutôt rien n'a besoin d'être deviné. Tolstoï a prodigué l'exemple des égarements où peut tomber un génie déséquilibré; et, comme penseur, il a découragé la confiance et l'indulgence.

Au contraire, la renommée et l'autorité de Soloviev ne cessent de grandir, même dans des milieux très divers. Les littérateurs et les artistes le lisent avec attention, avec émotion bien souvent. Sa pensée, vraiment universelle, les attire et les impressionne. Il y a de lui, sur la critique et sur l'esthétique, une série d'études qui sont pleines de lumières.

J'ai dit qu'il était poète. On lui reconnaît tous les droits à ce titre. Récemment a paru la sixième édition de son œuvre poétique. Brillante et puissante, cette œuvre est très variée. Elle est riche de pensée, de lyrisme, de tendresse et d'amour. La poésie de Soloviev a le plus évident caractère de spontanéité. Aussi traduit-elle abondamment les différents états d'une âme très forte et très sensible. Maintes fois, ce sont les impressions de la vie courante qui inspirent le poète philosophe. Il console un ami, ou même un inconnu; il célèbre un souvenir soudainement réveillé; il chante sa mélancolie, comme son enthousiasme. Des lointains et splendides horizons de la pensée humaine il revient aisément à la contemplation des choses terrestres, à l'analyse et à la peinture des sentiments généreux, délicats, tendres, amoureux, d'où il fait jaillir le charme et aussi la splendeur. Il a composé en vers un récit autobiographique. Ces poèmes, dont plusieurs sont parfaits, Soloviev les écrivait sans prétention et plutôt en manière de délassement.

Sa correspondance (la publication est loin d'en être terminée) remplit aujourd'hui quatre volumes. Elle est très expressive, très intéressante, souvent très importante. On la lit avec l'attrait que présente l'intimité d'un génie original et délicieux.

Est-ce sa théorie morale, ou sa philosophie, ou sa doctrine religieuse, ou son enseignement mystique qui conservera le plus de prestige? M. Radlov se pose la question en achevant la belle étude biographique et critique jointe au dixième volume des *OEuvres*. L'éminent écrivain, éditeur de ces *OEuvres*, estime que « la pensée russe puisera souvent l'inspiration et le soutien » dans l'enseignement moral institué par Soloviev; mais, selon M. Radlov encore, il est très possible aussi que la partie mystique de la philosophie de Soloviev trouve le terrain favorable à un entier développement.

LES « TROIS ENTRETIENS »

Le livre russe *Trois Entretiens*, publié en 1899 et dont je donne la traduction, est le dernier ouvrage composé par Soloviev. L'auteur allait bientôt mourir, épuisé de travail avant la cinquantaine.

Notons d'abord ceci : le sujet traité sous ce titre si simple apparaît comme un résumé des principales idées auxquelles le grand philosophe consacra tant d'efforts. Sans doute, Soloviev, quoiqu'il sentît la mort prochaine, ne se proposait pas de faire une sorte de testament intellectuel. D'autres motifs suffisaient pour le pousser à préciser et à rassembler les conclusions de ses doctrines.

Il voyait alors la société russe cultivée entamée par les sophismes de Tolstoï. Celui-ci, on le sait, prêchait à tort et à travers, enseignant, entre autres principes absolus, la non-résistance au mal. De même, et avec succès encore, Tolstoï déclamait contre la guerre et, enfin, propageait un faux et dérisoire christianisme sans Église et sans foi, où la divinité du Christ était grossièrement méconnue. C'était l'heure aussi de l'engouement pour les extravagances forcenées de Nietzsche, pour l'idée du surhomme, rival et vainqueur de Dieu. On s'occupait beaucoup de tout cela, non seulement dans les milieux universitaires et académiques, mais aussi dans les salons. Puisque la conversation devenait plus que jamais un moyen d'enseignement et de propagande, Soloviev pouvait bien, lui aussi, se servir de cette forme pour traiter les plus hautes questions. De Platon à Joseph de Maistre, le dialogue a bien souvent remué la matière philosophique et religieuse. Peut-être la traduction des œuvres de Platon, traduction que le philosophe russe venait de terminer, fut-elle pour quelque chose dans le choix qu'il fit du procédé à employer. Mais le ton et la manière rappellent aussi les *Soirées de Saint-Pétersbourg*, où l'élégance littéraire a une si belle allure aisée, dégagée, naturelle; où souvent un mot d'esprit, un trait badin, traversent la plus grave dissertation; et où le mystère du sang guerrier remplit certain chapitre fameux.

Dans les *Trois Entretiens* apparaissent très

nettement la légitimité et l'utilité de la guerre... N'est-ce pas inattendu et déconcertant, du moins de la part de Soloviev? Auparavant, il a écrit bon nombre de pages contre le prestige et les abus de la force. Maintes fois, il a répudié les systèmes de contrainte employés chez les peuples civilisés et surtout la peine de mort. Même il admettait (et il admet encore dans ses dialogues) que le développement universel du militarisme peut un jour (mais non pas de la façon que supposent nos pacifistes) aboutir à la suppression des armées, par effet de réaction et d'épuisement; affaire de temps aussi. Alors, comment s'imaginer Soloviev théoricien de la guerre? Est-ce croyable?... Oui; et même pour des raisons assez simples.

Chrétien si fervent, chrétien si éclairé, le philosophe russe ne pouvait, un seul instant, méconnaître que l'existence des individus et de la société se résume dans la lutte du bien et du mal. Il savait parfaitement, toujours il a déclaré et prouvé que la justice a le droit d'employer la force. Son grand ouvrage la *Justification du Bien* a, sur la guerre, un chapitre où celle-ci est représentée comme un instrument de civilisation. Elle est un mal... mais un mal relatif. Elle peut comporter une grande part de bien, qui joue un rôle considérable dans l'équilibre et dans le progrès des sociétés.

Est-ce que ce sera toujours ainsi, indéfiniment? Certains civilisés soutiennent que la guerre est condamnée à disparaître. Ils étaient assez nombreux en 1899, quand Soloviev traitait de la paix et de la guerre, à travers les surprises d'un dialogue en trois parties et animé par les réflexions de cinq personnes. Il y avait, et il y a encore des pacifistes de différente sorte. Aussi ont-ils là deux représentants : un jeune Prince qui veut appliquer en entier et sans aucun retard le programme de Tolstoï; un Homme Politique, qui croit nécessaire de conserver l'armée plus ou moins longtemps, comme une espèce de police. Les autres interlocuteurs sont : un vieux Général attaché aux traditions qu'il a servies et dont il a vécu; une Dame du monde, distinguée et spirituelle, qui tantôt stimule et tantôt apaise le débat; enfin notre Philosophe, dissimulé mais toujours reconnaissable sous la désignation « M. Z... ».

Avec le problème de la guerre se pose le problème de l'existence du mal, de quoi l'on ne peut pas s'occuper sérieusement sans parler bientôt de Dieu, de la religion et du plan providentiel.

La volonté de Dieu, c'est bien le moindre souci de l'Homme Politique. Il n'admet pas qu'elle ait rien à voir dans notre conduite ni surtout dans la guerre. D'après le Prince disciple de Tolstoï, Dieu interdit absolument de tuer ou de frapper, dans aucun cas. Mais le vieux Général, qui écoute sa conscience comme la voix de Dieu, déclare que la joie la plus vive et la plus pure qu'il ait jamais ressentie lui fut donnée certain jour de bataille où, dans l'espace d'un quart d'heure, il a fait périr plus d'un millier d'hommes. La Dame se récrie. En style mouvementé, le Général raconte comment, à la tête de ses dragons et de ses cosaques, soutenus par quelques pièces d'artillerie, il a décimé de grosses bandes de bachi-bouzouques qui torturaient la population d'un village arménien.

Obstiné dans son absurde théorie, le Prince prétend qu'un homme rempli du véritable esprit évangélique aurait (il ne dit pas comment) entrepris d'éveiller les bons instincts dans l'âme des bachi-bouzouques.

Question inattendue, faite par Soloviev : — Pensez-vous que le Christ fût *suffisamment* pénétré de l'esprit évangélique? — Le Prince s'exclame, d'un air piqué. Mais Soloviev le prie de se souvenir que le Christ n'a pas employé l'esprit évangélique à influencer l'âme de Judas, d'Hérode, des Juifs, du sanhédrin et du larron non repentant, de ce larron dont on ne parle jamais, tandis qu'on parle si souvent de celui qui s'est repenti.

Le Prince cherche encore une réponse lorsque, heureusement pour lui, sonne la cloche qui invite au dîner.

Dans le deuxième entretien, Soloviev discute très peu. Après avoir raconté des historiettes fantaisistes, amusantes et, au fond, très significatives, il laisse l'Homme Politique et le Général échanger leurs idées devant la Dame et devant le Prince. Mais, de temps en temps, il formule une remarque qui, par des chemins pittoresques, conduit le dialogue sur quelque hauteur d'où l'on saisit un large ensemble.

L'Homme Politique admet que la guerre se rencontre à l'origine des États; mais il est convaincu que ce moyen d'action s'accorde de moins en moins avec les mœurs civilisées. Il examine la situation et calcule les réciproques intérêts des peuples européens. Suivant lui, la tendance générale et inévitable est désormais de régler tous les conflits sans recourir à la guerre.

— Et les affaires d'Orient, les affaires turques, s'arrangeront-elles de la même manière pacifique? — demande la Dame, qui, évidemment, ne l'espère pas.

L'Homme Politique n'a, là-dessus, aucun doute, pourvu que l'éducation civile européenne de la Turquie soit faite par l'Allemagne.

Soloviev fait observer qu'une telle éducation civile des Turcs, si elle est payée en concessions de chemins de fer et d'autres entreprises industrielles, donnera là-bas aux Allemands une influence avec laquelle la Russie ne pourra plus rivaliser. (Lui-même, dans une note complémentaire, a eu le temps de constater que cette prévision, exposée au mois d'octobre 1899, fut, quelques semaines après, confirmée par la convention germano-turque, au sujet des affaires de l'Asie Mineure et du chemin de fer de Bagdad.) Ses admirateurs ont assurément le droit de faire remarquer ici que le grand philosophe, qu'on représentait souvent comme un visionnaire perdu dans les subtilités de la métaphysique et dans les nuages du symbolisme, savait et comprenait supérieurement ce qui se passait et ce qui se préparait sur la terre. Nous voyons, nous, quel est le rôle et quel est le sort de la Turquie *civilisée* par l'Allemagne !

Une autre prévision faite à la même date (1899) et à la même place eut, cinq ans plus tard, parmi le peuple russe un retentissement général. Dans le troisième *Entretien*, Soloviev traite du péril jaune. Il montre d'abord la Corée conquise par le Japon. En 1904, les Russes, si intéressés dans l'événement, se souvinrent que l'apôtre philosophe le leur avait annoncé quand personne d'entre eux ne consentait à y croire ni même à y réfléchir. Alors, dans toute la Russie le nom de Soloviev devint synonyme de *prophète*. De nouveau, quelques années après, la Russie vit s'avancer le même péril, qui, cette fois, l'atteignait d'une manière directe. On répéta que, décidément, Soloviev avait prophétisé.

Dans le récit anticipé, l'invasion jaune s'étend non seulement à travers l'Asie mais, en outre, sur l'Europe entière; et cependant elle ne remplit que six pages du troisième *Entretien*. Elle sert de prélude à une série de faits encore plus extraordinaires et qui composent l'avènement de l'...Antéchrist !

Lorsque la conversation s'oriente de ce côté, le Prince tolstoïsant refuse de rien entendre là-dessus. Il proteste avec aigreur et se retire.

Mais les autres se montrent parfaitement disposés à donner leur attention. L'Homme Politique lui-même, qui n'a pas l'ombre de croyance, déclare ne pas vouloir traiter par le mépris un sujet qui intéresse beaucoup de ses compatriotes.

Là-bas, en effet, l'Antéchrist n'est pas le personnage fantastique, la chimère formidable et naïve que ce nom représente à la plupart des Français et, ailleurs aussi, à la plupart des gens. La pensée russe, généralement si chrétienne, a toujours été familiarisée avec l'Antéchrist. Même les libres penseurs ne s'étonnent pas d'entendre parler de lui.

Quant à Soloviev, il ne prend pas de détours pour dire que c'est là un sujet de suprême importance. D'ailleurs, aux yeux d'un croyant, nul doute n'est possible là-dessus. Dans la préface des *Trois Entretiens*, Soloviev rappelle que les plus anciennes traditions et l'Écriture Sainte elle-même annoncent la venue finale de l'Antéchrist et indiquent certaines des circonstances significatives qui doivent encadrer cet événement, ou plutôt cet avènement.

Dans le préambule encore, comme dans l'Entretien lui-même, l'auteur expose non pas seulement le rapport théologique, mais aussi le rapport philosophique et historique qui existe entre le bien et le mal. Il y a un esprit de vérité; il y a aussi un esprit de mensonge. La lutte de ces deux puissances résume tout ce que nous savons, tout ce que nous voyons, tout ce que nous faisons. La guerre qui s'exerce par des moyens matériels et avec l'effusion du sang n'est qu'une forme du conflit universel et permanent dans lequel sont engagées les âmes.

Lorsque Soloviev composait ses *Entretiens*, beaucoup de gens se laissaient aller à espérer que bientôt les nations se mettraient d'accord pour réaliser enfin le désarmement général. L'ère de la paix semblait s'annoncer. Soloviev ne nie pas les apparences, mais il demande qu'on examine ce qui se trouve dessous et derrière. La paix, soit, mais quelle paix? La bonne ou la mauvaise? Celle du Christ ou celle de l'esprit menteur? Mauvaise, répond-il, antichrétienne, pénétrée d'imposture. Il dit et il écrit textuellement :

« Parmi toutes les étoiles qui brillent sur l'horizon intellectuel de l'homme appliqué à lire nos livres sacrés, aucune, selon moi, n'est plus éclatante et plus impressionnante que celle qui scintille dans la parole évangélique : — Pensez-vous que je sois venu apporter la paix sur la terre? Non, vous dis-je, mais la division. — Il est venu apporter sur la terre la *vérité;* or, comme le bien, et tout d'abord, la vérité *divise.* »

Soloviev montre que l'âme des individus et l'âme des peuples sont en proie à cette division. De tout temps, et aujourd'hui plus que jamais, les puissances mauvaises conspirent contre l'œuvre du Christ. Ne voyons-nous pas un ardent esprit d'incrédulité entraîner des foules et des nations? La folle idée du *surhomme* prêchée par Nietzsche n'a-t-elle pas donné un élan nouveau aux vieux instincts rebelles qui cherchaient leur voie?

Partout circulent d'étranges passions, ambitieuses d'arracher au Christ l'humanité qu'il est venu délivrer. Le Christ, c'est l'incarnation du *Bien...* La rébellion qui se généralise prélude à l'incarnation du *Mal*; pour une lutte universelle, pour une immense manifestation d'imposture et pour la complète revanche de la vérité. Voilà les deux pôles du drame.

Ce drame est présenté sous la forme d'une narration. Je ne m'excuse pas de le résumer de la manière la plus sèche, puisqu'on pourra, plus loin, le lire tout entier.

Le vingtième siècle (le nôtre) ouvre le récit.

En ce temps-là, nous n'en sommes plus à l'appréhension du péril jaune, mais à la pleine vision de ce péril. Les Japonais ont subjugué la Chine, sur laquelle ils ont installé une dynastie de leur race. A la tête d'innombrables armées mongoles, ils envahissent les territoires européens. La Russie est vaincue. (C'est cette prévision de 1899 qui, en 1904, valut à Soloviev, de la part de ses compatriotes, l'honneur d'être salué comme un prophète.) L'Allemagne se défend avec un succès relatif, mais, attaquée en même temps par la France, où règnent les partisans de la *revanche tardive*, l'Allemagne est réduite à désarmer devant l'empereur jaune. Celui-ci est fêté par les Français, toujours enthousiastes. L'Angleterre n'évite l'invasion qu'en versant aux vainqueurs un milliard de livres sterling. Pendant cinquante ans, les nations européennes subissent le joug mongol. Mais, enfin, elles s'associent pour leur commune délivrance, et elles parviennent à s'affranchir. Elles refoulent en Asie l'immense armée jaune. Cette alliance, qui les a sauvées, elles décident de la maintenir; même, elles en font leur régime politique, et nous avons ainsi les États-Unis d'Europe.

Au milieu de la paix se développe un immense mouvement d'incrédulité nouvelle, un faux spiritualisme opposé à Dieu, une dénaturation de l'Évangile. De telles circonstances ouvrent la voie au *surhomme;* et le *surhomme* se manifeste. C'est un personnage séducteur, doué d'un génie varié, philosophe, écrivain, grand politique. Désigné, vraiment élu par les autorités maçonniques, il s'annonce comme le Messie véritable, qui va consacrer la paix et la prospérité universelles. On l'acclame. Les États-Unis d'Europe font de lui un empereur. Il règne à travers le monde. Il met la main sur la religion. Il entreprend une menteuse union des Églises, qui, avec une solennité sans pareille, est, à Jérusalem, proclamée par un antipape, après que la puissance des ténèbres a frappé de mort le vrai pape Pierre II. — Soloviev insiste beaucoup sur le caractère d'IMPOSTURE que doit avoir la dernière hérésie : le *faux* christianisme insurgé contre le *vrai* christianisme. — Comme les fidèles chrétiens s'efforcent de résister, l'Antéchrist leur impose une loi de déchéance sociale et leur interdit les villes. Une foule fidèle va se réfugier sur les hauteurs désertes de Jéricho. Là reparaît le pape Pierre II, ressuscité. La véritable union des Églises s'accomplit alors, dans l'obscurité de la nuit, dans un endroit élevé et écarté. Ce sont les Juifs qui renversent l'imposteur triomphant. Celui-ci leur avait fait croire qu'il travaillait surtout pour eux, pour leur puissance, pour leur domination. Les Juifs propagent la révolte. Contre les insurgés juifs ou chrétiens, l'Antéchrist prend des mesures d'extermination. Mais l'horreur des massacres multiplie la force des rebelles. De nouveau, la Providence intervient d'une manière visible : les soldats de l'Antéchrist, ses créatures, son antipape et lui-même, le grand *imposteur*, sont engloutis dans des torrents de feu, qui jaillissent aux alentours de la mer Morte. Alors, environnée de toutes les splendeurs, rayonne la royauté de Jésus, ouvrant au monde humain régénéré une nouvelle période de mille ans.

Cette narration anticipée a un éclat et une puissance extraordinaires. C'est un morceau plein de richesses empruntées à la science de la nature humaine, à l'histoire des peuples, à la théologie, à l'imagination. Il a été lu, il est lu en Russie avec un attrait qui ne s'épuise pas. Les contradicteurs eux-mêmes se sont plu à reconnaître l'éclat et la force de l'étonnante composition (1).

Soit dans la préface amplifiée après coup, soit dans une notice complémentaire de plusieurs pages, l'auteur a relevé les principales critiques que la narration provoqua tout d'abord. Il rappelle les passages de l'Écriture Sainte où est annoncée la venue de l'Antéchrist. Ensuite, il affirme son droit d'avoir employé certaines données de l'histoire profane pour former le cadre du récit anticipé. Quant aux détails fournis par sa propre imagination, il déclare qu'il ne leur

---

(1) A la fin de l'année dernière, une traduction anglaise des *Trois Entretiens*, faite par MM. Stephen Graham, Edward Cazalet, W. J. Barnes et M. H. H. Haynes, a été, sous le titre *War and Christianity*, publiée à Londres. (Librairie Constable and C°.)

Là, M. Stephen Graham rend à Soloviev l'hommage d'une sincère admiration. Mais le brillant écrivain anglais se trompe en plusieurs points, notamment au sujet de l'influence de Dostoïevsky sur Soloviev, quand il dit que Soloviev reconnut Dostoïevsky pour son prophète.

a pas attribué une sérieuse importance. Pour conclure, Soloviev écrit les lignes suivantes, qui sont, ou peu s'en faut, les dernières que sa plume ait tracées : « Le drame historique est joué ; et il ne reste plus qu'un épilogue, lequel, d'ailleurs, comme chez Ibsen, peut remplir l'étendue de cinq actes. Mais leur contenu, en ce qui fait le fond de l'œuvre, est connu d'avance. » J'ai noté (comme on le voit dans les *Entretiens*) que Soloviev ne s'attendait pas à une guerre entre les nations européennes. Il supposait que le bouleversement général qu'il prévoyait serait provoqué par l'invasion mongole. Or, c'est la guerre européenne qui a surgi en premier lieu. Mais rien ne dit que le péril jaune soit écarté par elle, pour toujours ou pour longtemps ; au contraire, peut-être.

Quant à la lutte suprême entre les droits de Dieu et les droits de l'Homme, il n'est pas douteux que nous ne soyons engagés, et fort avant, dans quelque affaire de ce genre. Depuis un grand siècle et demi, la philosophie, la littérature et la politique agissent ensemble pour soustraire la nature à Celui qui l'a créée.

Verrons-nous, verra-t-on les États-Unis d'Europe ? La guerre actuelle, qui a réalisé la longue coalition de tant d'États et la profonde mise en commun de toutes leurs ressources, aura peut-être, entre autres conséquences, le maintien d'une certaine organisation internationale permanente. N'oublions pas que l'idée des États-Unis d'Europe fait partie du programme depuis longtemps établi par les Loges maçonniques. Or, à notre époque, ce sont surtout les Loges qui conçoivent et qui dirigent les principaux mouvements de la politique.

Qu'à un moment de crise extérieure ou intérieure, ces nouveaux États-Unis éprouvent le besoin d'avoir un chef, ce ne serait sans doute pas aussi extraordinaire qu'on le supposait tout d'abord...

Eugène Tavernier.

TROIS ENTRETIENS
SUR LA GUERRE

PREMIER ENTRETIEN

Audiatur et prima pars.

Ces entretiens, datés de 1899, avaient lieu dans le jardin d'une villa située au pied des Alpes, tout près des bords de la Méditerranée. La première conversation s'engagea avant que je fusse arrivé. Elle portait sur la propagande que faisaient certains célèbres pacifistes de divers pays... Je ne réussis pas à reconstituer convenablement le début de l'entretien. Il ne me convenait pas non plus de le tirer de ma propre tête, à l'exemple de Platon et de ses imitateurs. Je commençai donc mon résumé avec les paroles que j'entendis prononcer par le Général lorsque je m'approchais des interlocuteurs.

Le Général (*agité; se levant de son siège; s'asseyant de nouveau et parlant avec des gestes rapides*). — Non; permettez. Dites-moi seulement ceci : *la chrétienne et glorieuse armée russe* (1) existe-t-elle encore ou a-t-elle cessé d'exister? Oui ou non?

L'Homme politique (*étendu sur une chaise longue, parlant d'un ton qui rappelle à la fois quelque chose des dieux*

---

(1) Traditionnellement, la force militaire russe est ainsi appelée. (*Note du traducteur.*)

insouciants d'Épicure, d'un colonel prussien et de Voltaire).
— Si l'armée russe existe? Évidemment, elle existe. Auriez-vous entendu dire qu'elle a été abolie?

Le Général. — Ne feignez donc pas de vous méprendre! Vous saisissez parfaitement que je ne parle pas de cela. Je demande si, maintenant ainsi que jadis, j'ai le droit de considérer l'armée existante comme une véritable force militaire chrétienne; ou si cette dénomination n'a plus de valeur désormais et doit être remplacée par une autre.

L'Homme politique. — Ah! voilà ce qui vous inquiète! Mais la question n'est pas de notre compétence. Adressez-vous plutôt à la Chambre héraldique, chargée de surveiller l'usage des titres de toute sorte.

M. Z... *(avec quelque arrière-pensée).* — Probablement, à une telle question la Chambre héraldique répondrait que la loi n'interdit pas l'emploi des anciens titres. Est-ce qu'on a empêché le dernier prince de Lusignan de s'appeler roi de Chypre, quoiqu'il n'exerçât pas le moins du monde le gouvernement de Chypre et quoique ni sa santé ni sa bourse ne lui permît de boire du vin de Chypre? Pourquoi donc notre armée actuelle ne pourrait-elle pas être qualifiée service militaire du Christ?

Le Général. — Il ne s'agit pas de qualifications. Blanc ou noir, est-ce un titre? Doux ou amer, est-ce un titre? Héroïsme ou lâcheté, est-ce une affaire de titre?

M. Z... — Cela ne dépend pas de moi. C'est l'affaire des gens qui représentent la légalité.

La Dame *(à l'Homme politique).* — Pourquoi vous en

tenir aux mots? Assurément, en parlant de son « service militaire chrétien », le général avait une idée.

Le Général. — Je vous rends grâces. Voici ce que je voulais et veux dire. Dans le cours des siècles et jusqu'à la date d'hier, tout homme de guerre, simple soldat ou feld-maréchal, peu importe, savait et sentait qu'il servait à une œuvre importante et bonne ; — non pas *seulement* utile ou nécessaire, comme est utile, par exemple, l'hygiène ou le blanchissage, mais, dans le sens le plus élevé, bonne, honorable, à laquelle toujours ont participé les meilleurs et les premiers citoyens, chefs de nations, héros. Cette œuvre, la nôtre, a toujours été consacrée et exaltée dans les églises, glorifiée par la voix publique. Or, tout à coup, un beau matin, nous apprenons qu'il nous faut oublier tout cela et que nous devons nous juger nous-mêmes, nous et notre fonction dans le monde de Dieu, d'une manière toute différente. L'œuvre que nous servions et que nous étions si fiers de servir est déclarée mauvaise et désastreuse! Elle est maintenant reconnue incompatible avec les préceptes de Dieu et avec les sentiments humains; c'est le mal le plus affreux, une calamité; tous les peuples ont le devoir de s'unir contre elle; et son abolition définitive n'est plus qu'une affaire de temps!

Le Prince. — Cependant, est-ce qu'il ne vous est pas déjà arrivé d'entendre des voix qui condamnent la guerre et le service militaire comme un reste du vieux cannibalisme?

Le Général. — Eh! comment faire pour ne pas l'entendre? Je l'ai entendu et je l'ai lu dans des langues diverses. Pardonnez à ma franchise : j'ai fait comme si cela s'adressait au voisin. Nuage sans tonnerre. J'ai entendu et j'ai oublié. Mais maintenant la question est tout autre. Il faut la regarder en face. Aussi, je demande ce que nous avons à faire. Que dois-je penser de moi, c'est-à-dire de tout soldat? Quelle idée vais-je avoir de moi-même : un homme digne de ce nom ou le rebut de la nature? Suis-je estimable pour le concours que je m'efforce de donner à une œuvre importante et bonne? ou serai-je effrayé d'avoir ma part de cette œuvre et vais-je m'en repentir et, humblement, demander pardon à tous les *pékins* pour mon indignité professionnelle?

L'Homme politique. — Quelle manière fantastique d'envisager la question ! Comme si on s'était mis à réclamer de vous quelque chose de spécial ! Les nouvelles exigences ne vous concernent pas. Elles s'adressent aux diplomates et aux autres *pékins*, qui se soucient très peu de votre « indignité », de même que de votre *christianité*. De vous, maintenant, ainsi qu'autrefois, une seule chose est requise : exécuter sans contestation les ordres des autorités.

Le Général. — Comme vous ne vous intéressez pas à la guerre, vous vous en faites naturellement une idée « fantastique », suivant votre expression. Vous ignorez, on le voit bien, que, dans certaines circonstances, les ordres donnés par l'autorité consistent seulement en ceci : qu'on n'attende pas et qu'on ne lui demande pas ses ordres.

L'Homme politique. — Mais quoi? précisément?

Le Général. — Précisément : eh bien! supposez,

par exemple, qu'en vertu de la décision des autorités, je me trouve placé à la tête de tout un district militaire. Il s'ensuit que mon devoir est de diriger, de toute façon, les troupes qui me sont confiées; d'entretenir et d'affermir en elles une certaine manière de penser; d'exercer sur leur volonté une direction déterminée; de monter leurs sentiments à un certain accord; bref, de les instruire, pour ainsi parler, selon l'esprit de leur mission. Très bien. Dans ce but, il m'appartient, entre autres choses, de donner aux troupes de mon district des ordres généraux, en mon propre nom et sous ma responsabilité personnelle. Supposez que je demande à l'autorité supérieure de me dicter les ordres que je dois prescrire ou de m'indiquer la manière de rédiger ceux que j'ai reçus. Est-ce que, dans le premier cas, on ne m'appellerait pas « vieux fou »? et dans le second, est-ce que je ne serais pas tout simplement mis à la retraite? Voilà la preuve que je dois agir sur mes troupes selon un certain esprit qui, naturellement, est d'avance et une fois pour toutes approuvé par l'autorité supérieure, de telle sorte qu'une consultation serait sottise ou impertinence. Et voici que cet esprit, qui, au fond, a été le même depuis Sargon et Assurbanipal jusqu'à Guillaume II, est subitement mis en doute! Hier encore, je savais que mon rôle était de soutenir et de développer parmi mes troupes non pas un esprit quelconque, mais précisément l'esprit *militaire* — la disposition de chaque soldat à battre les ennemis et à se faire tuer lui-même — ce qui exige, absolument, l'assurance que la guerre est une chose sainte. Or, aujourd'hui, on détruit le fondement de cette assurance. On dépouille la guerre de ce que le langage savant appelle « la sanction religieuse et morale ».

L'Homme politique. — Vous exagérez terriblement. On ne constate pas dans les idées une révolution si complète. D'ailleurs, tout le monde a toujours su que la guerre est un mal et que moins il y en a, mieux cela vaut. Par contre, tous les gens sérieux reconnaissent aujourd'hui que cette espèce de mal ne peut pas encore, à notre époque, être entièrement écartée. Donc, il ne s'agit pas d'abolir la guerre, mais, graduellement et peut-être lentement, de la renfermer dans des limites très étroites. En somme, la guerre continue d'être jugée comme elle le fut toujours : un mal inévitable, une calamité à laquelle on ne doit se résigner que dans les occasions extrêmes.

Le Général. — Rien d'autre?

L'Homme politique. — Rien d'autre.

Le Général (se levant brusquement). — Avez-vous jamais jeté un coup d'œil sur la liste des saints?

L'Homme politique. — Sur le calendrier? Oui, il m'est arrivé de le consulter, pour savoir le jour où l'on doit souhaiter une fête.

Le Général. — Et avez-vous remarqué quels sont les saints qui figurent là?

L'Homme politique. — Il y en a de plusieurs sortes.

Le Général. — Mais de quelle condition?

L'Homme politique. — De condition diverse, je pense.

Le Général. — Eh bien! voici justement : pas très diverse.

L'Homme politique. — Comment? Est-ce que ce sont tous des soldats?

Le Général. — Pas tous, mais la moitié.

L'Homme politique. — Oh! Quelle exagération encore!

Le Général. — Je ne vous propose pas d'en faire un à un le recensement statistique. Je me contente d'affirmer que tous les saints de notre propre Église russe ne se divisent qu'en deux classes : ou des moines de différents ordres; ou des princes, c'est-à-dire, pour autrefois, des gens de guerre. Nous n'avons pas d'autres saints, du moins, naturellement, dans le sexe mâle. Ou des moines, ou des soldats.

La Dame. — Vous avez oublié les fanatiques.

Le Général. — Je ne les ai pas oubliés du tout. Mais les fanatiques formaient une espèce de moines irréguliers. Ce que les cosaques sont pour l'armée, les fanatiques l'étaient pour le monde monacal. En outre, si vous me découvrez parmi nos saints russes un seul prêtre blanc, un marchand, un scribe, un secrétaire de chancellerie, un bourgeois, un paysan, en un mot quelqu'un de n'importe quelle profession excepté les moines et les soldats, je vous laisse tout ce que, dimanche prochain, je rapporterai de Monte-Carle.

L'Homme politique. — Merci. Vous pouvez garder votre trésor et votre moitié de saints, tout ensemble. Mais, s'il vous plait, expliquez-moi seulement et au juste ce que vous voulez conclure de votre découverte ou de votre constatation. Prétendez-vous soutenir que seuls les moines et les soldats peuvent servir de modèles en fait de moralité?

Le Général. — Vous n'avez pas du tout deviné. Moi-même j'ai rencontré des gens très vertueux parmi les prêtres blancs, parmi les banquiers, parmi les fonctionnaires et parmi les paysans; et la créature la plus vertueuse que je puis me rappeler était bonne d'enfants chez un de mes amis. Mais nous parlons d'autre chose. A propos des saints, j'ai demandé comment un si grand nombre de soldats ont pu trouver place sur la même ligne que des moines et voir leur profession préférée à toutes les professions paisibles et civiles, si, toujours, la guerre a passé pour un mal toléré comme le commerce des boissons ou même quelque chose de pire. Évidemment, les nations chrétiennes qui ont reconnu des saints (bien entendu pas les seuls russes mais approximativement les autres aussi), non seulement ont honoré, mais encore ont honoré d'une façon spéciale l'état militaire; et parmi toutes les professions du monde, une seule, celle de la guerre, a été réputée propre à instruire, en quelque sorte, ses meilleurs représentants dans la pratique de la sainteté. Une telle opinion est en contradiction avec le mouvement actuel contre la guerre.

L'Homme politique. — Mais, ai-je dit que rien n'a changé? Un heureux changement s'accomplit, sans aucun doute. L'auréole religieuse qui, aux yeux de la foule, entourait la guerre et les gens de guerre est enlevée maintenant. C'est ainsi. Et cette nouveauté ne date pas d'hier. Qui en souffre, au point de vue pratique? Peut-être le clergé, puisque la préparation des auréoles est de son domaine. Mais il y a encore quelque chose à nettoyer de ce côté. Ce qu'on ne peut maintenir littéralement, on l'interprète dans le sens allégorique; et le reste est livré au silence et à l'oubli bien intentionnés.

Le Prince. — Oui, les bonnes adaptations se produisent. En vue de mes publications, j'observe notre littérature ecclésiastique. Ainsi déjà, dans deux journaux, j'ai eu le plaisir de lire que le christianisme condamne absolument la guerre.

Le Général. — Allons donc! Impossible.

Le Prince. — Moi-même, je n'en croyais pas mes yeux. Mais je puis faire la preuve.

L'Homme politique *(au Général)*. — Vous voyez! Pourtant, il n'y a pas là de quoi vous tourmenter. Votre affaire, c'est l'action, et non l'art de bien dire. Amour-propre professionnel et vanité, n'est-ce pas? Cela ne vaut rien. Mais, en pratique, je le répète, les choses, pour vous, demeurent telles qu'autrefois. Quoique, après avoir pendant trente ans empêché tout le monde de respirer, le système militariste doive maintenant disparaître, la force armée subsiste jusqu'à un certain point; et tant qu'elle sera admise, c'est à-dire reconnue indispensable, on exigera d'elle les mêmes qualités que dans le passé.

Le Général. — Mais c'est vouloir traire une vache morte. D'où viendront ces indispensables qualités militaires, puisque la première, sans laquelle aucune autre n'existe, c'est la force morale, qui repose sur la foi dans la sainteté de son œuvre? Comment cela sera-t-il possible alors que la guerre est réputée crime et désastre, supportable seulement à la dernière extrémité?

L'Homme politique. — Mais on ne demande pas aux gens de guerre de faire un tel aveu. Qu'ils se croient supérieurs aux autres, personne n'en prendra ombrage. On vient de vous expliquer que le prince de Lusignan fut laissé libre de se considérer comme le roi de Chypre, pourvu qu'il ne nous demandât pas de lui payer du vin de Chypre. Ne touchez pas à nos poches plus qu'il ne faut et soyez à vos propres yeux le sel de la terre et l'ornement de l'humanité! Qui vous en empêche?

Le Général. — « Soyez à vos propres yeux »!..... Est-ce que nous parlons de la lune? Est-ce dans le vide de Toricelli que vous garderez les soldats afin de les protéger contre toute influence étrangère? Et cela à notre époque de service militaire universel, de service d'une durée restreinte, et de journaux à bon marché! Non, la question est trop simple dès que le service militaire est devenu obligatoire pour tous et pour chacun. Dès que, dans toute la société, en commençant par les représentants de l'État, comme vous, par exemple, s'établit une nouvelle opinion opposée à la guerre, cette opinion doit, fatalement, s'emparer de l'esprit de l'armée. Si la masse du public, après l'autorité, se met à considérer le service militaire comme un mal inévitable *provisoirement,* alors, et en premier lieu, on ne verra plus personne choisir de plein gré et pour toute la vie la profession militaire, excepté les rebuts de la nature qui ne savent plus que devenir. Ensuite, tous ceux qui, contre leur désir, seront obligés de subir le service militaire à temps, le subiront avec les sentiments que les galériens, attachés à leur brouette, ont pour leurs chaînes. Bonnes conditions, n'est-ce pas! pour parler des vertus militaires et de l'esprit guerrier!

M. Z... — J'ai toujours été persuadé qu'après l'introduction du service militaire universel, ce ne serait plus, pour la suppression de l'armée et des divers états séparés, qu'une affaire de temps et d'un temps pas très prolongé, vu l'allure accélérée avec laquelle marche maintenant l'histoire.

Le Général. — Vous avez peut-être raison.

Le Prince. — Je dirai même que certainement vous avez raison, quoique, jusqu'à présent, l'idée ne m'en fût pas venue de cette manière. Mais enfin, c'est superbe. Pensez donc seulement à ceci : le militarisme engendre, comme sa suprême expression, le service militaire universel obligatoire; et, par là, précisément, il entraîne la ruine non seulement du militarisme le plus moderne, mais aussi des anciens fondements de l'organisation militaire. C'est merveilleux!

La Dame. — La figure du prince en est égayée. A la bonne heure. Tantôt, il avait un air morne, qui ne sied pas du tout au « vrai chrétien ».

Le Prince. — Il y a autour de nous trop de choses attristantes. Seul un sujet de joie me reste : la pensée que le triomphe de la raison est assuré, malgré tout.

M. Z... — Qu'en Europe et en Russie le militarisme se dévore lui-même, c'est certain. Mais quelles joies et quels triomphes résulteront de ce fait, cela est encore à voir.

Le Prince. — Comment? Vous doutez que la guerre et l'œuvre guerrière soient un mal *extrême et absolu* dont l'humanité doit *infailliblement* et *même tout de suite* s'affranchir ? Vous doutez si l'entière et prompte abolition de ce cannibalisme serait, *dans tous les cas*, le triomphe de la raison et du bien ?

M. Z... — Je suis même entièrement assuré du contraire.

Le Prince. — De quoi donc ?

M. Z... — De ceci : que la guerre *n'est pas* un mal absolu et que la paix n'est pas un bien absolu, ou, plus simplement, qu'il peut y avoir et qu'il y a une *guerre bonne* et qu'il peut y avoir et qu'il y a une *paix mauvaise*.

Le Prince. — Ah ! Maintenant, je vois en quoi diffèrent votre opinion et celle du général. Lui, pense que la guerre est toujours un bien, et la paix toujours un mal.

Le Général. — Mais non ! J'admets parfaitement que la guerre peut être parfois une chose très fâcheuse, précisément quand nous sommes battus, comme, par exemple, à Narva ou à Austerlitz, et que la paix peut être une chose magnifique, telle, par exemple, que la paix de Nichstadt ou de Kutchuk-Kaïnardjisk.

La Dame. — Voilà, me semble-t-il, la variante du célèbre apophtegme de ce Cafre ou de ce Hottentot qui se vantait à un missionnaire de savoir parfaitement distinguer entre le bien et le mal : le bien, disait-il, c'est lorsque j'enlève à autrui des femmes et des vaches ; le mal, lorsqu'on m'enlève les miennes.

Le Général. — Votre Africain et moi nous plaisantions ; lui, sans le vouloir ; et moi, à dessein. Maintenant, il faudrait savoir comment les hommes intelligents traitent la guerre sous le rapport moral.

L'Homme politique. — Pourvu seulement que nos « hommes intelligents » ne mêlent pas quelque affaire scolastique et métaphysique à un pareil sujet, qui est clair et historiquement conditionné.

Le Prince. — Clair? Comment entendez-vous cela?

L'Homme politique. — Mon point de vue est le point de vue ordinaire, européen, lequel d'ailleurs, dans d'autres régions du monde, est, peu à peu, adopté par les gens cultivés.

Le Prince. — Et, bien entendu, il consiste essentiellement en ceci : que tout est relatif et qu'il n'y a pas de différence absolue entre l'obligation et la non-obligation, entre le bien et le mal. N'est-ce pas!

M. Z... — Je vous demande pardon. Cette dispute est, suivant moi, inutile à notre débat. Ainsi, par exemple, je reconnais parfaitement une opposition absolue entre le bien moral et le mal moral; mais, en même temps, il est pour moi très clair que la guerre et la paix ne se plient pas à cette mesure. Ce serait entièrement impossible de peindre la guerre tout en noir et la paix tout en blanc.

Le Prince. — Mais c'est une contradiction dans les termes! Si une chose qui est mauvaise en soi, par exemple le meurtre, peut devenir bonne dans certains cas, quand il vous convient de l'appeler guerre, alors où se place votre distinction absolue du bien et du mal?

M. Z... — Comme vous simplifiez les questions! « Tout meurtre est un mal absolu; la guerre est le meurtre; donc la guerre est un mal absolu. » C'est un syllogisme du premier genre. Seulement, vous avez oublié que vos deux prémisses, la majeure et la mineure, ont besoin d'être démontrées. Par conséquent, la conclusion est encore suspendue en l'air.

L'Homme politique. — Eh bien! est-ce que je n'avais pas dit que nous tomberions dans la scolastique?

La Dame. — Oui. Au fait, de quoi donc parlent-ils?

L'Homme politique. — De certaines prémisses, majeures ou mineures.

M. Z... — Excusez-moi. Nous allons venir tout de suite à la question. Ainsi, vous affirmez que, dans tous les cas, le fait de tuer, c'est-à-dire d'arracher la vie à quelqu'un, est un mal absolu?

Le Prince. — Sans nul doute.

M. Z... — Et être tué, est-ce un mal absolu ou non?

Le Prince. — Pour les Hottentots, oui, naturellement. Mais, enfin, nous parlons du mal moral. Celui-là ne peut consister que dans les propres actions d'un être raisonnable, actions dépendant de lui-même, et non dans ce qui se produit à l'insu de sa volonté. Donc, être tué c'est la même chose que de mourir du choléra ou de l'influenza. Non seulement ce n'est pas un mal absolu, mais même pas du tout un mal. Socrate et les stoïciens nous l'ont appris.

M. Z... — Ma foi, je ne me porterai pas garant d'autorités si anciennes. Mais je ferai remarquer que, dans l'appréciation morale du meurtre, votre absolutisme semble clocher. Selon vous, le mal absolu consisterait à faire subir à autrui une action qui n'a rien de mauvais. Ce sera comme vous le voudrez, mais votre argumentation cloche. Nous négligerons cette claudication pour ne pas nous engager du coup dans la scolastique. Ainsi, à propos du meurtre, le mal consiste non dans le fait physique qui supprime une existence mais dans la cause morale de ce fait, c'est-à-dire dans la mauvaise volonté du meurtrier. Sommes-nous d'accord ?

Le Prince. — Certainement. Sans cette mauvaise volonté, il n'y a pas de meurtre ; il y a seulement malheur ou imprudence.

M. Z... — C'est très clair, quand la mauvaise volonté a fait complètement défaut, par exemple dans le cas d'une opération malheureuse. Mais on peut se représenter une situation d'un autre genre. Quand la volonté, sans se proposer directement d'arracher la vie à un homme, a cependant, d'avance, accepté ce risque pour le cas d'extrême nécessité — ce meurtre-là sera-t-il absolument coupable à vos yeux ?

Le Prince. — Certainement il le sera, dès que la volonté a accepté l'idée du meurtre.

M. Z... — Mais, est-ce qu'il n'arrive pas que la volonté accepte l'idée de tuer sans être cependant une volonté *mauvaise* ? Par conséquent, dans ce cas, le meurtre ne peut être un mal absolu, même au point de vue subjectif.

Le Prince. — Cela est tout à fait incompréhensible... D'ailleurs, je devine : vous songez au fameux exemple d'un père qui, dans quelque lieu désert, voit sa fille innocente (pour le plus grand effet, on ajoute en bas âge) attaquée par un garnement furieux qui tente d'accomplir un hideux forfait. Alors, le malheureux père, n'ayant pas le moyen de la protéger autrement, tue l'agresseur. J'ai rencontré cet argument mille fois.

M. Z... — Ce qui est remarquable, cependant, ce n'est pas que vous ayez rencontré l'argument mille fois, mais que, pas une seule fois, personne n'ait entendu les gens de votre opinion critiquer pour de bon, ou même simplement pour la forme, ce pauvre argument.

Le Prince. — Mais quelle objection faire ?

M. Z... — Voici. Voici. Eh bien ! si vous ne voulez pas d'une objection en forme, faites-moi, de quelque manière directe et positive, la démonstration suivante : dans tous les cas sans exception, et par conséquent dans celui-là aussi dont nous parlons, ce serait absolument mieux de s'abstenir de résister au mal par la force, plutôt que d'employer la force en risquant de tuer un homme méchant et nuisible.

Le Prince. — Mais comment y aurait-il une preuve particulière applicable à une circonstance unique ? Si vous reconnaissez qu'en principe le meurtre est, au point de vue moral, un acte mauvais, alors, le même jugement s'impose dans n'importe quel cas particulier.

La Dame. — Oh ! voilà qui est faible.

M. Z... — Et même très faible, Prince. Qu'en général, ce soit mieux de ne pas tuer que de tuer, là-dessus aucune discussion ; nous sommes d'accord. Mais la question ne concerne que les cas uniques. On demande ceci : ne pas tuer, est-ce une règle générale ou reconnue telle — réellement absolue et, par conséquent, sans aucune exception, ni dans un cas unique, ni dans n'importe quelles circonstances? Même si elle n'admet qu'une seule exception, alors, elle n'est pas absolue.

Le Prince. — Non, je n'accepte pas que le problème soit posé de cette manière formelle. Supposons, comme je l'admets, que dans votre exemple exceptionnel, imaginé à dessein pour la discussion...

La Dame *(sur un ton de reproche)*. — Aïe! Aïe!...

Le Général *(ironiquement)*. — Oh! oh! oh!

Le Prince *(imperturbable)*. — Supposons que, dans votre exemple imaginaire, mieux vaut tuer que de ne pas tuer — en réalité je ne l'admets pas, mais je veux bien supposer que vous ayez raison; et même je suppose que votre cas, au lieu d'être imaginaire, est réel. Eh bien! comme vous en convenez, il s'agit encore d'un cas tout à fait rare et exceptionnel. Or, notre discussion porte sur la guerre, phénomène général, universel. Vous n'oserez pas affirmer que Napoléon, ou Moltke, ou Skobelev se trouvaient dans une situation le moins du monde comparable à celle d'un père obligé de garantir sa fillette contre l'attentat d'un monstre.

La Dame. — C'est mieux que tout à l'heure. *Bravo, mon Prince* (1).

M. Z... — En effet. C'est un saut fait avec adresse pour sortir d'une question embarrassante. Cependant, vous me permettrez bien d'établir entre ces deux phénomènes, meurtre unique et guerre, le lien logique

---

(1) En français dans le texte russe. *(N. d. t.)*

et aussi historique qui les unit. Pour cela, reprenons d'abord notre exemple, mais sans ces particularités qui semblent en fortifier et qui, au contraire, en affaiblissent la signification. Inutile de parler d'un père ni d'une fillette, puisque avec eux la question perd tout de suite son caractère purement moral. Du domaine de la conscience rationnelle et morale, elle se trouve transportée sur le terrain des sentiments moraux naturels : irrésistiblement poussé par l'amour paternel, le père tue le scélérat sur place, sans s'être arrêté à délibérer pour savoir s'il est obligé et s'il a le droit de faire cela en vertu du principe moral suprême. Donc, considérons, non pas un père, mais un moraliste sans enfant et qui voit une faible créature, à lui étrangère et à lui inconnue, attaquée violemment par un robuste scélérat. Est-ce que, d'après votre théorie, ce moraliste doit, les bras croisés, prononcer une exhortation à la vertu, pendant que la bête infernale déchirera sa victime ? Est-ce que, selon vous, ce moraliste ne ressentira pas une impulsion morale le portant à employer la force pour contenir le scélérat, même au risque et même avec la probabilité de le tuer ? Et si, au contraire, il laisse se consommer le forfait, en l'accompagnant de bonnes paroles, est-ce que, selon vous, la conscience de ce moraliste ne lui reprochera rien et ne le rendra pas honteux jusqu'au dégoût de lui-même ?

Le Prince. — Peut-être en serait-il ainsi pour un moraliste qui ne croirait pas à la réalité de l'ordre moral ou qui oublierait que Dieu n'est pas violence mais vérité.

La Dame. — Cela est très bien dit. Et, maintenant, qu'y a-t-il à répondre?

M. Z... — Je réponds que je désirerais que cela fût dit encore mieux, plus simplement, d'une manière plus directe et en serrant de plus près la question. Vous avez voulu dire ceci : un moraliste qui croit réellement à la vérité divine doit, sans arrêter le scélérat par la force, se tourner vers Dieu et le prier d'empêcher l'accomplissement de la mauvaise action, soit au moyen d'un miracle moral, le soudain retour du scélérat sur la voie de la vérité, soit par un miracle physique — quelque soudaine paralysie.

La Dame. — La paralysie n'est pas indispensable. Le brigand peut être effrayé par une circonstance quelconque, ou, d'une façon quelconque, détourné de son projet.

M. Z... — Peu importe. Le miracle ne consiste pas dans le fait lui-même, mais dans le rapport de conformité finale — paralysie corporelle ou secousse morale quelconque — avec la prière et l'objet moral de celle-ci. En tout cas, le moyen proposé par le Prince pour empêcher une mauvaise action conduit tout de même à la prière qui sollicite un miracle.

Le Prince. — Mais... c'est-à-dire... Pourquoi prière?... Et pourquoi le miracle?

M. Z... — Alors, quoi donc?

Le Prince. — Mais dès que je crois que le monde est gouverné par un principe bon et raisonnable, je crois que dans le monde rien n'arrive que ce qui est conforme à cela, c'est-à-dire à la volonté divine.

M. Z... — S'il vous plaît, quel âge avez-vous?

Le Prince. — Que signifie cette question ?

M. Z... — Elle n'a rien qui puisse vous offenser, je vous assure. Trente ans ?

Le Prince. — Un peu plus.

M. Z... — Alors, il vous est certainement arrivé de voir, ou, sinon de voir, d'entendre dire, ou, sinon d'entendre dire, de lire dans les journaux que de mauvaises et d'immorales actions s'accomplissent tout de même dans ce monde.

Le Prince. — Eh bien ?

M. Z... — Eh bien, alors ? Cela signifie que « l'ordre moral » ou la vérité, ou la volonté divine, évidemment, ne s'accomplissent point par elles-mêmes ici-bas.

L'homme politique. — Voilà enfin quelque chose qui se rapporte à la question. Si le mal existe, c'est que les dieux ne veulent pas ou ne peuvent pas l'empêcher ; et, dans les deux cas, il n'y a pas de dieux du tout, en tant que forces toutes-puissantes et bonnes. C'est vieux, mais c'est certain.

La Dame. — Oh ! Comment ! vous !

Le Général. — Voilà donc le résultat de notre conversation ! La philosophie fait tourner la tête.

Le Prince. — Mais c'est une piètre philosophie que celle-là, comme si la volonté divine avait un lien avec n'importe lesquelles de nos idées sur le bien et sur le mal !

M. Z... — Elle n'est pas liée avec *n'importe lesquelles* de nos idées, mais elle est liée de la manière la plus intime avec la vraie notion du bien. D'ailleurs, si le bien et le mal sont identiques devant la divinité, vous avez anéanti vous-même votre argument.

Le Prince. — Pourquoi donc?

M. Z... — Mais oui. Si, selon vous, il est tout à fait indifférent à la divinité que, sous l'influence d'une passion sauvage, un robuste scélérat détruise une faible créature, alors, et d'autant plus, la divinité ne peut rien reprocher à celui d'entre nous qui, mû par la compassion, extermine le scélérat. Vous n'oserez pas soutenir cette absurdité : que le meurtre d'une faible et inoffensive créature *n'est pas* un mal devant Dieu, tandis que, devant Dieu, le meurtre d'une bête vigoureuse et méchante *est* un mal.

Le Prince. — Cela vous semble une absurdité parce que vous ne regardez pas où il faut. La question morale concerne, non pas celui qui est tué, mais celui qui tue. Ainsi, vous-même, vous appelez le scélérat une bête sauvage, c'est-à-dire un être sans raison et sans conscience : quel mal moral peut-il y avoir dans ses actions?

La Dame. — Oh! oh! Mais s'agit-il ici littéralement d'une bête sauvage? C'est absolument comme si je disais à ma fille : quelles sottises tu dis, mon ange! — et comme si, alors, l'idée vous venait de vous récrier en disant : à quoi donc pensez-vous? Est-ce que les anges peuvent dire des sottises? — Quelle pitoyable discussion!

Le Prince. — Pardon. Je comprends très bien que, par métaphore, on appelle le scélérat une bête sauvage et que cette bête n'ait point de queue ni de corne; mais, évidemment, la déraison et l'inconscience dont nous parlons ici sont prises dans leur sens littéral. Un homme doué de raison et de conscience ne peut accomplir de telles actions.

M. Z... — Encore un jeu de mots ! Certainement, l'homme qui se conduit comme une bête sauvage perd la raison et la conscience, c'est-à-dire qu'il cesse d'écouter leur voix ; mais que la conscience et la raison ne parlent plus du tout en lui, voilà ce que vous avez encore à démontrer. En attendant, je continue de penser que l'homme féroce se distingue de nous non point par l'absence de raison et de conscience, mais seulement par sa résolution d'agir à leur encontre, selon les appétits d'une bête sauvage. Réellement, la bête existe en nous, mais, d'ordinaire, nous la maintenons captive, tandis que l'homme en question l'a déchaînée ; et il se traîne derrière sa queue. Il dispose toujours d'une chaîne, seulement il ne s'en sert pas.

Le Général. — C'est bien cela. Et si le Prince ne se rend pas, battez-le vite avec sa propre crosse. Si le scélérat n'est qu'un animal sans jugement et sans conscience, alors il n'y a aucune raison de ne pas le tuer comme un loup, comme un tigre qui se jette sur un homme. Même, il me semble que la Société protectrice des animaux ne s'y oppose point.

Le Prince. — De nouveau vous oubliez que, quel que soit l'état d'esprit de cet homme — entière atrophie de la conscience et de la raison, ou bien immoralité consciente, à supposer que cela soit possible — le problème se pose, non dans cet homme, mais en vous. Votre conscience et votre raison ne se sont pas atrophiées. Vous ne pouvez donc pas, en connaissance de cause, enfreindre leurs injonctions. Ainsi, vous ne tueriez pas cet homme, quel qu'il fût.

M. Z... — Naturellement, je ne le tuerais pas si la raison et la conscience me le défendaient d'une manière absolue. Mais supposez que la raison et la conscience m'inspirent une conduite tout opposée et qui me semble plus raisonnable et plus scrupuleuse.

Le Prince. — C'est curieux. Nous vous écoutons.

M. Z... — D'abord, la raison et la conscience savent compter au moins jusqu'à *trois*...

Le Général. — Oh! oh!

M. Z... — Et c'est pourquoi la raison et la conscience, si elles ne veulent pas tromper, ne diront pas *deux*, quand, en réalité, trois...

Le Général *(avec impatience)*. — Allons! Allons!

Le Prince. — Je ne comprends rien.

M. Z... — Mais oui, selon vous, la raison et la conscience me parlent seulement de moi-même et du scélérat; et, suivant vous encore, toute la question se réduit à ceci que, n'importe comment, je m'abstienne de le toucher du doigt. Mais, en vérité, n'est-ce pas, il y a là une troisième personne, qui me paraît même la plus intéressante — la victime de la violence mauvaise, victime qui demande mon secours. Celle-là vous l'oubliez continuellement. Néanmoins, la conscience me parle d'elle, et d'elle d'abord. La volonté de Dieu, alors, est que je sauve cette victime; en épargnant le meurtrier, si je puis. Mais, en n'importe quelle conjoncture, et coûte que coûte, j'ai le devoir de fournir assistance : si c'est possible, par l'exhortation; si non, par la force. Si mes mains sont liées, *alors* seulement par ce dernier moyen, — dernier *d'en haut* — que vous avez indiqué prématurément et si aisément abandonné : bref, par la prière, c'est-à-dire par le supérieur effort de la bonne volonté, lequel, j'en ai l'assurance, produit effectivement des miracles quand c'est nécessaire. Le choix du moyen destiné à fournir assistance dépend des conditions intérieures et extérieures du fait; mais ici une seule chose est absolue : je dois secourir la victime. Voilà ce que dit ma conscience.

Le Général. — Hourrah ! Le centre est enfoncé !

Le Prince. — Moi, je n'ai pas une conscience si large. La mienne dit, dans ce cas, d'une manière plus positive et plus brève : *Tu ne tueras point;* et voilà tout. Et d'ailleurs, à présent, je ne vois pas que nous ayons le moins du monde fait avancer la discussion. Si, de nouveau, je vous accordais que, dans le cas imaginé par vous, *tout homme* développé au point de vue moral et pleinement vertueux pourrait, sous l'influence de la compassion et faute du temps nécessaire pour se rendre un compte exact de la valeur morale de sa conduite, pourrait, dis-je, se laisser aller au meurtre, que devrions-nous en conclure? Est-ce que, je le répète, Tamerlan, ou Alexandre le Macédonien, ou lord Kitchener ont tué ou fait tuer pour protéger de faibles créatures attaquées par des scélérats?

M. Z... — La comparaison de Tamerlan avec Alexandre le Macédonien est un piètre présage pour le résultat de notre examen historique. Mais, puisque, une seconde fois, vous abordez impatiemment ce domaine, permettez-moi une citation historique. Elle vous aidera réellement à saisir le lien qui existe entre les deux sujets : protection des personnes et protection de l'État.

C'était au douzième siècle, dans la ville de Kiev. Dès cette époque, les princes apanagés professaient, semble-t-il, vos théories sur la guerre. Ils pensaient que la discorde et la bataille réclament le *chez soi* (1). Ils refusaient de se mettre en campagne contre les Polovtsi, par pitié pour le peuple et pour ne pas l'exposer aux souffrances de la guerre. Là-dessus, le grand prince Vladimir Monomach leur tint ce discours : « Vous plaignez les manants ; mais vous ne songez pas que voici le printemps qui arrive. Le manant dévorera les champs... »

La Dame. — Je vous en prie, pas de vilains mots !

M. Z... — Mais c'est dans la Chronique.

La Dame. — Mais vous ne la savez pas tout entière par cœur. Employez votre langage. Après un début tel que : « Le printemps arrive », on prévoit une suite comme celle-ci : « Les fleurs s'ouvrent, le rossignol commence à chanter », et tout à coup voici le manant, l'homme qui sent mauvais...

M. Z... — Soit. « Le printemps arrive. Le paysan va dans les champs avec son cheval, pour labourer la terre. Survient le Polovets, qui tue le paysan et qui prend le cheval. Les Polovtsi fourmillent. Ils massacrent tous les paysans, emmènent en captivité les femmes avec les enfants, pourchassent le bétail, brûlent le village. Alors, est-ce que vous ne plaignez pas le peuple ? Moi, je le plains, et c'est pour cela que

(1) En français. *(N. d. t.)*

je vous invite à combattre les Polovtsi. » Cette fois, rougissant de honte, les princes obéirent ; et, sous le règne de Vladimir Monomach, la terre connut le repos. Mais ensuite ils revinrent à leur pacifisme, qui rejouissait les guerres extérieures pour le profit d'une existence oisive et scandaleuse sur le sol natal. Le résultat fut que la Russie dut subir le joug mongol. Quant aux propres descendants de ces princes, la figure historique d'Ivan IV nous apprend comment ils furent régalés.

Le Prince. — Je ne comprends rien. Tantôt, vous nous racontez un fait qui, jamais, à aucun de nous n'est arrivé et certainement n'arrivera ; tantôt, vous rappelez un Vladimir Monomach qui n'a peut-être pas existé et avec lequel, en tout cas, nous n'avons rien à voir...

La Dame. — *Parlez pour vous, Monsieur* (1).

M. Z... — Mais vous, Prince, vous descendez des compagnons de Rurik ?

Le Prince. — On le dit ; en sorte que, selon vous, je devrais m'intéresser à Rurik, à Sinius et à Truvor ?

La Dame. — Pour moi, ne pas connaître ses ancêtres, c'est se mettre au niveau des petits enfants qui croient avoir été trouvés dans un jardin potager, sous un chou.

Le Prince. — Alors, que dire des infortunés qui n'ont pas d'ancêtres ?

M. Z... — Tout homme a au moins deux grands ancêtres, qui, pour le profit commun, ont laissé des

---

(1) En français. *(N. d. t.)*

mémoires détaillés et instructifs · l'histoire nationale et l'histoire universelle.

Le Prince. — Mais ces mémoires ne peuvent pas nous enseigner ce que nous devons être *maintenant* ni ce que nous devons faire *maintenant*. Que Vladimir Monomach ait vraiment existé et pas seulement dans l'imagination de quelque moine, Laurent ou Ypathe; que même il ait été le meilleur homme du monde et qu'il ait plaint les manants avec sincérité; en pareille circonstance, il eut raison de guerroyer contre les Polovtsi, puisque, à cette époque sauvage, la conscience morale ne s'élevait pas au-dessus de la grossière et byzantine compréhension du christianisme et permettait de tuer pour l'amour de ce qui semblait être le bien. Mais comment agirions-nous ainsi, depuis que nous avons compris que le meurtre est le mal contraire à la volonté divine, interdit de toute antiquité par le précepte divin? De même, cela ne peut nous être permis en aucune manière, sous n'importe quel nom, et ne peut cesser d'être le mal, quand, au lieu d'un homme, on tue, sous la dénomination de guerre, des milliers d'hommes. C'est, avant tout, la question de la conscience personnelle.

Le Général. — Eh bien! puisque c'est affaire de conscience personnelle, permettez-moi de vous soumettre l'exposé que voici. Au point de vue du sens moral, comme aux autres, naturellement, je suis un homme de valeur moyenne, ni noir, ni blanc, mais gris. Je n'ai manifesté ni vertu particulière ni particulière perversité. Les bonnes actions comportent toujours quelque point difficile à élucider. En aucune manière, on ne dit avec certitude, en conscience, ce qui vous fait agir : si c'est le bien véritable ou seulement la faiblesse de l'âme, les usages du monde et parfois la vanité. Tout cela est petit. Ma vie entière ne comporte qu'une seule occasion qui ne saurait être qualifiée petite. Le point essentiel, et j'en suis sûr, c'est qu'il n'y eut alors en moi aucune impulsion douteuse. Alors, en moi, prévalut la force du bien ; et elle seule. Ce fut l'unique circonstance de ma vie où j'aie ressenti la pleine satisfaction morale et même, en quelque sorte, l'extase, parce que j'agissais sans le moins du monde réfléchir ou hésiter. C'est resté une bonne action jusqu'aujourd'hui, oui vraiment, et ce sera toujours mon meilleur et mon plus pur souvenir. Eh bien ! mon unique bonne action, ce fut un meurtre, et non pas un petit meurtre. Car alors, environ dans l'espace d'un quart d'heure, je tuai beaucoup plus de mille hommes...

La Dame. — *Quelles blagues!* (1). Et moi qui pensais que vous parliez sérieusement !

Le Général. — Oui, tout à fait sérieusement : je puis citer des témoins. Bien entendu, je n'ai pas tué avec les mains, avec mes mains pécheresses, mais avec six canons d'acier innocents et purs ; avec la plus vertueuse et bienfaisante mitraille.

La Dame. — Quelle bonne action est-ce que celle-là ?

Le Général. — Assurément, quoique je sois militaire et même, comme on dit aujourd'hui, « milita-

---

(1) En français. *(N. d. t.)*

riste », je n'appellerais pas acte louable la simple destruction d'un millier d'hommes quelconques, Allemands, Hongrois, Anglais ou Turcs. Ce fut une opération toute spéciale. Et, encore maintenant, je ne puis la raconter sans être ému, tellement elle me mit hors de moi-même.

La Dame. — Eh bien ! racontez vite.

Le Général. — Puisque j'ai parlé de canons, vous avez certainement compris que le fait se passa dans la dernière guerre avec la Turquie (1). J'appartenais à l'armée du Caucase. Après le 3 octobre...

La Dame. — Qu'est-ce qui avait eu lieu le 3 octobre?

Le Général. — La bataille livrée sur les hauteurs d'Aladjin, lorsque, pour la première fois, nous rompîmes toutes les lignes de l' « invincible » Moukhtar-Pacha... Donc, après le 3 octobre, nous poussâmes notre avance. Je me trouvais sur le flanc gauche et je commandais l'avant-garde de reconnaissance. J'avais sous mes ordres les dragons de Nijni-Novgorod, trois sotnias de Koubantsi et une batterie d'artillerie à cheval.

Triste pays, malgré la beauté des montagnes; en bas, rien que des villages déserts et incendiés et des champs piétinés. Un jour, le 28 octobre, nous descendions une vallée, où, d'après la carte, nous devions rencontrer un gros village arménien. Pas de village, quoique, récemment encore, il y en eût un, réel, assez considérable, et dont la fumée était visible à un bon nombre de verstes. Je rassemble ma troupe; car,

---

(1) Le livre de Soloviev date de 1899. Alors, la dernière guerre russo-turque était celle de 1877-78. *(Note du traducteur.)*

d'après les renseignements, nous risquions de nous heurter à une forte cavalerie. J'allais avec les dragons, les cosaques ayant pris la tête de la colonne. Tout près du village, la route fait un coude. J'examine. Les cosaques ont avancé, puis se sont arrêtés comme soudainement cloués. Ils ne bougent plus. Je galope vers eux. Avant d'avoir rien vu, je comprends, grâce à la puanteur que répand la chair grillée : les bachi-bouzouques ont abandonné leur cuisine. Un énorme train de chariots portant des Arméniens qui voulaient s'enfuir n'avait pu échapper : l'ennemi en avait fait à sa guise. Sous les chariots, il avait répandu le feu ; et les Arméniens, attachés aux voitures, l'un par la tête, l'autre par les jambes, celui-ci de dos, celui-là par le ventre, étaient suspendus au-dessus des flammes et avaient grillé peu à peu. Les femmes avaient les seins coupés et le ventre ouvert. Je renonce à donner tous les détails. En voici encore un pourtant, qui s'est fixé dans mes yeux. Une femme, à la renverse, par terre, et le cou et les épaules serrés contre l'essieu d'un chariot, de manière à ce qu'elle ne pût tourner la tête, n'est ni brûlée ni éventrée, mais elle a le visage convulsé : nul doute qu'elle ne soit morte d'épouvante. En effet, devant elle, est plantée une longue perche sur laquelle est attaché un petit enfant nu, son fils certainement, noirci par le feu, et les yeux hors de l'orbite ; et à côté, une grille contenant de la braise éteinte. D'abord, une telle angoisse mortelle s'empara de moi qu'il me répugnait de regarder le monde de Dieu ; et mes actions devinrent toutes machinales. Sur mon ordre, on avança au trot. Nous entrâmes dans le village incendié : à la lettre, pas une maison, pas une cloison debout. Tout à coup, d'un puits desséché grimpe une espèce d'épouvantail... Boueux et déchiré, il est tombé la face contre terre et se met à raconter quelque chose en arménien. Après l'avoir relevé, nous l'interrogeons. C'est un petit Arménien intelligent, habitant un autre village. Il venait d'arriver là pour son commerce, lorsque les habitants se préparèrent à fuir. Ceux-ci se mettaient juste en mouvement quand apparurent les bachi-bouzouques, une masse, — quarante mille, disait l'homme. Naturellement, il ne les avait pas comptés. Il se cacha dans le puits. Il entendit des gémissements et sut ainsi ce qui se passait. Ensuite, il se rendit compte que les bachi-bouzouques prenaient une autre direction. Il songea que les bandits s'en étaient allés vers son village pour recommencer la même chose. Et il hurlait, en se déchirant les mains.

En moi s'établit une clarté soudaine. Il me sembla que mon cœur se fondait. Réellement, de nouveau, le monde de Dieu me sourit. Je demandai à l'Arménien depuis combien de temps les démons s'étaient éloignés. Depuis trois heures, selon son calcul.

— Et jusqu'à votre village, la route est-elle longue pour des cavaliers?

— Environ cinq heures.

— Alors, en deux heures, impossible de les rattraper. Oh! mon Dieu! Mais y a-t-il une autre route pour vous? et plus courte?

— Oui, oui. — Et il tressaillait tout entier. — A travers la gorge, il y a une route qui est très courte et qui n'est guère connue.

— Peut-on s'en servir pour la cavalerie?
— On le peut.
— Et pour l'artillerie?
— Difficilement; mais on le peut.

J'ordonnai de fournir une monture à l'Arménien. Derrière lui, tout le détachement s'engagea dans la gorge. Comment nous fîmes pour gravir la montagne, je ne l'ai pas bien remarqué. De nouveau, j'étais redevenu machine; et cependant mon âme, légère, me semblait avoir des ailes. Une entière assurance m'animait : je savais ce qu'il fallait faire et je sentais que ce serait fait.

Nous commencions à sortir du dernier défilé après lequel on rejoint la grande route, lorsque je vis l'Arménien faire demi-tour et agiter les mains. « Ils sont là, » dit-il. Je m'avançai en regardant de côté et d'autre, avec ma lorgnette : on distinguait la cavalerie. Assurément, pas quarante mille hommes, mais trois à quatre mille hommes, sinon cinq mille. Les démons aperçurent les cosaques et marchèrent à leur rencontre, tandis que nous sortions du défilé sur leur flanc gauche. Ils dirigèrent une fusillade vers les cosaques. Les monstres asiatiques se servent du fusil européen comme de vrais hommes. Çà et là, un des nôtres tombait de cheval. Le premier des commandants de sotnias s'avança vers moi :

— Excellence, donnez l'ordre d'attaquer. Sinon, nous serons fusillés comme des cailles par ces maudits avant d'avoir mis l'artillerie en position. Nous nous chargeons de les disperser nous-mêmes.

— Un moment de patience, mes chers amis. Je sais

bien que vous êtes capables de les disperser : quelle douceur vous en reviendra? Dieu m'ordonne, non pas de les mettre en fuite, mais de les exterminer.

A deux chefs de sotnias je donnai l'ordre d'attaquer en ordre dispersé, de tirer sur les démons et, ensuite, ayant engagé l'affaire, de reculer vers l'artillerie, qui était dissimulée par la dernière sotnia. J'échelonnai les dragons de Nijni-Novgorod à gauche de la batterie. Je tremblais d'impatience. Il me semblait avoir toujours devant moi le petit garçon grillé, avec ses yeux hors de l'orbite. Et pendant ce temps-là, mes cosaques tombaient. O Seigneur!

La Dame. — Comment se termina l'affaire?

Le Général. — Elle se termina de la meilleure façon, sans un faux mouvement. Les cosaques ouvrirent la fusillade, puis reculèrent vers l'artillerie, tout en criant à leurs chevaux. Derrière eux accourait la race maudite surexcitée, ayant déjà cessé de tirer et galopant en foule droit sur nous. Les cosaques s'éloignèrent à deux cents sagènes, s'éparpillant comme des pois. Alors, je vis que c'était l'heure de Dieu. A la sotnia qui masquait les canons je donnai l'ordre de rompre. Mon escorte se divise en deux parties, à droite et à gauche. Tout est prêt. Bénissez-nous, Seigneur! Je commandai aux canonniers de faire feu.

Et le Seigneur bénit mes six décharges. Je n'avais jamais entendu un tel glapissement diabolique. Avant d'avoir pu se remettre en ordre, les démons recevaient une deuxième volée de mitraille. Toute la bande recula. Troisième décharge; et à la poursuite. C'était un tourbillon, comme en produisent des allumettes enflammées jetées dans une fourmilière. Ils furent balayés dans toutes les directions, les uns sur les autres. Alors, au flanc gauche, les cosaques et les dragons se lancèrent contre eux et se mirent à les hacher comme des choux. Les uns, ayant échappé à la mitraille, essayaient de fuir en galopant et rencontraient nos sabreurs. D'autres jetaient leurs armes, sautaient de cheval et demandaient l'aman. Je m'abstins d'intervenir. Eux-mêmes comprirent qu'il ne s'agissait plus d'aman. Tous périrent sous les coups des dragons et des cosaques.

Eh bien! si ces démons stupides, au lieu de reculer après les deux premières décharges, lorsqu'ils étaient à vingt ou trente sagènes de nous, s'étaient jetés sur nos canons, ils nous auraient paralysés; et la troisième décharge n'aurait pu avoir lieu.

Dieu était avec nous! La besogne était finie. Mon âme fêtait le dimanche de Pâques. Ayant rassemblé nos morts — trente-sept hommes avaient succombé — et leur ayant fermé les yeux, nous les plaçâmes en plusieurs rangées sur un terrain uni. Il y avait parmi nous, dans la troisième sotnia de cosaques, un vieux sous-officier, Odartchenko, très instruit et doué de facultés étonnantes. Les Anglais auraient fait de lui un premier ministre. Maintenant, il subit l'exil en Sibérie pour avoir fait de l'opposition à l'autorité, lors de la fermeture d'un monastère de vieux croyants et de la destruction de la tombe où reposait un moine vénéré. J'apostrophai Odartchenko : « En campagne, lui dis-je, c'est à nous de nous débrouiller dans les alléluias. Tu nous serviras de pope. Officie pour nos morts. » Je savais que je lui causerais ainsi une satisfaction précieuse. « J'essaierai, bien volontiers, Excellence », répondit le déluré gaillard, la figure illuminée.

De la même façon nous trouvâmes nos chantres. Ils chantèrent d'une manière correcte. Seule fit défaut la rémission sacerdotale des péchés; mais elle n'était pas nécessaire. D'avance, les péchés étaient remis par la parole du Christ sur les hommes qui donnent leur âme pour leur prochain. Voilà comment je comprends en pareil cas le service funèbre. Toute la journée avait été nuageuse, une journée d'automne; mais avant le coucher du soleil, les nuages s'étaient dispersés, tandis que la gorge, en bas, devenait obscure. Maintenant, sur le ciel, les nuages prenaient des couleurs différentes, de même que si les troupes de Dieu s'étaient rassemblées. Une fête de lumière remplissait mon âme. Une tranquillité et une légèreté inconcevables, comme si toute l'impureté humaine avait été lavée et comme si la terre était délivrée de tous ses fardeaux. Vraiment, je me croyais en paradis. Je sentais la présence de Dieu et de lui seul. Et lorsque Odartchenko se mit à désigner par leurs noms les soldats défunts qui, pour la foi, pour le tsar et pour la patrie, venaient de sacrifier leur vie sur le champ de bataille, je sentis que cela n'était point verbosité officielle ni simple question de titre, comme vous jugiez bon de dire tout à l'heure, mais que l'armée est vraiment le service du Christ et que la guerre, telle qu'elle était, est et sera ainsi jusqu'à la fin du monde, une chose grande, honorable et sainte...

Le Prince *(après un moment de silence)*. — Bien ; mais quand vous enterriez les vôtres avec cette sereine disposition d'esprit, est-ce que, tout de même, vous n'avez absolument pas pensé aux ennemis que vous aviez tués en si grand nombre?

Le Général. — Grâce à Dieu, nous pûmes nous éloigner avant que cette charogne nous obligeât à nous souvenir d'elle.

La Dame. — Est-ce possible? Voilà que vous gâtez toute l'impression.

Le Général *(au Prince)*. — En fait, qu'est-ce que vous auriez voulu de moi? Que j'accorde la sépulture chrétienne à ces chacals qui n'étaient ni chrétiens, ni musulmans, mais le diable sait quoi? Et si, perdant la tête, j'avais ordonné de les rassembler avec les cosaques dans la même cérémonie funèbre, est-ce que, voyons, vous ne m'accuseriez pas d'intolérance religieuse? Comment donc? Ces charmantes victimes révéraient le diable pendant leur vie, et tout à coup, lorsqu'elles sont mortes, on leur infligerait la cérémonie superstitieuse, grossière, d'un faux christianisme! Non. Là, c'est d'autre chose que j'avais à prendre soin. J'appelai les commandants et les capitaines de sotnias et je leur donnai l'ordre de faire savoir que personne ne devait s'approcher à trois sagènes de la diabolique charogne. Car je voyais bien que depuis assez longtemps les doigts de mes cosaques leur démangeaient de tâter les poches des morts, suivant l'habitude. Je savais quelle peste ils nous auraient rapportée. Nous étions tous perdus.

Le Prince. — Est-ce que je vous ai bien compris?

Vous appréhendiez que les cosaques ne commissent des vols sur les cadavres des bachi-bouzouques et ne rapportassent parmi vous quelque contagion?

Le Général. — Oui, justement, je le craignais. Cela me paraît clair.

Le Prince. — Voilà donc ce que c'est que l'armée chrétienne!

Le Général. — Les cosaques! Ma foi, de vrais voleurs. Ils l'ont toujours été.

Le Prince. — Voyons, est-ce dans un songe que nous parlons?

Le Général. — J'ai en effet l'impression qu'il y a dans notre conversation quelque chose qui ne va pas. Je n'ai jamais pu saisir au juste le sens de votre réclamation.

L'Homme politique. — Le Prince, sans doute, s'étonne de voir que vos cosaques, si parfaits et presque saints, soient par vous-même qualifiés véritables voleurs.

Le Prince. — Oui; je demande comment la guerre peut être une chose « grande, honnête et sainte » quand il apparaît, par vos propres paroles, qu'elle se réduit à une lutte de brigands avec d'autres brigands!

Le Général. — Ah! voilà donc de quoi il s'agit! Une lutte de brigands contre d'autres brigands. Soit; mais les *autres* sont d'une espèce toute différente. Pensez-vous effectivement que piller par aventure ce soit la même chose que de griller un petit enfant sur des charbons, devant les yeux de sa mère? C'est à mon tour de vous interroger. Ma conscience est si tranquille au sujet de cette affaire, que parfois, maintenant, et de toute mon âme, je regrette de n'être pas mort moi-même après avoir commandé la dernière salve. Je suis absolument certain que si j'étais mort en cet instant, j'aurais été, tout droit, conduit devant le Tout-Puissant avec mes trente-sept cosaques tués et que nous posséderions notre place dans le paradis, à côté du bon larron de l'Évangile. Ce n'est pas pour rien, n'est-ce pas, qu'il figure dans l'Évangile.

Le Prince. — Soit. Mais, certainement, vous ne trouverez pas dans l'Évangile ceci : qu'au bon larron peuvent seuls être assimilés les gens de notre pays et de notre croyance et non pas aussi les gens d'autre nationalité ou d'autre religion.

Le Général. — Pourquoi me calomniez-vous comme si j'étais mort? Dans cette affaire, quand est-ce que j'ai distingué la nationalité et la religion? Est-ce que les Arméniens sont mes compatriotes et mes coreligionnaires? Et est-ce que j'avais demandé quelle était la foi ou la race de cette engeance diabolique que je dispersais par la mitraille?

Le Prince. — Mais vous ne parvenez pas à vous rappeler que cette engeance, si diabolique fût-elle, était composée de créatures humaines ; et qu'en tout homme il y a le bien et le mal; et que n'importe quel voleur, cosaque ou bachi-bouzouque, peut être reconnu pour le bon larron de l'Évangile.

Le Général. — Mettez-vous donc d'accord avec vous-même. Tantôt vous disiez qu'un homme méchant est une bête sauvage, irresponsable; et, maintenant, le bachi-bouzouque qui grille les petits enfants peut être considéré comme le bon larron de l'Évangile. Et tout cela uniquement afin qu'en aucune façon on n'oppose un doigt au mal! Or, j'estime que le fait intéressant ce n'est pas de savoir si, en tout homme, il y a un principe de bien et un principe de mal, mais lequel des deux doit prévaloir. Peu importe qu'avec un jus quelconque de la vigne on puisse faire du vin et du vinaigre; l'essentiel est de savoir si cette bouteille contient du vin ou du vinaigre. Si c'est du vinaigre et que je me mette à en boire des verres et à en régaler quelqu'un, alors, par cette sagesse, je ne rendrai pas d'autre service que d'abimer l'estomac. Tous les hommes sont frères. Très bien. J'en suis enchanté. Et ensuite? Les frères sont différents entre eux. N'ai-je pas besoin de savoir lequel de mes frères est Caïn ou Abel? Et si, sous mes yeux, mon frère Caïn fustige cruellement mon frère Abel et que, parce que je ne suis pas indifférent à l'égard de mes frères, je frappe Caïn pour le corriger de son insolence, soudain vous me reprochez de méconnaître la fraternité. Je me rappelle très bien pourquoi je suis intervenu, et si je ne me l'étais pas rappelé alors, tranquillement, j'aurais pu m'abstenir.

Le Prince. — N'en résulte-t-il pas ce dilemme : ou s'abstenir, ou frapper?

Le Général. — En pareil cas, on voit rarement un troisième parti à prendre. Vous, vous avez proposé d'adresser à Dieu une prière afin qu'il intervienne directement, c'est-à-dire que, d'une manière instantanée, son bras droit ramène à la raison n'importe quel fils du diable; puis, vous-même, je crois, vous avez répudié ce moyen. Or, je dis que, dans tous les cas, ce moyen est bon ; mais qu'il ne peut par lui-même remplacer aucun acte. Les gens pieux font une prière avant leur dîner, mais ils mâchent eux-mêmes, avec leurs mâchoires. Aussi, je ne me suis pas abstenu de prier quand j'ai donné à mon artillerie à cheval l'ordre de faire feu.

Le Prince. — Une telle prière est une dérision des choses saintes, certainement. Le devoir, ce n'est pas de prier Dieu, mais d'agir selon la volonté de Dieu.

Le Général. — Qu'est-ce que cela veut dire ?

Le Prince. — Celui qui, réellement, est animé de l'esprit évangélique, trouvera en soi, quand ce sera nécessaire, la faculté, avec les mots et les gestes, d'agir, par toute son attitude, sur son malheureux frère enténébré que pousse le désir du meurtre ou de quelque autre action coupable. Il saura produire sur lui une impression assez forte pour lui dévoiler d'un seul coup l'erreur et le décider à sortir de la mauvaise voie.

Le Général. — O saints de Dieu ! Ainsi, en face de ces bachi-bouzouques qui grillent les petits garçons, j'aurais dû, selon vous, me mettre à faire des gestes touchants et à prononcer de touchantes paroles ?

M. Z... — A la longue distance où vous vous trouviez les uns des autres, et aussi étant donnée votre réciproque ignorance des langues, les paroles, permettez-moi de le penser, eussent été complètement hors de place. Quant aux gestes propres à produire une troublante impression, en pareille circonstance, j'avoue que je ne conçois rien de mieux que des décharges de mitraille.

La Dame. — Réellement, dans quelle langue et à

l'aide de quels instruments le Général se serait-il expliqué avec les bachi-bouzouques?

Le Prince. — Je n'ai pas dit du tout qu'*on* pouvait, par la manière évangélique, produire un effet sur les bachi-bouzouques. J'ai dit seulement que l'homme rempli du véritable esprit évangélique trouverait, en telle occasion comme en toute autre, la possibilité d'éveiller dans les âmes enténébrées ce bien qui se cache au fond de toute créature humaine.

M. Z... — Réellement, vous pensez ainsi?

Le Prince. — Sans avoir le moindre doute.

M. Z... — Eh bien! alors, pensez-vous que le Christ ait été *suffisamment* pénétré du véritable esprit évangélique? Ou non?

Le Prince. — Qu'est-ce que signifie cette question-là?

M. Z... — Voici ce que je voudrais savoir : pourquoi le Christ n'a-t-il pas employé la force de l'esprit évangélique à éveiller le bien caché dans les âmes de Judas, de Hérode, des grands prêtres juifs et enfin de ce *mauvais* larron qu'on oublie tout à fait, d'ordinaire, quand on parle de son *bon* compagnon? Là, cependant, il n'y a aucune difficulté insurmontable, au point de vue chrétien positif. Mais, de deux choses vous devez abandonner l'une : soit votre habitude d'alléguer le Christ et l'Évangile comme la plus haute autorité; soit votre optimisme moral. Car vous ne pouvez pas vous servir du troisième moyen, assez souvent employé, qui consiste à nier le fait évangélique lui-même comme l'invention la plus tardive ou comme une explication des prêtres. Vous avez beau, pour votre théorie, défigurer et mutiler le texte des quatre évangiles : ce qu'il contient d'essentiel à notre discussion demeure incontestable. C'est que le Christ a souffert la cruelle persécution et la mort, en raison de la haine que Lui portaient Ses ennemis. Qu'Il soit resté moralement au-dessus de tout cela, qu'Il n'ait pas voulu résister et qu'Il leur ait pardonné, on le comprend de votre point de vue comme du mien. Mais pourquoi donc, pardonnant à Ses ennemis, n'a-t-Il pas (pour employer votre langage) délivré leurs âmes des affreuses ténèbres dans lesquelles elles se trouvaient? Pourquoi n'a-t-Il pas vaincu leur méchanceté par la force de Sa douceur? Pourquoi n'a-t-Il pas éveillé le bien qui dormait en eux, éclairé et régénéré leur esprit? Bref, pourquoi n'a-t-Il pas agi sur Judas, sur Hérode, sur les grands prêtres juifs comme il a agi sur le *seul* bon larron? Donc, de nouveau : ou bien Il ne le pouvait pas, ou bien Il ne le voulait pas. Dans les deux cas, on doit, suivant vous, conclure qu'Il n'était pas suffisamment pénétré du véritable esprit évangélique. Puisque, si je ne me trompe, nous parlons de l'Évangile du Christ et non de quelque autre, vous voilà conduit à dire que le Christ n'était pas assez pénétré du véritable esprit chrétien; et là-dessus je vous fais mes compliments.

Le Prince. — Oh! je n'essaierai pas de rivaliser avec vous en fait d'escrime verbale, pas plus que je ne m'escrimerais avec le Général à propos des épées chrétiennes... *(A cet instant, le Prince s'est levé de son siège et a, évidemment, voulu dire quelque chose de très fort afin, d'un seul coup, sans escrime, de terrasser l'adversaire; mais du clocher voisin on entend sonner sept heures.)*

La Dame. — L'heure du dîner! Et on ne peut terminer précipitamment une telle discussion. Après le dîner, nous avons notre partie de *vint* (1). Mais demain absolument, absolument, nous reprendrons cet entretien. *(A l'Homme politique)* : Vous acceptez?

L'Homme politique. — Comment? Continuer cet entretien? Moi qui me réjouissais de voir se terminer une discussion qui a pris décidément la spécifique et assez désagréable odeur des guerres religieuses! Ce n'est pas du tout la saison. Ma vie m'est tout de même plus chère que tout le reste.

La Dame. — Pas de faux-fuyant. Absolument, absolument, vous devez être là. Mais qu'est-ce que vous avez? Vous vous allongez comme un véritable et mystérieux Méphistophélès.

L'Homme politique. — Demain, soit, j'accepte de reprendre la causerie, mais pourvu qu'on y mette un peu moins de religion. Je n'exige pas qu'on s'en abstienne tout à fait, puisqu'il paraît que c'est impossible. Mais seulement un peu moins, pour l'amour de Dieu, un peu moins!

La Dame. — Dans cette circonstance, votre « pour l'amour de Dieu » est très joli!

M. Z... *(à l'Homme politique)*. — Pour que la discussion religieuse soit réduite autant que possible, le

---

(1) Jeu de cartes analogue au whist. *(N. d. t.)*

meilleur moyen est, je crois, que vous gardiez la parole le plus possible.

L'Homme politique. — Je m'y engage, quoique, surtout dans cet air salubre, il y ait plus d'agrément à écouter qu'à parler. Cependant, pour mettre notre petit cercle à l'abri d'une guerre intestine, qui pourrait avoir une funeste répercussion même sur le *vint*, je suis prêt à me sacrifier pendant deux heures.

La Dame. — C'est parfait. Nous renvoyons à après-demain la fin de la discussion sur l'Évangile. Ainsi, le Prince aura le temps de préparer une réplique absolument irréfutable. Toutefois, vous aussi devrez être présent. Il est nécessaire de se familiariser un peu avec les questions religieuses.

L'Homme politique. — Comment! Après-demain, encore? Ma foi, non. Mon abnégation ne va pas jusque-là. D'ailleurs, après-demain, je suis obligé d'aller à Nice.

La Dame. — A Nice? Quelle diplomatie naïve! et bien inutile! Il y a longtemps que votre chiffre n'a plus de secrets pour nous. Tout le monde sait que lorsque vous dites que vous êtes obligé d'aller à Nice, cela signifie que vous avez envie de vous amuser à Monte-Carle. Soit; alors, après-demain nous nous passerons de vous. Allez vous embourber dans la matière, si vous ne craignez pas d'avoir, quelque temps après, à devenir un esprit. Allez à Monte-Carle. Et que la Providence vous rétribue selon vos mérites.

L'Homme politique. — Mes mérites ne concernent pas la Providence, mais seulement la conduite d'affaires urgentes. Il est possible que j'essaie ma chance à la roulette. Je risquerai peu, comme en toute autre chose.

La Dame. — Alors, nous nous engageons à nous réunir tous, demain seulement.

DEUXIÈME ENTRETIEN

Audiatur et altera *pars*.

Le jour suivant, à l'heure convenue, le thé de la fin de l'après-midi, je me trouvai sous les palmiers avec les autres personnes. Seul le Prince manquait. Nous avons à l'attendre Comme je ne joue pas aux cartes, j'employai la soirée à résumer tout ce deuxième entretien, depuis le commencement. Cette fois, l'Homme politique parla beaucoup et en phrases tissées d'une manière si étendue et si complexe que tout rapporter avec une exactitude littérale était chose impossible. Je dus me borner à reproduire une suffisante quantité de ses propres sentences, en m'efforçant de leur laisser leur ton général; mais, naturellement, pour exposer la substance de son discours, il m'a fallu souvent me servir de mon propre vocabulaire.

L'Homme politique. — Depuis longtemps, j'ai remarqué une chose bizarre : les gens qui ont la marotte d'une espèce de morale supérieure n'arrivent jamais à posséder la plus simple et la plus nécessaire vertu et même, suivant moi, l'unique vertu nécessaire, c'est-à-dire la politesse. Aussi, avons-nous lieu de remercier le Créateur de ce qu'il y a, relativement, si peu de personnes attachées à cette idée de morale supérieure — je dis *idée*, parce que je n'en ai jamais rencontré la réalité et parce que je n'ai aucune raison de croire à l'existence d'une chose pareille.

La Dame. — Ce n'est pas nouveau. Mais ce que vous dites de la politesse est vrai. En attendant que vienne le *sujet en question* (1), essayez donc de démontrer que la politesse est la seule vertu nécessaire. Démontrez sans insister; ainsi que, dans un orchestre, on essaie les instruments avant de commencer l'ouverture.

L'Homme politique. — Oui, c'est cela; lorsque les sonorités sont isolées. Cette monotonie va s'imposer, puisque, jusqu'à l'arrivée du Prince, presque personne n'entreprendrait de soutenir l'autre opinion et que, ensuite, devant lui, parler de la politesse serait insuffisamment poli.

La Dame. — C'est certain. Et, maintenant, vos preuves?

L'Homme politique. — Vous admettez, je pense, qu'on peut très bien vivre dans une société où ne se rencontre pas un seul homme chaste, ni un seul homme désintéressé, ni un seul homme capable d'abnégation. Moi, du moins, j'ai toujours tiré bon parti de ces compagnies-là.

La Dame. — Par exemple, à Monte-Carle?

L'Homme politique. — A Monte-Carle et dans tous autres lieux. Nulle part on ne ressent la nécessité d'avoir près de soi quelques représentants ni même un seul représentant de la vertu supérieure. Par contre, essayez donc un peu de vivre dans une société où pas un homme ne serait poli.

Le Général. — Je ne sais de quelles sociétés vous voulez parler; mais dans les campagnes de Khiva et de Turquie on aurait eu probablement de la peine à se passer des vertus autres que la politesse.

(1) En français. *(N. d. t.)*

L'Homme politique. — Vous pourriez même dire que pour les voyageurs qui parcourent le centre de l'Afrique la seule politesse ne suffirait pas. Mais je parle de la vie régulière et journalière qu'on mène parmi des hommes cultivés. Là, aucun besoin d'aucune vertu supérieure, ni de ce qui s'appelle le christianisme. *(A M. Z...)* : Vous hochez la tête?

M. Z... — Je songe à un triste événement que j'ai appris ces jours derniers.

La Dame. — A quoi donc?

M. Z... — Mon ami N... est mort subitement.

Le Général. — Le célèbre romancier?

M. Z... — Lui-même.

L'Homme politique. — Oui, à propos de sa mort, les journaux se sont exprimés d'une manière assez obscure.

M. Z... — Obscure, c'est le mot.

La Dame. — Mais pourquoi y songez-vous précisément à cette minute? Serait-il mort par l'effet de l'impolitesse de quelqu'un envers lui?

M. Z... — Au contraire, il a été victime de son excessive et propre politesse.

Le Général. — Parmi nous, là-dessus, l'accord ne serait pas unanime.

La Dame. — Racontez l'histoire, si c'est possible.

M. Z... — Elle n'a rien qu'on doive dissimuler. Lui aussi, mon ami pensait que la politesse est, non pas l'unique vertu, mais, en tout cas, l'indispensable premier degré de la moralité sociale. Il se croyait obligé d'en accomplir toutes les prescriptions, et de la manière la plus rigoureuse. Parmi ces devoirs, il s'était imposé le suivant : lire toutes les lettres qu'il recevait, même celles que lui adressaient des personnes inconnues, et, de même, tous les livres et toutes les brochures dont on l'invitait à rendre compte; répondre à chaque lettre et rédiger tous les comptes rendus demandés; se conformer soigneusement, en général, à toutes les sollicitations qui lui étaient faites et accomplir toutes les démarches qu'on attendait de lui. De cette façon, il passait toute sa journée à se fatiguer pour les affaires des autres et n'avait que la nuit pour s'occuper des siennes. En outre, toutes les invitations il les acceptait; et il recevait tous les visiteurs, qui encombraient son domicile. Quand mon ami était jeune et pouvait facilement supporter les boissons fortes, cette vie de galérien, qu'il s'était faite par politesse, l'accablait sans toutefois l'enfoncer dans la tragédie : le vin lui procurait de la gaîté et le sauvait du désespoir. Il lui était arrivé de vouloir se pendre et déjà il s'était saisi d'une corde, mais il l'avait lâchée pour la bouteille; et une fois que celle-ci l'avait enivré, il tirait sa chaîne avec un nouveau courage. Mais il était d'un tempérament délicat; aussi, lorsqu'il eut quarante-cinq ans, nécessité lui fut de renoncer aux boissons fortes. Avec le régime de la sobriété sa vie de galérien lui parut un enfer; et maintenant on m'annonce qu'il s'est suicidé.

La Dame. — Allons donc! Pour unique motif de politesse? Tout simplement, il était fou.

M. Z... — Bien sûr, il avait perdu l'équilibre de son âme, mais je pense que le mot « simplement » est le moins exact.

Le Général. — En effet, j'ai vu des cas de folie qui rendent fous les gens qui les étudient de près. Non, ce n'est pas si simple.

L'Homme politique. — Mais enfin, évidemment, ici la politesse n'est pas en question. Pas plus que le trône d'Espagne n'était responsable de la folie du conseiller titulaire Popritschine (1), l'obligation de la politesse n'a joué un rôle dans la folie de votre ami.

M. Z... — Naturellement, je ne suis pas ennemi de la politesse, mais je refuse de l'élever au rang de règle absolue.

L'Homme politique. — Une règle absolue, de même que n'importe quelle chose absolue, cela c'est seulement une invention de gens qui n'ont pas le sens commun ni le sentiment de la réalité vivante. Je n'admets aucunes règles absolues; j'admets seulement des règles *indispensables*. Par exemple, je sais très bien que si je n'observe pas la règle de la propreté, je me dégoûterai moi-même et je dégoûterai autrui. Comme je ne désire pas éprouver ni provoquer des sensations désagréables, je m'astreins inviolablement chaque jour à me laver, à changer de linge, etc. Je n'accepte pas cette obligation à titre d'usage admis par les autres et par moi-même, ou parce qu'elle a quelque chose de sacré et qu'on ne peut l'enfreindre sans pécher. C'est simplement parce que l'infraction dont il s'agit deviendrait, *ipso facto*, une incommodité matérielle. Tout à fait de la même manière j'envisage en général la politesse, dont, positivement, la propreté

---

(1) Allusion à l'œuvre de Gogol, *le Journal d'un fou*.

est une partie. Pour moi, ainsi que pour les autres, il est beaucoup plus *commode* d'observer que de violer les lois de la politesse; donc, je m'y conforme. Franchement, voyons, s'imaginer, comme l'a fait votre ami, que la politesse exigeait de lui qu'il répondît à toutes les lettres et à toutes les sollicitations, sans tenir compte des commodités ni des convenances — cela n'est pas la politesse, mais un absurde sacrifice de soi-même.

M. Z. — Le scrupule développé sans mesure a dégénéré chez lui en une manie funeste.

LA DAME. — C'est effroyable de songer qu'un homme ait pu périr par suite d'une telle stupidité. Est-ce que vous ne pouviez pas lui faire entendre raison?

M. Z. — Je m'y suis efforcé de toute manière. J'avais même le très énergique concours d'un pèlerin du Mont-Athos, à moitié fou mais bien remarquable. Mon ami l'estimait beaucoup et le consultait souvent sur les affaires spirituelles. Cet homme, du premier coup, aperçut où était la racine du mal. Je connais parfaitement ce voyageur; et parfois il m'est arrivé d'assister à leurs entretiens. Quand mon ami commençait à lui communiquer ses doutes sur une question de morale — avait-il eu raison en telle chose? n'avait-il pas eu tort en telle autre? — aussitôt Varsonophii l'interrompait : — « Oh! Pourquoi te désoles-tu de tes péchés? Laisse cela, c'est inutile. Écoute-moi donc : pèche cinq cent trente-neuf fois par jour, pourvu que tu n'en aies pas de regret. Voilà l'essentiel. En effet, pécher et se repentir, n'importe qui peut le faire; mais, toi, ne le regrette jamais. Si le péché est un mal, c'est un mal de s'en souvenir, ce qui équivaut à avoir de la rancune, et ce que personne n'approuve. Il n'y a rien de pire que d'avoir de la rancune, c'est-à-dire de se rappeler ses péchés. Mieux vaut pour toi te souvenir du mal que les autres te font. C'est un procédé avantageux ; car ainsi tu seras sur tes gardes. Le mal que tu fais, oublie d'y penser, afin qu'il n'en reste rien. Il n'y a qu'un seul péché mortel : la tristesse, parce qu'elle engendre le désespoir. Le désespoir n'est pas à proprement parler un péché, mais c'est la mort spirituelle elle-même. Ensuite, qu'y a-t-il encore en fait d'autres péchés? L'ivrognerie? Qu'est-ce que c'est? Un homme raisonnable boit en proportion de ce qu'il peut absorber ; il ne boit pas au delà de sa capacité ; mais un fou s'enivre avec de l'eau de source, et cela prouve que la violence n'est pas dans le vin mais dans la folie. D'autres, par folie, se brûlent avec de l'eau-de-vie, et se noircissent non pas seulement à l'intérieur mais aussi au dehors ; et ils projettent de petites flammes — je l'ai constaté de mes propres yeux. On ne sait plus de quel péché accuser l'homme de qui sortent les flammes de la Géhenne. En ce qui concerne les diverses infractions au septième commandement, je dis, la main sur la conscience : il est difficile de juger, mais absolument impossible de louer. Bien entendu, je ne recommande pas. Certainement c'est un plaisir pénétrant, mais, en fin de compte, il produit la tristesse et il abrège la vie. Si tu ne me crois pas, regarde au moins ce qu'a écrit là-dessus un savant docteur allemand. — Et Varsonophii tira d'un rayon

un livre d'aspect ancien et commença à le feuilleter.
— Rien que le titre a de la valeur. Ma-cro-bi-otique, de
Hu-fland. Regarde ici, page 176... — Et, en faisant
des pauses, il lut en entier la page où l'auteur allemand expose les inconvénients de dépenser sans mesure les forces de la vie. — Tu vois. Est-ce le fait d'un
homme raisonnable de s'épuiser de la sorte ? Naturellement, dans l'absurde jeunesse, on ne connaît pas la
valeur des choses ; mais, ensuite, elles nous deviennent
chères. Se rappeler tout son passé et le déplorer en disant : — Pourquoi ai-je perdu mon innocence, la pureté de mon âme et de mon cœur ? — cela, je t'assure,
cela est pure stupidité, et revient à faire le bouffon du
diable. Il a lieu d'être flatté de ce que ton âme ne voie
plus rien en avant ni en haut et que, tout entière, elle se
débatte dans la boue. Voici mon conseil : quand le diable
commence à te troubler par cette pensée de désespoir,
crache par terre et essuie avec le pied, en disant : —
Voici tous mes graves péchés ; ils ne sont pas très importants pour moi. — N'aie pas peur. Il reculera. Je parle
par expérience. Et ensuite, quelles sont tes autres iniquités ? Je ne m'imagine pas que tu te mettes à voler.
Et si tu as volé — petit malheur : maintenant, tout le
monde vole. Ne te préoccupe donc pas de ces bagatelles, mais, uniquement, tiens-toi en garde contre la
tristesse seule. Quand s'éveille la pensée de tes fautes,
lorsque tu te mets à te demander : — N'ai-je pas offensé quelqu'un de quelque manière ? — alors va au
théâtre ou dans quelque compagnie joyeuse, ou lis un
peu les journaux des histrions. Enfin, tu veux absolument de moi des règles ; en voici une pour ton

usage : sois ferme dans la foi, non par crainte du péché, mais parce qu'un homme intelligent goûte beaucoup de satisfaction à vivre avec Dieu ; sans Dieu la vie est abominable. Approfondis la parole de Dieu. La lire avec discernement, ne fût-ce qu'un verset, cela vaut autant que de donner un rouble. Chaque jour, prie une ou deux fois, avec sentiment. Bien sûr, tu n'oublies pas de te laver ; eh bien, pour l'âme, une sincère prière vaut mieux que n'importe quel savon. Pour ton estomac et les autres organes intérieurs, pratique le jeûne ; maintenant, tous les docteurs conseillent le jeûne aux quadragénaires. Ne te soucie pas des affaires des autres et ne t'occupe pas de bienfaisance quand tu as de la besogne. Sur ton chemin, donne aux pauvres, sans compter. Ne compte pas non plus pour donner aux églises et aux monastères. Le contrôle céleste en fait l'addition. Ainsi tu posséderas la santé de l'âme et du corps. Des hypocrites, de n'importe quel genre, aiment à se glisser dans l'âme d'autrui, parce que la leur est vide : abstiens-toi de leur parler. » — De tels discours exerçaient une bonne influence sur mon ami, mais ils ne parvinrent pas complètement à chasser le limon des impressions opprimantes. Dans les derniers temps, les relations devinrent rares entre lui et Varsonophii.

L'Homme politique. — En somme, votre pèlerin raisonne à peu près comme moi.

La Dame. — Tant mieux. Mais, en réalité, quel merveilleux moraliste ! Pèche : l'essentiel est de n'avoir pas de regrets. Cette doctrine me plaît beaucoup.

Le Général. — Mais je suppose qu'il ne dit pas cela à tout le monde. Sans doute, il a une autre prédication à l'usage des malfaiteurs et des meurtriers.

M. Z... — Certainement. Toutefois, en face de la défiance morale, il devient philosophe et même fataliste. Cela lui a valu d'inspirer de l'enthousiasme à une vieille dame très intelligente et très cultivée. Quoique de confession russe, elle avait fait son éducation à l'étranger. Ayant beaucoup entendu parler de notre Varsonophii, elle entra en relations avec lui. Il devint en quelque sorte son « directeur de conscience » (1). Mais il ne la laissait guère lui parler des scrupules qu'elle éprouvait. Il lui disait : « Comment pouvez-vous être préoccupée de pareilles vétilles ? Qui est-ce qui a besoin d'en prendre souci ? Voyez donc : moi, pauvre moujik, ce que vous me racontez m'ennuie. Alors, pensez-vous que Dieu s'y intéresse ! » Et là-dessus d'expliquer : « Vous êtes vieille, vous êtes faible et jamais vous ne vaudrez mieux. » Elle me faisait ce récit en riant, avec des larmes dans les yeux. Elle essaya de le réfuter. Il arriva à la persuader par un récit emprunté à la vie des ermites d'autrefois. A nous, avec N..., Varsonophii l'a souvent raconté. Le récit est joli, mais peut-être vous paraîtrait-il un peu long.

La Dame. — Résumez-le.

M. Z... — Je m'y appliquerai. Dans le désert de Nitrie, deux ermites travaillaient à leur salut. Bien que leurs cavernes ne fussent pas éloignées l'une de l'autre, ils ne se parlaient jamais; sauf que, parfois,

---

(1) En français. *(N. d. t.)*

ils s'appelaient au moyen du chant d'un psaume. Ils vécurent ainsi assez longtemps. Ils acquirent une renommée qui se répandit à travers l'Égypte et même parmi les pays voisins. Or, une fois, le diable réussit à faire naître dans leurs deux âmes, et d'un seul coup, la même intention. Eux, sans s'être dit un mot, emportèrent les objets qu'ils avaient fabriqués : paniers et nattes, faits de feuillages et de rameaux de palmiers. Ensemble, ils se rendirent à Alexandrie. Là, ils vendirent le fruit de leur travail, puis, pendant trois jours et trois nuits, se livrèrent à la dissipation, en compagnie d'ivrognes et de prostituées. Après quoi, ils reprirent la route de leur désert.

L'un des deux se désolait et se lamentait : — Je suis perdu sans espoir. Il n'y a point de pardon pour une telle frénésie et pour une pareille saleté. Perdus, tous mes jeûnes, toutes mes veilles et toutes mes prières. D'un seul coup, j'ai tout détruit sans retour !

L'autre, marchant à côté de lui, chantait des psaumes, d'une voix joyeuse. Alors, le désespéré lui dit :

— Voyons, est-ce que tu es devenu fou ?
— Pourquoi donc ?
— Mais, comment n'es-tu pas désolé ?
— Et de quoi me désolerais-je ?
— Comment ? Et Alexandrie ?
— Que dire d'Alexandrie, sinon : gloire au Très-Haut, qui protège cette cité célèbre et pieuse !
— Mais nous, que sommes-nous donc allés faire à Alexandrie ?
— On le sait bien ce que nous avons fait : nous avons vendu nos corbeilles, nous avons vénéré saint

Marc, nous avons visité les autres sanctuaires, nous sommes allés dans le palais du pieux préfet de la ville, nous avons conversé avec la vertueuse Leonilla...

— Mais est-ce que nous n'avons point passé la nuit dans une maison de débauche?

— Dieu nous en préserve! Nous avons passé la nuit dans le palais du patriarche.

— O saints martyrs! Il a perdu la raison... Et où donc nous sommes-nous grisés avec du vin?

— En fait de vin et de nourriture, nous avons goûté ce que nous fournissait la table du patriarche à l'occasion de la fête de la Présentation de la Très Sainte Vierge dans le Temple.

— Malheureux! Et qui nous a donné des baisers? pour ne point rappeler ce qui est pire encore.

— En nous retirant, nous avons eu l'honneur de recevoir le saint baiser du Père des Pères, bienheureux archevêque de la grande ville d'Alexandrie et de toute l'Égypte et de la Libye et de la Pentapole, juge universel, Kur-Timothée, avec tous les pères et les frères qui composent son clergé élu de Dieu.

— Mais, est-ce que tu te moques de moi? Ou bien, est-ce que, après les horreurs d'hier, tu serais devenu possédé du diable? Tu as caressé des prostituées, maudit!

— Vraiment, je ne sais duquel de nous deux le diable s'est emparé: de moi qui me réjouis des dons de Dieu, de la bienveillance que nous ont témoignée les hauts dignitaires ecclésiastiques et qui loue le Créateur avec toute créature; — ou de toi qui enrages et qui appelles maison de débauche la demeure de notre bienheureux père et pasteur; et qui déshonores son pieux clergé lui-même, comme si tout ce monde représentait vraiment la débauche!

— Ah! tu es hérétique! Engeance d'Arius! Maudite bouche de l'affreux Apollinaire!

L'ermite qui se désolait d'avoir péché se jeta sur son compagnon et, de toutes ses forces, se mit à le battre. Puis, en silence, tous deux regagnèrent leurs cavernes. L'un se désespéra toute la nuit, faisant retentir le désert de cris et de gémissements, se jetant contre le sol et le frappant de la tête; tandis que l'autre, tranquille et joyeux, chantait des psaumes.

Au matin, l'idée suivante vint à l'esprit de l'ermite qui se repentait : — « Puisque, après plusieurs années, mes bonnes actions m'avaient procuré la grâce du Saint-Esprit, laquelle commençait à se manifester par des apparitions et par des miracles; et puisque, *après cela,* je me suis livré aux turpitudes de la chair, me voilà donc coupable du péché contre l'Esprit Saint, péché qui, selon la parole divine, n'est pardonné ni dans la vie présente ni dans la vie future. J'ai jeté la perle de la pureté céleste aux pourceaux, c'est-à-dire aux démons. Ils l'ont foulée aux pieds et maintenant, s'étant retournés contre moi, ils me déchirent. Nul moyen d'en douter. Or, puisque, de toute façon, je suis perdu, que ferai-je ici, dans le désert? » Et il repartit pour Alexandrie, où il s'abandonna à l'existence dissolue. Quand il manqua d'argent, il assassina et dépouilla un riche marchand, de complicité avec d'autres débauchés. Le crime ayant été découvert, le malheureux fut déféré à la justice de l'endroit et con-

damné à la peine capitale. Il mourut sans repentir.
— Pendant ce temps-là, son ancien compagnon, continuant à pratiquer l'ascétisme, atteignit un très haut degré de sainteté et s'illustra par de grands miracles, tellement qu'une parole de lui suffisait pour que des femmes depuis longtemps stériles devinssent fécondes et pussent engendrer des enfants du sexe masculin. Quand il mourut, son corps, épuisé et desséché, manifesta tout à coup une sorte d'épanouissement de jeunesse et de beauté; il brillait dans l'air et le remplissait de parfum. Sur ses reliques miraculeuses s'éleva un monastère. De l'Église d'Alexandrie son nom parvint à Byzance et de là vint s'inscrire dans le calendrier des saints de Kiev et de Moscou. — « La conclusion, et je dis la vérité, ajouta Varsonophii, c'est que tous les péchés ne sont pas des malheurs, excepté un seul : le découragement. Toutes les autres iniquités, les deux hommes les avaient commises ensemble; et cependant un seul périt — celui qui avait perdu courage. »

LE GÉNÉRAL. — Ainsi donc, vous le voyez, les moines eux-mêmes ont besoin de la vaillance de l'âme; et cependant on veut permettre d'abattre le courage militaire.

M. Z. — Je constate que, si nous avons un peu abandonné notre discussion sur la politesse, en revanche, nous nous sommes rapprochés du principal sujet de nos entretiens.

LA DAME. — Justement, voici le Prince qui arrive. Bonjour. Apprenez que, pendant que vous nous faisiez défaut, nous avons discuté sur la politesse.

Le Prince. — Je vous prie de m'excuser. Il m'a été impossible de me rendre libre plus tôt. J'ai reçu tout un ballot de papiers divers émanant de nos amis et différentes publications. Je vous montrerai cela plus tard.

La Dame. — Entendu. Moi, ensuite, je vous raconterai, à propos de deux moines, une anecdote édifiante, qui a eu aussi le mérite de nous consoler de votre absence. Mais, maintenant, la parole est à notre Monte-Carliste actif et secret. Exposez-nous donc ce que vous avez à dire sur la guerre, comme suite à notre précédent entretien.

L'Homme politique. — De l'entretien d'hier j'ai retenu deux choses : l'allusion à Vladimir Monomach et le récit de guerre fait par le Général. Nous en ferons le point de départ pour l'examen ultérieur de la question. On ne peut contester que Vladimir Monomach n'ait eu raison d'écraser les Polovtsi, ni le Général de mettre en pièces les bachi-bouzouques.

La Dame. — Donc, vous donnez votre assentiment?

L'Homme politique. — Comme j'ai l'honneur de vous l'exposer, en effet, je reconnais que Monomach et le Général ont agi ainsi que, *la situation étant donnée*, ils devaient agir. Mais, de là, que s'ensuit-il au sujet de la manière dont nous devons considérer cette situation et, en outre, de la légitimité et de la perpétuité de la guerre et du militarisme?

Le Prince. — C'est précisément ce que je dis, moi aussi.

La Dame (*à l'Homme politique*): — Alors, maintenant, vous voilà d'accord avec le Prince?

L'Homme politique. — Si vous me permettez d'expliquer mon opinion sur la matière, vous verrez, d'une façon évidente, avec qui et sur quoi je suis d'accord. Mon opinion n'est qu'une déduction logique de l'incontestable réalité et des faits de l'histoire. Peut-on contester la signification historique et l'importance de la guerre? N'est-elle pas le moyen principal, sinon unique, par lequel un État se fonde et s'affermit? Montrez-moi un seul État qui se serait établi et fortifié en dehors de la guerre.

La Dame. — Et les États-Unis?

L'Homme politique. — Grand merci pour cet excellent exemple. Je parle de la fondation d'un *État*. L'Amérique du Nord, en tant que colonie européenne, fut, comme toutes les autres colonies, organisée non point par des soldats mais par des navigateurs. Quand elle voulut devenir un État, il lui fallut s'engager pour longtemps dans la guerre afin d'acquérir son indépendance politique.

Le Prince. — De ce qu'un État s'est fondé par la guerre, ce qui est incontestable, vous concluez, sans doute, à l'importance de la guerre. Mais moi je crois qu'on doit seulement en conclure que l'État n'a pas d'importance. Du moins, ainsi raisonnent les gens qui ont répudié le culte de la force.

L'Homme politique. — Allons! Tout de suite le culte de la force! Pourquoi donc? Vous devriez plutôt essayer d'établir une société humaine en dehors des conditions auxquelles elle est assujettie, ou bien renoncer à tout ce qui dépend de ces conditions; — alors, vous pourrez dire que l'État n'a pas d'importance.

Mais tant que vous n'aurez pas fait cela, l'État et tout ce dont vous et nous lui sommes redevables, tout cela reste un fait immense, tandis que vos attaques contre lui se réduisent à de pauvres paroles. Donc, je le répète : la grande importance de la guerre, comme principale condition de la création de l'État, ce point ne supporte pas le doute; mais, maintenant, voici ce que je demande : est-ce que cette grande affaire de la fondation de l'État ne peut pas être considérée comme terminée, dans ses lignes essentielles ? L'œuvre de détail, assurément, peut être accomplie sans qu'on ait besoin de recourir à un moyen aussi héroïque que la guerre. Dans l'antiquité et durant le moyen âge, lorsque le monde de la culture européenne ne représentait qu'une île au milieu d'un océan de races plus ou moins sauvages, la guerre s'imposait directement, comme un moyen de défense personnelle. On avait besoin d'être toujours en mesure de repousser des hordes de toute espèce qui, sorties de régions inconnues, se précipitaient pour étouffer les faibles germes de la civilisation. Mais, à notre époque, ce sont les éléments non européens qui forment des îles, tandis que la culture européenne est devenue l'océan qui ronge les bords de ces îles. Nos savants, nos explorateurs, nos missionnaires ont fouillé tout le globe terrestre et nous n'avons rien aperçu qui menace d'un sérieux péril le monde civilisé. Avec beaucoup de succès, les sauvages s'appliquent à se détruire et à s'éteindre. Les soldats barbares, comme les Turcs et les Japonais, se civilisent et perdent leur instinct guerrier. Cependant, l'unification des peuples européens dans la vie sociale cultivée...

La Dame (*à demi-voix*). — Monte-Carlo.

L'Homme politique. — ... s'est augmentée au point qu'une guerre entre ces nations aurait positivement, sous tous les rapports, le caractère d'une guerre civile; chose inexcusable, étant donnée la possibilité que nous avons de régler pacifiquement les conflits internationaux. A notre époque, régler de telles questions par la guerre serait aussi fantastique que de venir de Pétersbourg à Marseille en bateau à voile ou en *tarantass* à trois chevaux. J'avoue cependant que « la voile solitaire blanchit » (1) et « l'audacieuse troïka s'emporte » (2) sont beaucoup plus poétiques que les coups de sifflet d'un bateau à vapeur ou le cri : « En voiture, messieurs! » De même, je suis prêt à reconnaître que « l'acier hérissé » (3) et « les régiments s'ébranlent, agités, étincelants » (4) ont la supériorité esthétique sur les portefeuilles des diplomates et devant les tables de drap des congrès de la paix. Mais le sérieux exposé d'une question si vitale ne doit, évidemment, ressentir aucun souci d'une appréciation esthétique de cette beauté qui n'appartient pas à la guerre réelle — chose absolument laide, je vous assure, — mais seulement au reflet que lui donne l'imagination du poète ou de l'artiste. Quand une fois tout le monde commence à comprendre que la guerre, avec toutes les ressources qu'elle offre à la poésie et à la peinture, — en quoi les guerres passées suffisent amplement, — n'a plus aujourd'hui

---

(1) Lermontov, *la Voile*. (*N. d. t.*)
(2) Pouchkine, *la Grande route en hiver*. (*Id.*)
(3) Lermontov, *la Dispute du Kazbek et de l'Elbrous*. (*Id.*)
(4) *Ibid.*

aucune raison d'être, parce qu'elle ne procure plus d'avantages, et aussi parce que c'est un moyen trop coûteux et trop hasardeux pour recueillir des résultats qui peuvent être obtenus à meilleur marché et plus sûrement — alors, c'est que *la période guerrière de l'histoire est finie*. Bien entendu, je parle *en grand* (1). D'aucune manière, il ne peut être question d'un désarmement immédiat. Mais je suis bien persuadé que nous et nos enfants ne verrons pas de grandes guerres, de guerres véritables ; et qu'en fait de petites guerres, nos petits-fils connaîtront seulement le récit de celles qui auront lieu dans quelque région de l'Asie ou de l'Afrique.

Au sujet de Vladimir Monomach, voici ma réponse : quand il fallait protéger l'avenir du jeune État russe contre les Polovtsi, puis contre les Tatares, etc., la guerre était la chose la plus importante et la plus nécessaire. Cela aussi on peut, jusqu'à un certain point, le dire de l'époque de Pierre le Grand, quand s'imposait le devoir d'assurer le sort de la Russie comme nation *européenne*. Mais, ensuite, l'importance de la guerre devient de plus en plus sujette à la discussion. Maintenant, ainsi que je viens de le dire, la période guerrière de l'histoire est terminée, en Russie comme partout. Ce que je viens de dire de notre peuple s'applique, naturellement, *mutatis mutandis*, aux autres pays européens. Partout, autrefois, la guerre était le principal et inévitable moyen de protéger et de fortifier la vie publique et nationale ; et

---

(1) En français. (*N. d. t.*)

partout, à cause même de la réalisation de ce but, elle perd sa raison d'être.

Soit dit par parenthèse, je m'étonne que certains philosophes d'aujourd'hui traitent du *sens de la guerre* sans tenir compte des époques. La guerre a-t-elle un sens? *C'est selon* (1). Hier, peut-être, elle avait une signification partout; aujourd'hui, elle en a une seulement dans quelque région de l'Afrique et dans l'Asie centrale, là où se trouvent encore des peuples sauvages; mais demain on ne la comprendra plus nulle part. Il y a lieu de remarquer qu'en perdant sa valeur pratique la guerre perd aussi, quoique lentement, sa mystique auréole. Cela est évident même parmi un peuple arriéré en masse, comme le nôtre. Jugez vous-mêmes : l'autre jour, sur le ton du triomphe, le Général nous a montré que chez nous tous les saints sont ou des moines ou des soldats. Mais, je vous en prie, dites-moi donc à quelle époque historique, précisément, se rapporte cette sainteté guerrière ou ce militarisme saint? Est-ce que ce n'est pas l'époque même où la guerre était *réellement* une œuvre tout à fait indispensable, salutaire et, si vous le voulez, sainte? Nos saints guerriers étaient tous des princes de l'époque de Kiev ou de l'époque mongole. Parmi eux je ne me rappelle pas avoir vu aucun lieutenant-général ni même aucun général-lieutenant. Qu'est-ce que cela veut dire? Voici deux guerriers illustres qui ont autant de droits l'un que l'autre de prétendre personnellement à la sainteté. Elle est reconnue à l'un et pas à l'autre. Pourquoi?

---

(1) En français. *(N. d. t.)*

Alexandre Newsky, au treizième siècle, a tué des Livoniens et des Suédois; et il est saint; — Alexandre Souvorov, au dix-huitième siècle, a tué des Turcs et des Français; et lui n'est pas saint. Pourquoi? je le demande. A Souvorov on ne peut rien reprocher d'incompatible avec la sainteté. Il était sincèrement pieux, chantait avec ardeur dans l'église, où il lisait à l'ambon; il a mené une vie irréprochable, sans une seule aventure d'amour. Enfin, ses folies, loin d'y faire obstacle, plaideraient plutôt, comme un argument superflu, pour sa canonisation. Mais la différence consiste en ceci : Alexandre Newsky combattait pour l'avenir national et politique de son pays, pays à demi dévasté dans l'Est et qui avait grand'peine à repousser les nouveaux envahisseurs qui venaient de l'Ouest. L'instinct populaire comprit l'importance capitale de la situation et donna à ce prince la plus haute récompense que l'on pût offrir en le mettant au nombre des saints. Cependant, les exploits de Souvarov, quoique incomparablement plus importants au point de vue militaire — surtout sa marche à travers les Alpes, comme Annibal, — ne correspondaient à aucune nécessité impérieuse. Il n'avait pas entre les mains le salut de la Russie. Voilà pourquoi il n'est rien de plus qu'une célébrité militaire.

LA DAME. — Mais les généraux de 1812, bien qu'ils aient sauvé la Russie menacée par Napoléon, n'ont pas cependant été mis au rang des saints.

L'HOMME POLITIQUE. — La Russie sauvée de Napoléon, cela c'est de la rhétorique patriotique. Il ne nous aurait pas mangés; et il n'y pensait point. Si, à la longue, nous l'avons vaincu, c'est, assurément, une preuve de la force de notre peuple et de notre état, comme aussi de notre sentiment national. Mais qu'en 1812 la guerre ait été pour nous une obligation impérieuse, non, je ne l'admettrai jamais. On pouvait très bien être en opposition avec Napoléon; mais l'irriter, on ne le pouvait pas sans un grand risque. L'aventure a bien tourné; son issue a été flatteuse pour notre amour-propre national; et, cependant, c'est à peine si les conséquences éloignées en peuvent être considérées comme un avantage véritable. Lorsque, à propos de rien, deux athlètes se déchirent et que l'un renverse l'autre, sans avoir porté ni reçu un coup dangereux, naturellement, je donnerais bien au vainqueur le nom de brave; mais je continuerais à mettre en doute la nécessité d'un tel déploiement de courage. La gloire de 1812 et les manifestations de vertu nationale demeurent en nous, quelles que fussent les causes de la guerre.

> Alors la sainte histoire de l'année douze
> Était encore toute vivante...

C'est très beau pour la poésie, l' « histoire sainte ». Mais je cherche les résultats; et alors je vois : l'archimandrite Photius, Magnitsky, Araktchev, la conspiration des Décabristes, d'un côté; de l'autre, *en somme* (1), ces trente années du régime militariste attardé qui a eu pour aboutissement la dévastation de Sébastopol.

(1) En français. *(N. d. t.)*

La Dame. — Et Pouchkine?

L'Homme politique. — Pouchkine?... Pourquoi Pouchkine?

La Dame. — J'ai lu récemment dans les journaux que la poésie nationale de Pouchkine a été engendrée par la glorieuse guerre de 1812.

M. Z... — Non sans la spéciale participation de l'artillerie, comme l'indique le nom de famille du poète (1).

L'Homme politique. — Soit; c'est possible. Je continue. Dans le cours du temps, l'inefficacité, l'inutilité de nos guerres devient de plus en plus évidente. Chez nous, on apprécie beaucoup la guerre de Crimée parce que son insuccès a provoqué l'affranchissement des serfs et les autres réformes d'Alexandre II. S'il en est ainsi, les heureuses conséquences d'une guerre *malheureuse*, et précisément par cela seul qu'elle a été malheureuse, ne sauraient servir d'apologie pour la guerre en général. Supposons que, sans savoir pourquoi, je m'avise de sauter d'un balcon, que je me démette la main et que, fort à propos, cette luxation m'empêche de souscrire une ruineuse lettre de change, il ne me viendra pas à l'esprit de soutenir qu'en général on doit sauter d'un balcon et non pas en descendre par l'escalier. L'homme dont la raison n'est pas endommagée ne supposera jamais qu'il doit s'endommager la main afin de se dispenser de contracter une dette désastreuse. A lui seul, le sens commun suffira pour le préserver en même temps des sauts absurdes

---

(1) De *pouschka*, canon.

du haut d'un balcon et d'absurdes signatures. Je pense que, sans la guerre de Crimée, les réformes d'Alexandre II se seraient accomplies quand même, et encore, s'il vous plaît, d'une manière plus profonde et plus complète. Mais je n'entreprendrai pas de le démontrer ; car je tiens à ne pas m'écarter de la question. En tout cas, les actes politiques ne peuvent pas être appréciés d'après leurs conséquences indirectes et imprévues. La guerre de Crimée, dans son principe, c'est-à-dire l'avance de notre armée sur le Danube, en 1853, n'a pas de justification raisonnable. Je ne puis considérer comme sensée une politique qui, un jour, applique le programme de sauver la Turquie des dévastations du pacha égyptien Méhémet-Ali, en s'opposant à la division du monde musulman et à l'existence de deux centres, Stamboul et le Caire, — ce qui, sans doute, n'aurait pas été un trop grand malheur pour nous — et qui, un autre jour, se prépare à détruire cette même Turquie qu'elle vient de sauver et de fortifier, et, en outre, accepte le risque de se heurter à une coalition européenne. Ce n'est pas de la politique : c'est une espèce de donquichottisme. J'en demande pardon au Général, mais je ne puis qualifier autrement notre dernière guerre.

La Dame. — Et les bachi-bouzouques d'Arménie ? Vous avez approuvé le Général de les avoir exterminés.

L'Homme politique. — Je vous demande pardon ! Je soutiens qu'à notre époque la guerre est devenue *inutile*. Or, le récit encore tout frais que nous a fait le Général ne peut servir qu'à illustrer cette vérité. Je reconnais que, dans le cas où il y a obligation personnelle de prendre une part active à la guerre et lorsqu'on se trouve en face de troupes turques irrégulières qui exercent de révoltantes cruautés sur une population paisible, tout homme... *(en regardant le Prince)* libre d' « absolus principes » préconçus doit, par sentiment et par obligation, détruire sans pitié de tels ennemis, comme l'a fait le Général, et non pas songer à la régénération morale dont le Prince s'est montré préoccupé. Mais je demande, d'abord, qui a vraiment la responsabilité de toutes ces horreurs et, en second lieu, quel résultat a procuré l'intervention militaire? Pour répondre à la première question, je n'ai, en conscience, qu'à signaler la mauvaise politique guerrière, qui, tout en stimulant les passions et les prétentions des *rajas* turcs, a irrité la Turquie. On a commencé à massacrer des Bulgares lorsque la Bulgarie était pleine de comités révolutionnaires. Alors, les Turcs avaient lieu de craindre l'intervention étrangère et, en même temps, l'effondrement de leur État. De même en Arménie. Sur le second point — qu'est-il résulté de l'intervention? — la réponse donnée par les événements d'hier est si simple qu'elle frappe l'esprit de tout le monde. Regardez. En 1877, notre Général détruit quelques milliers de bachi-bouzouques et sauve ainsi, *peut-être*, quelques centaines d'Arméniens. En 1895, dans la même région, les bachi-bouzouques massacrent non pas quelques centaines mais plusieurs milliers et peut-être des dizaines de mille de ses habitants. D'après certains correspondants (que d'ailleurs je ne garantis pas), près d'un demi-million d'hommes auraient péri de la sorte. Sans doute, c'est une fable. En tout cas, ce carnage d'Arméniens fut beaucoup plus considérable que n'avait été le carnage de Bulgares. Tels sont les heureux résultats de nos guerres patriotiques et philanthropiques.

Le Général. — Alors, comprenne qui pourra. Tantôt, c'est la mauvaise politique qui est coupable; tantôt, c'est la guerre patriotique. A vous entendre, on croirait que Gortchakov et M. de Giers étaient des soldats, ou que Disraëli et Bismarck étaient des patriotes et des philanthropes russes.

L'Homme politique. — Vous trouvez que mon exposé n'est pas clair? J'envisage une relation très certaine — nullement abstraite ou idéale — tout à fait réelle, un rapport positif entre la guerre de 1877, conséquence de notre mauvaise politique, et la récente extermination des chrétiens en Arménie. Peut-être savez-vous, mais peut-être avez-vous besoin de savoir qu'après 1878, la Turquie, calculant les résultats futurs qu'aurait pour elle en Europe le traité de San-Stéfano, résolut de garantir sérieusement son existence, au moins en Asie. D'abord, au Congrès de Berlin, elle s'assura la garantie de l'Angleterre. Mais, se conformant avec raison à la maxime : « Compte sur l'Angleterre et tiens-toi sur tes gardes », le gouvernement turc s'occupa d'augmenter, en Arménie, le nombre et l'organisation de ses troupes irrégulières, c'est-à-dire, plus ou moins, des mêmes « démons » avec lesquels a eu affaire le Général. Cela semblait très judicieux. Cependant, quinze ans après que Disraëli, en échange de la cession de l'île de Chypre, eut garanti à la Turquie ses possessions d'Asie, la politique anglaise, les circonstances ayant changé, devint hostile aux Turcs et favorable aux Arméniens. On vit en Arménie des agitateurs anglais, de même que jadis on avait vu en Bulgarie des agitateurs slavophiles. Alors, les « démons » bien connus du Général se montrèrent, suivant la formule, les *hommes de la situation* et, selon le sens très positif de l'expression, ils mangèrent la plus large portion de chair chrétienne, chaque fois qu'il leur en tombait sous la dent..

Le Général. — Impossible d'écouter de pareilles choses! Dans le cas dont nous parlons, quelle est donc la guerre qui mérite d'être incriminée? Au moins, ayez la crainte de Dieu. Si, en 1878, les hommes d'État avaient fait leur devoir aussi bien que les hommes de guerre, aucun renforcement et aucune organisation des troupes irrégulières en Arménie n'auraient pu avoir lieu, ni, par conséquent, aucun des massacres que je viens de rappeler.

L'Homme politique. — Est-ce à dire que vous admettez la définitive destruction de l'empire turc?

Le Général. — Oui. Quoique j'estime et j'aime les Turcs de tout mon cœur, comme un peuple très beau, surtout quand je le compare aux Éthiopiens de différentes couleurs, néanmoins, je pense que, depuis longtemps, l'heure a sonné d'en finir avec l'empire turc.

L'Homme politique. — Je ne pourrais rien vous objecter, si, à sa place, ceux que vous appelez les Éthiopiens étaient capables de s'organiser en une espèce d'empire. Mais, en fait, ils ne savent que se déchirer entre eux. Donc, à leur égard, le gouvernement turc est nécessaire, comme est nécessaire sur le sol de Jérusalem la présence de troupes turques, pour la paix et pour le bien-être des diverses confessions chrétiennes rassemblées dans ces lieux.

La Dame. — Là ! Je supposais bien que vous voulez abandonner le Saint-Sépulcre aux Turcs, pour toujours.

L'Homme politique. — Et, naturellement, vous croyez que cela provient de mon athéisme ou de mon indifférence ? Pourtant, en réalité, je désire la présence des Turcs à Jérusalem uniquement par sollicitude pour une petite mais inextinguible étincelle de sentiment religieux, étincelle qui demeure en moi et qui date de mon enfance. J'ai la certitude qu'à la minute où les soldats turcs quitteraient les corps de garde de Jérusalem, tous les chrétiens qui sont là se mettraient à s'entr'égorger, non sans avoir, préalablement, détruit toutes les choses saintes du christianisme. Si mes impressions et mes conclusions vous semblent suspectes, interrogez ces pèlerins en qui vous avez confiance, ou, ce qui serait le mieux, allez voir de vos propres yeux.

La Dame. — Aller à Jérusalem ? Ah ! non. Qu'est-ce qu'on y voit encore ?... J'ai peur, j'ai peur !

L'Homme politique. — Bien, je constate.

La Dame. — Mais comme c'est étrange ! Vous discutez avec le Général, et tous deux vous exaltez les Turcs.

L'Homme politique. — Le Général, probablement, les apprécie comme de braves soldats, tandis que moi comme les gardiens de l'ordre et de la paix en Orient.

La Dame. — Une paix et un ordre fameux, là, où, tout à coup, les hommes sont égorgés par dizaines de mille ! Je pense que mieux vaudrait n'importe quel désordre.

L'Homme politique. — Ainsi que je l'ai déjà exposé, les massacres avaient été provoqués par l'agitation révolutionnaire. Pourquoi exiger des Turcs ce haut degré de douceur et d'indulgence chrétiennes qu'on n'exige d'aucun autre peuple, même chrétien ! Citez-moi donc un pays où une révolte armée s'est apaisée sans qu'on eût pris contre elle des mesures cruelles et injustes. En résumé : premièrement, les Turcs n'étaient pas les instigateurs des massacres ; deuxièmement, les Turcs n'y ont pris qu'une petite part personnelle, n'agissant, dans la majorité des cas, que par la main des « démons » ; troisièmement, je reconnais qu'en laissant libre jeu aux « démons » le gouvernement turc a, cette fois, excédé, comme chez nous Ivan IV en faisant noyer dix mille paisibles citoyens de Novgorod ; ou, comme en France, ont excédé les commissaires de la Convention, par leurs noyades et leurs fusillades ; ou, dans l'Inde, les Anglais, lorsqu'ils réprimèrent l'insurrection de 1857. Cependant, il est tout de même certain que si les divers coreligionnaires ou congénères des Éthiopiens, ainsi que les appelle le Général, étaient laissés à eux-mêmes, on verrait beaucoup plus de massacres qu'il n'y en a sous l'autorité de la Turquie.

Le Général. — Est-ce que j'ai parlé de remplacer les Turcs par des Éthiopiens ? La question est simple :

il s'agirait pour nous de prendre Constantinople, de prendre Jérusalem et, à la place de l'empire turc, de constituer plusieurs provinces militaires russes, comme à Samarkand ou à Askhabad. Les Turcs, lorsqu'ils sont désarmés, se comportent bien de toute manière, en fait de religion et à d'autres égards.

L'Homme politique. — Je suppose que vous ne parlez pas sérieusement. Sinon, j'aurais lieu de mettre en doute votre... patriotisme. Car si nous commencions la guerre avec un plan si radical, nous ferions naître de nouveau une coalition européenne, à laquelle finalement se joindraient nos Éthiopiens, émancipés ou marqués pour l'émancipation. Ils comprennent bien que, sous l'autorité russe, ils ne pourront guère manifester leur propre « physionomie nationale », comme disent les Bulgares. Le résultat final serait, non pas la destruction de l'empire turc, mais, pour nous, une nouvelle dévastation de Sébastopol, et *en grand* (1). Non, quoique nous nous soyons assez souvent engagés dans une mauvaise politique, je me tiens tout de même pour assuré qu'une absurdité telle qu'une nouvelle guerre avec la Turquie, cela nous ne le verrons pas. Et si nous devions en être témoins, alors tout patriote devrait dire de la Russie, avec désespoir : *Quem Deus vult perdere, prius dementat.*

La Dame. — Ce qui signifie ?

L'Homme politique. — Dieu prive d'abord de la raison celui qu'il veut perdre.

La Dame. — Eh bien ! l'histoire ne suit pas les

---

(1) En français. *(N. d. t.)*

plans de votre esprit. Vous êtes, je le suppose, autant pour l'Autriche que pour la Turquie?

L'Homme politique. — Sur ce sujet-là, je ne tiens pas à m'étendre, parce que des hommes beaucoup mieux informés que moi — les chefs du nationalisme bohême — l'ont depuis longtemps déclaré : « Si l'Autriche n'existait pas, il faudrait l'inventer. » Les récentes batailles parlementaires de Vienne illustrent à merveille cet aphorisme. Elles forment une miniature symbolique de ce que produirait dans ces pays la disparition de l'empire des Habsbourg.

La Dame. — Et que direz-vous de l'alliance franco-russe? Il semble que vous vous abstenez toujours d'en parler.

L'Homme politique. — En effet, pour le moment, je n'ai pas l'intention d'entrer dans les détails de cette affaire épineuse. D'une manière générale, je me bornerai à dire ceci : le rapprochement avec une nation progressiste et riche comme la France est, en tout cas, un avantage pour nous. Et puis, cette alliance est certainement une alliance de paix et de précaution; du moins, c'est ainsi qu'elle est comprise dans les hautes sphères où on l'a conclue et où on l'entretient.

M. Z... — L'avantage que la morale et la science doivent recueillir de ce rapprochement est une question compliquée et, pour moi, encore obscure. Mais, au point de vue politique proprement dit, ne vous semble-t-il pas qu'en faisant alliance avec l'un des deux camps ennemis sur le continent européen, nous perdons le bénéfice que nous valait notre situation de troisième juge impartial, ou d'arbitre entre eux; nous cessons d'être au-dessus des partis. En adhérant à l'un des deux partis et, ainsi, en équilibrant leurs forces opposées, est-ce que nous ne créons pas entre eux la possibilité du choc des armes ? Voyez donc : réduite à ses seules forces, la France ne pouvait combattre la triple alliance ; — mais, soutenue par la Russie, elle le peut.

L'Homme politique. — Ce que vous dites serait parfaitement exact si quelqu'un avait envie d'entreprendre la guerre. Mais j'ose vous assurer que personne ne la désire. En tout cas, ce serait bien plus facile pour la Russie de retenir la France dans les voies de la paix que, pour la France, d'entraîner la Russie dans les voies de la guerre, au fond, également indésirable à l'une et à l'autre. Ce qu'il y a de plus tranquillisant, c'est surtout ce fait que les nations d'aujourd'hui non seulement ne veulent plus combattre, mais, chose essentielle, *cessent de savoir* combattre. Comme exemple, prenez, si vous voulez, le dernier conflit : — hispano-américain. Est-ce une guerre ? Non, je vous le demande : est-ce une guerre ? Plutôt une comédie de marionnettes ; le combat de Pierrot Vinaigre avec le commissaire. « Après une bataille ardente et prolongée, l'ennemi a battu en retraite, ayant perdu un homme tué et deux blessés. De notre côté, aucune perte ». Ou bien : « Toute la flotte ennemie, après une résistance désespérée contre notre croiseur *Assez d'argent,* s'est rendue sans conditions. D'un côté ou de l'autre, il n'y a ni tué ni blessé. » Telle fut la physionomie de toute cette guerre. Ce qui me frappe, c'est que tout le monde soit si peu frappé par le nouveau caractère de la guerre, devenue, on peut le dire, non sanglante. Car la transformation s'est accomplie sous nos yeux : tous, nous nous rappelons les bulletins d'autrefois, ceux de 1870 et de 1877.

Le Général. — Prenez patience, avant de vous frapper. Que deux nations militaires en viennent aux mains, et vous verrez les bulletins qu'on publiera de nouveau.

L'Homme politique. — Je ne le crois pas. Y a-t-il si longtemps que l'Espagne était une nation militaire de premier ordre? Grâce à Dieu, le passé ne peut renaître. J'incline à croire que l'ensemble de l'humanité subit la loi du corps humain, où les organes inutiles s'atrophient. Les qualités militaires cessent d'être utiles : alors elles disparaissent. Si tout à coup elles se manifestaient de nouveau, j'en éprouverais autant de surprise que devant des chauves-souris qui auraient des yeux d'aigle, ou devant des hommes dont la queue aurait repoussé.

La Dame. — Mais comment se fait-il que tout à l'heure vous disiez tant de bien des soldats turcs?

L'Homme politique. — Je leur ai reconnu le mérite d'être les gardiens de l'ordre à l'intérieur de l'État. Dans ce sens, la force militaire, ou, comme on dit, la « main armée », *manus militaris*, sera longtemps encore nécessaire à l'humanité. Mais cela n'empêche pas que le militarisme, c'est-à-dire l'inclination et l'aptitude aux guerres internationales, en un mot, si vous voulez, le national *esprit querelleur,* ne doivent entièrement disparaître et en effet ne disparaissent à nos yeux, dégénérant en cette forme, non sanglante, mais toutefois non inoffensive, que prennent les bousculades parlementaires. La pente à de telles manifestations existera vraisemblablement aussi longtemps qu'il y aura des partis et des opinions hostiles. Pour refréner cet antagonisme, l'État continuera d'avoir besoin de la *manus militaris,* alors que les guerres extérieures — entre les nations ou entre les États — ne seront plus que de vieux souvenirs historiques.

Le Général. — Autrement dit, vous assimilez la police au petit os du coccyx, qui subsiste chez l'homme après la disparition de cette queue dont les vieilles sorcières de Kiev sont seules à rappeler le souvenir. C'est spirituel, mais n'êtes-vous pas trop pressé de comparer notre soldat à la queue qui a disparu? En voyant telle ou telle nation se gâter et se déchirer lamentablement, vous concluez que, dans le monde entier, l'esprit militaire est au déclin. Si, par des « mesures » et des « systèmes » quelconques, on pouvait transformer le soldat russe en *kissel* (1), que Dieu nous en préserve.

La Dame *(à l'Homme politique).* — Tout de même, vous n'avez pas expliqué comment, sans recourir à la guerre, on pourra régler les questions historiques, entre autres la question d'Orient. Si piètres que soient les races chrétiennes orientales, les regarderons-nous les bras croisés lorsqu'elles montrent leur désir de posséder l'indépendance? et aussi lorsque, pour ce motif, elles sont massacrées par les Turcs? Admettons que vous ayez raison de critiquer, ainsi que vous le

---

(1) *Kissel,* espèce de gelée aigrelette. *(N. d. t.)*

faites, les guerres d'autrefois; moi, je demande, comme le Prince, mais avec une autre intention : quelle devra être notre attitude, si, dans une région quelconque, les massacres se renouvellent?

L'Homme politique. — Avant qu'ils aient recommencé, nous avons pour devoir actuel et urgent de devenir raisonnables, et d'adopter une bonne politique, fût-elle allemande, à la place de la mauvaise politique que nous avons pratiquée. Ayons soin de ne pas irriter les Turcs en parlant d'arborer des croix sur des mosquées; abstenons-nous de crier comme des gens ivres; mais, tout doucement et amicalement, civilisons la Turquie pour un profit réciproque, le nôtre et le sien. De nous dépend directement le soin de faire vite comprendre aux Turcs que massacrer la population de leur pays c'est, non seulement une action mauvaise, mais, chose capitale, une action qui n'est d'aucune nécessité et qui ne sert absolument à rien.

M. Z... — Mais dans des éclaircissements de ce genre, liés à des concessions de chemins de fer et à toute espèce d'entreprises commerciales et industrielles, les Allemands, bien sûr, nous devanceront (1); et il n'y a pas à espérer que, là-bas, nous puissions rivaliser avec eux.

L'Homme politique. — Mais pour quel motif devrions-nous rivaliser? Si, à ma place, quelque autre personne

(1) Ces mots, écrits par moi en octobre 1899, se sont trouvés, un mois plus tard, justifiés par la convention germano-turque relative aux affaires de l'Asie Mineure et du chemin de fer de Bagdad. (*Note de l'auteur.*)

accomplit quelque travail difficile, je n'ai qu'à me réjouir et à remercier. Si, par contre, je me fâche, en demandant pourquoi c'est un autre et non pas moi, alors, je ne me conduis pas en homme comme il faut. De même, ce ne serait pas digne d'une nation telle que la Russie de se faire, selon le proverbe, le chien de garde qui ne mange pas de choux et ne laisse personne en manger. Quand d'autres, par leurs propres moyens, accomplissent une bonne action mieux et plus vite que nous, c'est tant mieux pour nous. Je vous demande quel a été le but des guerres que nous avons soutenues contre la Turquie, sinon de protéger les droits humains des chrétiens turcs? Alors, qu'avons-nous à réclamer, si les Allemands atteignent le même but, d'une manière plus sûre, au moyen de procédés pacifiques, bref, en faisant l'*éducation* de la Turquie? Considérez que, si, en 1895, ils avaient été installés solidement dans la Turquie d'Asie comme les Anglais l'étaient en Égypte, alors, certainement, on n'aurait pas eu à parler de massacres d'Arméniens.

La Dame. — Ainsi, selon vous, il est nécessaire d'en finir avec la Turquie; toutefois, vous voulez qu'elle soit mangée par les Allemands.

L'Homme politique. — Mais puisque je reconnais que la politique allemande est sage, je sais bien qu'elle n'a pas de goût pour des choses si indigestes. Son rôle serait plus délicat : introduire la Turquie au milieu des nations cultivées. Elle aiderait les Turcs à se civiliser et à devenir capables de gouverner, selon la justice et l'humanité, ces peuples qui, à cause de leur animosité sauvage et réciproque, ne savent pas administrer en paix leurs affaires.

La Dame. — Vraiment, vous nous contez de singulières histoires ! Livrer pour l'éternité un peuple chrétien à l'administration turque — est-ce que cela est possible ? Les Turcs me plaisent sous beaucoup de points de vue ; mais, cependant, ils sont barbares ; et chez eux le dernier mot appartiendra toujours à la force. La civilisation européenne ne fera que les gâter.

L'Homme politique. — On aurait pu dire la même chose de la Russie au temps de Pierre le Grand, et même beaucoup plus tard encore. Nous nous rappelons les « atrocités turques », mais y a-t-il longtemps que la Russie et d'autres contrées n'ont plus leurs « atrocités turques » ? Eh bien ! et chez nous, les gens qui gémissaient sous le joug des mauvais propriétaires fonciers ? — qui étaient-ils ? des chrétiens ou des païens ? Et ces soldats qui gémissaient sous le joug des verges ? Toutefois, la seule juste réponse aux gémissements des chrétiens russes a été l'abolition du servage et des verges, et non point la destruction de l'empire russe. Alors, pourquoi donc, aux gémissements des Bulgares et des Arméniens, devrait-on, de toute nécessité, satisfaire par la destruction de cet État où retentissent des plaintes qui pourraient n'y pas retentir ?

La Dame. — Ce n'est pas du tout une seule et même chose de voir se produire des scandales à l'intérieur d'un État chrétien qui peut facilement être réformé, et de voir un peuple chrétien opprimé par des non-chrétiens.

L'Homme politique. — L'impossibilité de régénérer

la Turquie n'est qu'un haineux préjugé que déjà, sous nos yeux, les Allemands ont commencé à démentir; de même qu'autrefois ils ont contribué à dissiper le préjugé qui accusait le peuple russe d'une sauvagerie innée. Quant à ce qui concerne vos « chrétiens » et vos « non-chrétiens », *la question manque d'intérêt* (1) pour les *victimes* de férocités quelconques. Si quelqu'un se mettait à me déchirer la peau, je n'aurais pas l'idée de lui demander : « De quelle religion êtes-vous? cher monsieur. » En pareil cas, je n'éprouverais aucune consolation à savoir que je suis déchiré par des gens qui me seraient non seulement très désagréables, mais qui, en outre, sont d'horribles chrétiens détestés de leur propre Dieu dont ils raillent les prescriptions. D'une manière objective, il est évident, n'est-ce pas, que le « christianisme » d'Ivan IV, ou de Saltitchika, ou d'Araktchev n'est pas un privilège, mais seulement un abime d'immoralité comme il n'y en a pas dans les autres religions. Hier, le Général vous racontait les crimes des sauvages Kurdes et, entre autres choses, mentionnait le culte qu'ils rendent au démon. En effet, c'est très mal de griller à petit feu des enfants ou des adultes; et, sans hésiter, je qualifie de diaboliques de pareilles actions. Cependant, on sait qu'Ivan IV aimait surtout griller les gens à petit feu et qu'avec son propre bâton il entassait lui-même la braise. Pourtant, il n'était ni sauvage ni démoniaque; c'était un homme d'un esprit subtil et étendu par rapport à la culture de son temps, d'ailleurs théolo-

---

(1) En français. *(N. d. t.)*

gien, ferme sur les principes de l'orthodoxie. Pour ne pas aller si loin dans l'histoire, est-ce qu'un certain Bulgare Stamboulov et le Serbe Milan sont des Turcs — et non pas des représentants de ce qu'on appelle les nations chrétiennes? Si votre christianisme n'est que cela, ce n'est qu'un simple aboiement de chiens, sans garantie pour aucun intérêt.

La Dame. — On croirait que c'est le Prince qui juge ainsi.

L'Homme politique. — Quand il s'agit d'une vérité évidente, je suis prêt à faire chorus non seulement avec notre très honorable Prince, mais aussi avec l'ânesse de Balaam.

M. Z... — Cependant, Excellence, ce n'est pas pour traiter du christianisme ou des animaux bibliques que vous avez bien voulu occuper le rôle principal dans notre entretien d'aujourd'hui. Mes oreilles résonnent encore du *cri du cœur* que vous avez poussé hier : « Seulement, un peu moins de religion, pour l'amour de Dieu, un peu moins de religion! » Je suppose qu'il ne vous déplairait pas de revenir au sujet de notre entretien et de me tirer d'incertitude sur le point suivant. Si, comme justement vous avez bien voulu le remarquer, nous ne devons pas détruire l'empire turc, mais le « civiliser »; et si, d'un autre côté, comme vous l'avez de même résolument admis, les Allemands s'occuperont — et déjà s'occupent — beaucoup mieux que nous du progrès moral de la Turquie, alors, en quoi, à proprement parler, consiste, selon vous, le spécial problème de la politique russe dans la question d'Orient?

L'Homme politique. — En quoi? Il me semble évident qu'il ne consistera en rien de particulier. Selon vous, ce problème spécial ce devrait être la Russie qui le poserait et qui le résoudrait séparément, et à l'encontre des aspirations de tous les autres peuples européens. Moi, je vous dis, à proprement parler, qu'une telle politique spéciale ne s'est jamais vue. Il y a eu chez nous quelques déviations de cette espèce, par exemple en 1850 et en 1870. Mais ces tristes déviations, la *mauvaise* politique dont j'ai parlé, ont amené avec elles leurs représailles, sous la forme d'insuccès plus ou moins gros. D'une façon générale, dans la question d'Orient on ne peut jamais distinguer une politique russe personnelle ou isolée. Son problème, depuis le seizième siècle et, s'il vous plaît, jusqu'à la fin du dix-huitième, a consisté, de concert avec la Pologne et avec l'Autriche, à protéger le monde civilisé contre le péril, alors menaçant, d'une invasion turque. Puisque, dans cette œuvre de protection, il fallut (quoique sans alliances formelles) une action commune avec les Polonais, avec les Autrichiens et avec la République de Venise, alors évidemment, c'était une politique commune, et non une politique particulière. Eh bien ! au dix-neuvième siècle et d'autant plus au vingtième, qui arrive, elle conserve son ancien caractère commun, bien que, par nécessité absolue, le but et les moyens aient changé. Maintenant l'œuvre qui s'impose c'est, non pas de protéger l'Europe contre la barbarie turque, mais d'européaniser les Turcs eux-mêmes. Pour l'ancien programme, il fallait employer la force militaire; et maintenant l'heure est aux procédés pacifiques. Mais dans le premier cas, comme dans le second, le problème est commun à tout le monde. Après avoir pratiqué la solidarité dans la protection militaire, les nations européennes demeurent solidaires pour travailler à l'œuvre civilisatrice.

Le Général. — Cependant, l'ancienne solidarité militaire de l'Europe n'a pas empêché Richelieu et Louis XIV de conclure une alliance avec les Turcs contre les Habsbourgs.

L'Homme politique. — C'était la mauvaise politique des Bourbons, combinée avec leurs absurdités à l'intérieur. L'histoire a prononcé la condamnation nécessaire.

La Dame. — Vous appelez cela l'histoire? Il me semble qu'auparavant on disait le *régicide* (1).

M. Z... — Précisément, nous rencontrons une abominable histoire.

L'Homme politique *(à la Dame)*. — Ce n'est pas simplement une maxime, mais c'est un fait qu'aucune faute politique ne reste impunie. Libre à ceux qui aiment la mystique de la reconnaître ici. Moi je m'en abstiens. A mon âge et dans ma situation, la mystique, il me semble, produirait sur moi l'effet du champagne que j'absorbais chaque jour quand j'étais jeune. Maintenant, je suis au régime du lait caillé. Le champagne me rendrait malade; et si je m'obstinais dans la méthode de *l'ancien régime* (2), j'en mourrais, comme les Bourbons.

(1) En français. *(N. d. t.)*
(2) *Id.* (*Id.*)

La Dame. — Avouez cependant qu'*à la longue* (1) votre politique de lait caillé devient ennuyeuse.

L'Homme politique *(froissé)*. — Si je n'étais pas interrompu, j'aurais depuis longtemps épuisé le sujet et cédé la parole à un interlocuteur plus intéressant.

La Dame. — Voyons, ne vous offensez pas. Je plaisantais. Je trouve, au contraire, que vous avez beaucoup d'esprit... pour votre âge et pour votre situation.

L'Homme politique. — Je disais donc que, maintenant, nous sommes solidaires du reste de l'Europe en ce qui concerne la régénération morale de la Turquie; et que chez nous il n'y a pas et il ne peut y avoir à cet égard aucune politique particulière.

Malheureusement, je dois aussi faire une autre constatation. Par suite de notre esprit relativement arriéré au point de vue civil, industriel et commercial, la participation de la Russie à cette œuvre commune de civilisation de l'empire turc ne peut pas, actuellement, être très considérable. Le rôle de premier rang qui appartenait à notre patrie comme puissance militaire ne peut plus aujourd'hui être le nôtre. On ne le possède pas gratuitement; il faut l'avoir mérité. Notre importance militaire, nous l'avions acquise, non par de présomptueuses paroles, mais par des expéditions et des batailles réelles. Ainsi, notre importance civilisatrice, nous devons la gagner par des travaux et des succès réels dans le domaine de la paix. Si les Turcs ont cédé à nos victoires militaires, alors, sur le terrain de la civilisation pacifique, ils céderont, certaine-

---

(1) En français. *(N. d. t.)*

ment, à ceux qui, là encore, leur seront supérieurs. Qu'avons-nous donc à faire? Aujourd'hui, on rencontrerait très difficilement, n'importe où, une dose d'imbécillité comme celle qui nous a conduits à opposer à la réelle prédominance des Allemands, prédominance acquise par leurs travaux, une croix imaginaire placée sur Sainte-Sophie.

Le Général. — Voilà la question, en effet : il faudrait que cette croix ne fût pas imaginaire.

L'Homme politique. — Qui donc la matérialisera? Trouvez un médium. En attendant, notre amour-propre national n'a qu'une ressource — selon la mesure raisonnable où ce sentiment est généralement admis — c'est de redoubler d'efforts pour, le plus vite possible, égaler les autres nations dans les choses où nous sommes en retard, et compenser le temps et les forces perdus à multiplier des comités slaves et autres bagatelles nuisibles. D'ailleurs, si, à l'heure présente, nous sommes faibles en Turquie, nous pouvons quand même jouer un rôle civilisateur de première importance en Asie centrale et dans l'Extrême-Orient. Selon les apparences, c'est là que l'histoire universelle transporte aujourd'hui son centre de gravité. Là, par sa situation géographique et encore pour d'autres raisons, la Russie peut faire plus que toutes les nations, excepté, naturellement, l'Angleterre. Donc, à cet égard, le succès de notre politique exige une durable et sincère entente avec les Anglais, afin que le concours civilisateur que nous leur donnerons ne dégénère jamais en animosité absurde et en indigne rivalité.

M. Z... — Par malheur, toujours, entre les individus et entre les peuples, ce changement se produit d'une manière pour ainsi dire fatale.

L'Homme politique. — Oui, c'est vrai. D'un autre côté, toutefois, ni dans la vie des individus ni dans la vie des peuples, je n'ai rencontré un seul cas où l'hostilité et la jalousie entre collaborateurs d'une entreprise commune aient rendu l'un ou l'autre plus puissant, plus riche ou plus heureux. Cette expérience universelle, qui ne comporte aucune exception, compte aux yeux des gens intelligents; et je pense qu'elle profitera enfin à un peuple intelligent comme le peuple russe. Nous opposer aux Anglais dans l'Extrême-Orient ce serait le comble de la folie; sans parler de l'inconvenance qu'il y a à soulever des querelles de famille devant des étrangers. Mais peut-être pensez-vous que nous sommes plus apparentés aux jaunes Chinois qu'aux compatriotes de Shakespeare et de Byron?

M. Z... — Eh! c'est une question épineuse.

L'Homme politique. — Alors, négligeons-la, pour le moment. Mais tournez votre attention du côté que voici. En observant les choses d'après mon point de vue, vous reconnaîtrez qu'à notre époque la politique de la Russie doit avoir seulement deux objectifs : d'abord, maintenir la paix, la paix européenne, puisque, au degré actuel du développement historique, toute guerre européenne serait une guerre civile absurde et criminelle; — ensuite, entreprendre l'éducation des peuples barbares qui se trouvent dans la sphère de notre influence. Ces deux visées, outre leur valeur intrinsèque, doivent encore être appréciées pour l'étonnant et mutuel appui qu'elles se donnent, chacune posant les conditions d'existence de l'autre. En travaillant consciencieusement au progrès moral des États barbares, œuvre où toute l'Europe est intéressée, nous resserrons les liens de la solidarité entre nous et les autres nations européennes. C'est évident. Non moins évidente la conclusion que voici : à son tour, l'affermissement de cette concorde européenne fortifie notre action sur les peuples barbares, en leur enlevant l'idée même de la possibilité de la résistance. Vous pensez bien que, si le Jaune savait que l'Europe se tient derrière la Russie, nous ne rencontrerions jamais plus en Asie aucune opposition, n'est-ce pas ? En outre, si, au contraire, le Jaune s'apercevait que, loin de soutenir la Russie, l'Europe la contrecarre, il aurait l'idée d'attaquer notre frontière par les armes. Alors, nous devrions nous défendre sur deux fronts, dont l'étendue mesurerait dix mille verstes. Je ne crois pas à l'épouvantail d'une invasion mongole, parce que je n'admets pas la possibilité d'une guerre européenne ; mais, si cette guerre survenait, il faudrait craindre les Mongols.

Le Général. — C'est entendu ; vous jugez invraisemblables la guerre européenne et l'invasion mongole ; mais je ne crois pas du tout à votre « solidarité des nations européennes » ni à une ère prochaine de paix universelle. Pareille chose n'est pas naturelle, ni vraisemblable. On a raison, le jour de Noël, de chanter dans les églises : « La paix sur la terre, la bienveillance parmi les hommes » ; mais cela veut dire que la terre sera en paix seulement quand la bienveillance régnera parmi les hommes. Eh bien! où est-elle, la bienveillance? L'avez-vous rencontrée? Pour dire vrai, il n'y a qu'une nation européenne envers laquelle vous et moi nous nous sentions une bonne volonté sincère et réelle : la principauté de Monaco. Avec elle, chez nous, la paix est inviolable. Mais que, du fond de l'âme, nous considérions les Anglais et les Allemands comme nos frères et que leur avantage nous paraisse être notre avantage et leur satisfaction notre satisfaction, cette « solidarité », comme vous dites, avec les nations européennes ne se réalisera jamais chez nous, certainement.

L'Homme politique. — Comment! elle ne sera pas? Mais elle existe déjà et elle a marqué sa place dans la nature des choses! Nous vivons en solidarité avec les Européens pour cette simple raison que nous-mêmes sommes Européens. Depuis le dix-huitième siècle, *c'est un fait accompli* (1). Ni la sauvagerie des masses populaires russes, ni les tristes chimères des slavophiles n'y changeront rien.

Le Général. — Ainsi donc, les Européens sont solidaires entre eux; les Français avec les Allemands, par exemple; les Anglais avec ceux-ci et avec ceux-là? Cependant le bruit court que même les Suédois auraient perdu leur solidarité avec les Norvégiens!

L'Homme politique. — Bel argument, en vérité! Par malheur, il s'appuie tout entier sur une base détériorée : l'oubli de la réalité historique. Dites-moi, je vous prie, si, du temps d'Ivan III ou d'Ivan IV,

---

(1) En français. *(N. d. t.)*

Moscou était solidaire de Novgorod? Nierez-vous cependant qu'aujourd'hui la solidarité existe entre les gouvernements de Moscou et de Novgorod, dans la communauté des intérêts publics?

Le Général. — Non; je dis seulement ceci : avant de vous déclarer Européens, attendez le moment historique où les nations européennes seront assemblées d'une manière aussi forte que le sont nos provinces dans l'empire russe. Nous n'allons sans doute pas nous déchirer entre nous pour nous rendre solidaires des Européens, qui sont déjà à couteaux tirés.

L'Homme politique. — Bon! déjà à couteaux tirés! Soyez tranquille. Vous n'aurez pas à vous déchirer entre la Suède et la Norvège, ni même entre l'Allemagne et la France, parce qu'elles n'iront pas jusqu'à se déchirer entre elles. Dès maintenant, c'est certain. Chez nous, beaucoup de gens prennent pour la France un groupe insignifiant d'aventuriers bons à être enfermés dans une prison où ils pourront manifester leur nationalisme et prêcher la guerre contre l'Allemagne.

La Dame. — Ce serait une très bonne affaire si l'on pouvait resserrer dans une prison toute l'animosité nationaliste. Mais je crois que vous vous trompez.

L'Homme politique. — Naturellement, j'ai dit cela *cum grano salis*. L'Europe, dans sa superficie visible, n'est pas encore assemblée au point de former un tout; c'est incontestable. Mais je maintiens l'analogie que j'ai empruntée à l'histoire. Chez nous, par exemple, le séparatisme des provinces existait encore au seizième siècle, mais alors il agonisait; et l'unité de l'État avait depuis longtemps cessé d'être un rêve, ayant pris déjà des formes réelles et déterminées. C'est ce qui se produit maintenant pour l'Europe, quoique — surtout parmi les masses ignorantes et les politiciens peu instruits — l'antagonisme national existe encore, incapable d'ailleurs de passer à n'importe quelle action importante. Il n'est pas de force à provoquer la guerre-européenne, non! Au sujet de la bienveillance, dont vous avez parlé, Général, je dois avouer que je ne la rencontre guère, non seulement dans les rapports entre nations, mais non plus au milieu de chaque nation, ni même au sein des familles isolées. Là où elle apparaît, elle se dément dès qu'il y a un os à ronger. Que faut-il en conclure? Ce n'est pas une raison pour justifier la guerre civile ou le fratricide. Ainsi, sous le rapport international. Peu importe que les Français et les Allemands n'aient pas de bienveillance les uns envers les autres, pourvu qu'ils n'en viennent pas aux coups. D'ailleurs, je suis sûr que cela n'arrivera pas.

M. Z... — On doit en effet y compter. Mais si nous considérons que l'Europe forme un tout, il ne s'ensuit pas que nous soyons des Européens. Vous le savez, une opinion existe chez nous, assez développée depuis une vingtaine d'années, et d'après laquelle l'Europe, c'est-à-dire l'ensemble des peuples germano-romans, est un type constitué par la culture historique, et solidaire en soi, mais nous n'en ferions point partie et nous aurions notre type particulier, gréco-slave.

L'Homme politique. — J'ai entendu parler de cette variété de slavophilisme. Il m'est même arrivé de m'entretenir avec des personnes qui la représentent. Je vais vous dire ce que j'ai remarqué; et cela, selon moi, tranche la question. En somme, tous ces messieurs qui bavardent contre l'Europe et contre notre européanisme ne peuvent absolument pas conserver le point de vue de notre indépendance gréco-slave. Tout de suite, ils se laissent entraîner dans la profession et dans la prédication de quelque confucianisme, bouddhisme, tibétisme, et de tout autre asiatisme indo-mongolique. Leur éloignement pour l'Europe est proportionnel à l'attraction que l'Asie exerce sur eux. De quoi s'agit-il, en réalité? Admettons qu'ils aient raison au sujet de l'européanisme. Admettons que celui-ci soit une erreur extrême. Mais comment se fait-il qu'ils tombent, eux, fatalement, en sens opposé, dans l'autre extrême, c'est-à-dire dans l'asiatisme? Ah? Où donc s'est évaporé leur milieu gréco-slave orthodoxe? Je vous le demande : où s'est-il évaporé? Ah? Il passait pour contenir en lui la chose essentielle. Ah? Mettez le naturel à la porte : il rentre par la fenêtre. Le naturel, dans le cas présent, c'est qu'il n'y a pas du tout de type indépendant historique représentant la culture gréco-slave; mais qu'il y a eu, qu'il y a et qu'il y aura la Russie comme grande frontière de l'Europe, du côté de l'Asie. Étant pays frontière, notre patrie, naturellement, ressent, beaucoup plus que les autres contrées européennes, l'influence de l'élément asiatique. Voilà en quoi consiste notre prétendue indépendance. Même Byzance n'avait pas une nature spéciale; son originalité lui venait d'un mélange avec l'Asie. Voilà pourquoi, chez nous, dès l'origine, mais surtout depuis le temps de Baty (1), l'élément asiatique a pénétré notre nature, est devenu une seconde âme; si bien que l'Allemagne pourrait dire de nous, en soupirant :

> *Zwei Seelen wohnen, ach! in* ihrer *Brust*
> *Die eine will sich von der andern trennen.*

Nous ne pouvons pas du tout nous séparer de cette seconde âme, et nous ne le devrions pas — car nous lui avons quelque obligation. Mais pour qu'une telle dualité ne produise pas en nous le déchirement dont le Général a parlé, il faut décidément qu'une seule âme soit victorieuse et prédomine; bien entendu l'âme la meilleure, la plus forte intellectuellement, la plus propre au plus grand progrès, la plus riche en intimes puissances. C'est ce que l'on vit sous le règne de Pierre le Grand. Notre parenté intellectuelle et morale avec l'Asie était assujettie, mais elle demeurait indestructible. Quelques esprits s'attachèrent à d'absurdes rêveries en vue de résoudre de nouveau la question historique qui avait été résolue sans retour. De là naquit le slavophilisme, théorie d'un type historique cultivé, indépendant, et tout le reste. En réalité, nous sommes *d'irréductibles Européens,* mais nous avons au fond de l'âme un sédiment asiatique. Même, selon moi, c'est, pour ainsi dire, une certitude grammaticale. D'après la grammaire, le mot *russe* est un adjectif. Eh bien! à quel substantif se rapporte cet adjectif?

La Dame. — Au substantif *homme,* je pense; un homme russe, des hommes russes.

---

(1) Chef militaire tartare. (*N. d. t.*)

L'Homme politique. — Non, cela est trop large et indéterminé. Ainsi, les Papous et les Esquimaux sont des hommes; et pourtant je refuse de considérer comme propre à ma qualité d'homme ce que j'ai de commun avec les Papous et les Esquimaux.

La Dame. — Néanmoins, il y a des choses très importantes qui sont communes à tous les gens : par exemple, l'amour.

L'Homme politique. — C'est encore plus large. Comment pourrais-je reconnaître l'amour pour mon essence spécifique puisque je sais qu'il est naturel aussi aux autres animaux et même à toute créature?

M. Z... — En effet, l'affaire est compliquée. Je suis un homme doux; ainsi, en amour, je me sens bien plus solidaire de n'importe quels pigeons blancs ou bleus que du noir Maure Othello, quoique lui aussi soit appelé un homme.

Le Général. — A un certain âge, tout homme raisonnable est en solidarité avec les pigeons blancs (1).

La Dame. — Qu'est-ce que c'est encore que cela?

Le Général. — Un calembour, non pour vous, mais pour nous et pour Son Excellence.

L'Homme politique. — Laissons cela, je vous en prie, laissons. *Trêve de plaisanteries* (2). Nous ne sommes pas sur la scène du théâtre Michel. Je voulais dire que le vrai substantif auquel s'applique l'adjectif *russe*, c'est le mot *européen*. Nous sommes des *Russes européens,* comme sont Européens les Anglais, les

---

(1) Nom d'une secte russe. (*Note de l'auteur.*)
(2) En français. (*N. d. t.*)

Français, les Allemands. Si je me sens Européen, n'est-ce pas absurde de ma part de vouloir démontrer que je suis une espèce de Slavo-Russe ou de Gréco-Slave? Je sais incontestablement que je suis Européen et, de même, que je suis Russe. Je puis, j'avouerai même que je dois, avoir de la compassion et des ménagements envers tous les hommes et aussi envers tous les animaux. Béni est l'homme qui a pitié des bêtes. Cependant je ne puis me reconnaître aucune solidarité, — aucune parenté — avec des Zoulous ou avec des Chinois, mais seulement avec des nations et des individus qui ont créé et protégé toutes ces richesses de la civilisation supérieure, nourriture de mon esprit et source de mes meilleures jouissances. Avant tout, il fallait former et fortifier ces nations choisies et les mettre en état de résister aux éléments d'ordre inférieur. Donc la guerre était nécessaire. Donc la guerre était une chose sainte. Maintenant, les nations élues sont formées et consolidées; elles n'ont plus rien à craindre, excepté les discordes intestines. Partout, maintenant, s'annonce l'ère de la paix et du pacifique développement de la civilisation européenne. Tous les peuples doivent devenir européens. L'idée d'Européen doit coïncider avec l'idée d'homme; et l'idée de monde européen civilisé avec l'idée d'humanité. Tel est le sens de l'histoire. D'abord, les Européens furent seulement représentés par les Grecs; puis, par les Romains; ensuite apparurent tous les autres, en premier lieu ceux de l'Occident, puis, en Orient, les Européens russes; là-bas, derrière l'Océan, les Européens d'Amérique; maintenant, c'est le tour des Turcs, des Persans, des Indiens, des Japonais, même, peut-être, des Chinois. L'Européen, c'est une idée dont le contenu est défini et dont les dimensions vont s'élargissant. En outre, regardez quelle diversité : chaque homme est tel homme et en même temps un autre homme. Si donc nous reconnaissions pour notre essence cette idée abstraite, nous devrions arriver à l'uniformité égalitaire et ne pas mettre la nation de Newton et de Shakespeare au-dessus des Papous quelconques. Mais cela serait on ne peut plus absurde et pratiquement funeste. Au contraire, si mon essence n'est pas l'homme en général, c'est-à-dire une forme vide munie de deux jambes, mais l'homme en tant que porteur de culture, l'Européen, alors il n'y a plus lieu de parler de l'absurde égalité. L'idée d'européen, ou, ce qui est la même chose, l'idée de culture contient en elle une ferme mesure pour déterminer la dignité comparée ou la valeur des diverses races, nations, individualités. Une saine politique doit absolument faire entrer en ligne de compte ces diversités d'appréciation. Si nous placions sur le même rang l'Autriche, comparativement cultivée, et les Herzégoviniens, demi-barbares, nous serions tout de suite engagés dans les absurdes et dangereuses aventures pour lesquelles soupirent les derniers Mohicans de notre slavophilisme. *Il y a Européen et Européen* (1). Même après qu'aura sonné l'heure désirée, et, je l'espère, prochaine, où le monde civilisé se confondra réellement en étendue avec toute la population du globe terrestre et lorsque, ainsi, sera

---

(1) **En français.** *(N. d. t.)*

constituée une humanité unifiée et pacifique, là subsisteront les gradations naturelles consacrées par l'histoire et les nuances de culture qui doivent régler nos diverses relations avec des peuples divers. Et dans le triomphal et universel empire de la haute culture ce sera, pour toutes choses, comme dans le royaume des cieux : il y aura une gloire propre au soleil, une autre gloire propre à la lune, une autre gloire propre aux étoiles, car en gloire l'étoile diffère de l'étoile. N'est-ce pas ainsi, il me semble, dans le catéchisme? Eh bien ! maintenant que le but, quoique prochain, n'est pas atteint encore, nous devons d'autant plus nous prémunir contre les erreurs d'un égalitarisme uniforme. A présent, les journaux se mettent à parler d'une contestation entre Anglais et Transvaaliens ; il paraît même que ces Africains menacent de la guerre les Anglais (1). Déjà, je vois des journalistes et des politiciens divers, et peut-être va-t-on les voir dans tout le continent, prendre parti contre les Anglais et défendre à outrance ces misérables Africanders opprimés. Ce serait absolument la même chose que si le très honorable et bien méritant, très instruit et très connu Théodore Théodorovitch Martens (2) entrant pour ses affaires dans une boutique voisine avait été tout à coup malmené par un grossier et jeune commis, qui lui aurait dit : « La boutique nous appartient; tu n'as rien à y faire; va-t'en, sinon je t'étrangle ou je t'égorge », et s'était mis à lui serrer le cou. Certainement, on pourrait regretter que

---

(1) L'entretien avait lieu en avril (1898). *(Note de l'auteur.)*
(2) Le jurisconsulte russe Martens, mort depuis, faisait partie de la Conférence internationale de la Haye.

l'honorable Théodore Théodorovitch eût subi une aventure si absurde, mais, la chose étant arrivée, j'aurais seulement éprouvé de la satisfaction morale au cas où mon honorable ami, ayant administré une bonne quantité de horions au jeune querelleur délinquant, l'avait, par l'intermédiaire de la police, fait enfermer dans une maison de correction. Mais, au lieu de cela, certains messieurs décemment habillés s'avisent d'encourager et d'exciter le garçon : « C'est un brave ! Lui, si jeune, il a eu le courage d'attaquer ce grand monsieur. Rosse-le, mon cher ; nous ne te trahirons pas. » Quelle vilenie !

La Dame. — D'abord, pas d'injures ; et puis, expliquez-moi ce que c'est que ce Transvaal. Quelle espèce de gens habitent là ?

M. Z... — Là habite un mélange d'Européens et de nègres. Ils ne sont ni blancs ni noirs, mais *fauves* (1).

La Dame. — Un nouveau calembour, je suppose.

L'Homme politique. — Et pas des meilleurs.

M. Z... — Tels Boers, tels calembours. D'ailleurs, si cette couleur ne vous plaît pas, il y a là encore la république d'*Orange*.

L'Homme politique. — Pour parler sérieusement, ces Boers, somme toute, sont des Européens, mais de piètre catégorie. Éloignés de leur glorieuse métropole, ils ont, à un notable degré, perdu leur civilisation. Au milieu des sauvages, ils se sont eux-mêmes ensauvagés et endurcis. Les placer sur le même rang que les Anglais et aller jusqu'à leur souhaiter de l'emporter

---

(1) *Bouroui*, brun ou fauve. *(N. d. t.)*

dans une lutte contre l'Angleterre, *cela n'a pas de nom !* (1).

La Dame. — Mais vos Européens sympathisaient avec les montagnards du Caucase, quand ceux-ci combattaient pour leur indépendance. Tout de même, la Russie est bien plus civilisée que les Circassiens.

L'Homme politique. — Pour ne pas m'étendre sur les motifs de la sympathie de l'Europe envers les barbares du Caucase, je dirai seulement ceci : nous devons nous assimiler le général esprit européen et non les occasionnelles sottises de tels ou tels Européens. Assurément, de toute mon âme, je regrette que, pour dompter ces barbares qui s'en sont fait accroire, l'Angleterre se trouve, ainsi qu'on le voit, dans la nécessité d'employer un moyen réprouvé par la raison historique et suranné, comme la guerre. Est-elle vraiment inévitable, à cause de la sauvagerie de ces Zoulous, — je voulais dire les Boers, — sauvagerie encouragée par l'aveugle jalousie du continent vis-à-vis des Anglais ? Alors, naturellement, je souhaite beaucoup que cette guerre soit vite terminée et aboutisse à l'entière défaite de ces insolents Africains, de manière que, désormais, il ne soit plus question de leur indépendance. Leur succès (possible par suite de l'éloignement de cette contrée) serait le triomphe de la barbarie sur la civilisation ; et pour moi, Russe, c'est-à-dire Européen, un jour de grand deuil national.

M. Z... *(à voix basse, en se tournant vers le Général).* — Les personnages constitués en dignité parlent bien ;

---

(1) En français. *(N. d. t.)*

tout à fait comme le Français qui disait : *Ce sabre d'honneur est le plus beau jour de ma vie* (1).

La Dame *(à l'Homme politique).* — Je ne suis pas de votre avis. Pourquoi ne pas avoir de la sympathie pour ces Boers? Nous en avons bien pour Guillaume Tell.

L'Homme politique. — Ah! s'ils s'étaient créé leur légende poétique; s'ils avaient inspiré des artistes comme Schiller et Rossini; s'ils avaient produit parmi eux un équivalent de Jean-Jacques Rousseau ou d'autres écrivains et des savants, — alors je parlerais d'eux d'une manière différente.

La Dame. — Mais tout cela n'est venu qu'ensuite. A l'origine, les Suisses n'étaient que des pâtres... Et puis, les Américains, lorsque, pour conquérir leur indépendance, ils s'insurgèrent contre les Anglais, est-ce qu'ils s'étaient distingués par le moindre esprit de civilisation? Non. Ils étaient, non pas des Boers, mais des Peaux-Rouges; et ils pratiquaient le scalp, comme le raconte Mayne-Reid. Pourtant, Lafayette leur a témoigné sa sympathie. Il a eu raison, puisque maintenant les Américains ont rassemblé toutes les religions à Chicago et en ont fait une Exposition; ce que personne n'avait encore jamais vu. A Paris, on voulait faire la même chose pour toutes les religions à propos de l'Exposition future; mais il n'en a rien été. Là, un certain abbé Charbonnel s'occupait beaucoup de cette entreprise. Il m'en a écrit plusieurs fois. Un homme sympathique. Mais les différentes confessions ont refusé leur concours. Même le grand rabbin a fait cette dé-

(1) **En français.** (*N. d. t.*)

claration : « Pour la religion, nous avons la Bible, et l'Exposition n'a rien à y voir. » Le pauvre Charbonnel en a été désespéré au point de renier le Christ; il a écrit aux journaux pour faire savoir qu'il se retirait de l'Église; et aussi qu'il estimait beaucoup Renan. D'après ce qu'on m'a dit, la fin de son histoire n'a pas été brillante. Il aurait pris femme ou se serait mis à boire. Notre Nepluyev s'est, lui aussi, agité à propos de la même affaire; mais il a fini par se désenchanter de toute religion. Cet idéaliste m'a écrit que, maintenant, toute sa foi se résume dans l'humanité. Mais comment faire pour représenter l'humanité toute seule à l'Exposition de Paris? C'était une fantaisie, je pense. Pourtant, les Américains avaient très bien organisé leur affaire. Des ecclésiastiques de toutes les religions ont répondu à leur appel. C'est un évêque catholique qui fut élu président. Il lut aux assistants le *Notre Père*, en anglais; et les prêtres idolâtres, bouddhistes et chinois lui répondirent poliment : « *Oh! oui; très bien, Monsieur* (1). Nous ne souhaitons de mal à personne. Nous ne demandons qu'une chose : que vos missionnaires aillent où ils voudront, pourvu qu'ils restent loin de nous. Ce n'est pas notre faute, si vous n'observez pas votre religion, qui est si bonne pour vous. Mais, pour nous, notre religion est la meilleure de toutes. » Donc, l'affaire se termina fort bien. Pas de rixes; et tout le monde s'émerveilla. Voilà de quoi ces Américains sont capables maintenant. Et qui sait si les Africanders d'aujourd'hui ne leur ressembleront pas plus tard?

(1) En anglais dans le texte. *(N. d. t.)*

L'Homme politique. — Assurément, tout est possible. De quelque *gavroche* peut sortir un grand savant. En attendant, rien n'empêche de lui appliquer, pour son profit personnel, une bonne rossée.

La Dame. — Quelles expressions! *Décidément, vous vous encanaillez* (1). Vous rapportez tout cela de Monte-Carlo. *Qui est-ce que vous fréquentez là-bas? Les familles des croupiers, sans doute* (2). D'ailleurs, c'est votre affaire. Je vous demanderai seulement de contenir votre sagesse politique, afin de ne pas nous mettre en retard pour le dîner. Nous devrions avoir terminé l'entretien depuis longtemps.

L'Homme politique. — Oui. Je voulais résumer, et renouer la fin au commencement du discours.

La Dame. — J'ai de la méfiance. Vous n'aurez jamais fini. Il faut que je vous aide à expliquer votre pensée. Vous vouliez donc dire que les temps ont changé; qu'autrefois il y avait Dieu et la guerre; et que, maintenant, à la place de Dieu, il y a la culture et la paix. C'est cela, n'est-ce pas?

L'Homme politique. — Permettez. C'est cela, approximativement.

La Dame. — Très bien. Qu'est-ce que Dieu? Je l'ignore et je ne puis l'expliquer, mais je le sens. Quant à ce qui est de votre culture, je n'en ai aucune impression. Expliquez-moi donc en deux mots ce que c'est.

L'Homme politique. — De quoi est formée la culture

---

(1) En français. *(N. d. t.)*
(2) *Id.* *(Id.)*

et ce qu'elle renferme, vous le savez comme nous : ce sont tous les trésors de la pensée et du génie créés par les esprits élus des peuples élus.

La Dame. — Mais tout cela ne forme pas une seule chose; au contraire, une extrême diversité. Là se trouvent Voltaire, et Bossuet, et la Madone, et Nana, et Alfred de Musset, et Philarète. Comment réunir toutes ces choses en un seul tas et mettre ce tas à la place de Dieu?

L'Homme politique. — Je voulais dire qu'à propos de la culture, envisagée comme trésor historique, nous n'avons pas lieu de nous inquiéter. Grâce à Dieu, elle est constituée, elle existe. On peut, je l'admets, espérer qu'il y aura de nouveaux Shakespeare et de nouveaux Newton, mais cela n'appartient pas à notre domaine et ne nous offre pas d'intérêt pratique. Cependant, la culture présente un autre aspect, pratique, ou, si vous voulez, moral; et c'est précisément ce que, dans la vie privée, nous nommons civilité ou politesse. Cela, pour un observateur superficiel, peut sembler peu important; mais cela présente une importance énorme, unique, précisément parce que, seul, cela peut prendre un caractère universel et obligatoire. On n'a pas le droit d'exiger de personne ni supérieure vertu, ni esprit supérieur, ni génie, mais on peut et on doit exiger de tout le monde la politesse. Cela, c'est le *minimum* de bon sens et de moralité qui permet aux hommes de vivre comme des hommes. Assurément, la politesse n'est pas *toute* la culture, mais elle est l'indispensable *condition* de toute existence cultivée. C'est absolument comme pour la lecture et l'écriture, qui n'absorbent pas la formation intellectuelle, mais qui en sont la condition indispensable. La politesse est la culture *à l'usage de tout le monde* (1). Nous voyons en effet qu'elle déborde les relations particulières entre gens d'une classe pour s'étendre aux relations sociales — entre les différentes classes — et aux rapports politiques, ou internationaux. Nous nous rappelons encore comment, du temps de notre enfance, les gens de notre classe pouvaient être impolis avec les roturiers; mais, maintenant, la politesse obligatoire et même coercitive a enjambé ces frontières des castes; et la voici prête à enjamber les frontières internationales.

La Dame. — Veuillez abréger. Donc, vous nous conduisez à cette conclusion : que la politique pacifique entre les États est la même chose que la politesse entre les individus.

L'Homme politique. — Assurément, ce n'est pas pour rien qu'en français *politesse* (2) et *politique* (3) ont une parenté très étroite. Et remarquez que pour cela on ne fait appel à aucun sentiment, on n'exige rien de cette *bienveillance* que le Général a invoquée sans raison. Parce que je m'abstiens de me jeter sur tel ou tel individu et de lui déchirer la figure avec les dents, cela ne signifie pas que je ressente aucune bienveillance pour lui. Je puis, au contraire, nourrir dans mon âme les plus mauvais sentiments à son égard; mais une telle querelle me répugne à moi, homme cul-

---

(1) En français. *(N. d. t.)*
(2) *Id.*   *(Id.)*
(3) *Id.*   *(Id.)*

tivé. En outre, ce qui est le principal, je me rends compte que rien n'en peut résulter sauf des vilenies. Au contraire, si je m'en abstiens et si je me conduis poliment vis-à-vis de cet homme, alors, je n'ai rien à perdre, mais beaucoup à gagner. Quelle que soit l'antipathie nationale qui existe entre deux peuples ayant acquis un certain degré de culture, jamais ils n'en arriveront aux *voies de fait* (1), c'est-à-dire à la guerre. Celle-ci, en effet, est très différente de l'aspect que lui donnent les poètes et les peintres. Tous ces cadavres, ces plaies nauséabondes, cet entassement d'une multitude d'hommes rudes et malpropres, cette interruption de l'ordre régulier de la vie, la destruction des édifices et des institutions utiles, des ponts, des chemins de fer, des télégraphes, telle est la guerre, dans la réalité. Toute cette laideur répugne directement à un peuple cultivé; comme à nous et à vous répugnent des yeux crevés, des joues tuméfiées, un nez arraché. En outre, à un certain niveau de développement intellectuel, le peuple comprend combien il lui est utile d'être courtois vis-à-vis des autres nations et combien désavantageux de se déchirer avec elles. Assurément, il y a en cela beaucoup de degrés : le poing est plus cultivé que la dent; le bâton est plus cultivé que le poing; et le symbolique soufflet est encore plus cultivé. De même, les guerres peuvent être conduites d'une manière plus ou moins sauvage. En effet, les guerres européennes du dix-neuvième siècle ressemblent au duel réglementé entre deux hommes bien

---

(1) En français. *(N. d. t.)*

élevés, plutôt qu'elles ne ressemblent à une rixe entre deux ouvriers ivres. Mais ceci n'est qu'un degré intermédiaire. Remarquez que chez les peuples avancés le duel cesse d'être en usage. Tandis que la Russie retardataire a à pleurer ses deux meilleurs poètes, qui ont péri en duel, dans la France cultivée le duel n'est plus guère qu'un sacrifice non sanglant à une laide et *défunte* tradition. *Quand on est mort, c'est qu'on n'est plus en vie* (1), dirait M. de La Palisse. Certainement, vous et moi nous verrons le duel pour toujours enseveli dans les archives de l'histoire. A cet égard, un compromis ne peut être durable. La vraie culture exige la complète disparition des rixes entre individus et entre peuples. Quoi qu'il en soit, la politique pacifique est la mesure et le symptôme du progrès civilisateur. Aussi, malgré tout mon désir de plaire à notre très honorable Général, je maintiens quand même ma déclaration : que la propagande par écrits contre la guerre est un indice très consolant. Non seulement, cette propagande devance, mais encore elle hâte la solution définitive d'un problème qui a mûri. Avec toutes ses singularités et tous ses entraînements, elle est importante, par ce fait qu'elle accentue, dans la conscience générale, le trait essentiel, pour ainsi dire magistral, du progrès historique. L'arrangement pacifique, c'est-à-dire courtois, c'est-à-dire pour tous avantageux, de tous les rapports et de tous les conflits internationaux — telle est l'inébranlable règle de la saine politique dans l'humanité civilisée.

(1) En français. *(N. d. t.)*

— Eh bien! *(à M. Z...)* avez-vous quelque chose à dire?

M. Z... — Non. Simplement une remarque au sujet de ce que vous avez bien voulu noter tout à l'heure : que la politique pacifique est un symptôme de progrès. Cela m'a rappelé que dans *Fumée,* de Tourgueniev, un personnage dit, très exactement : « Le progrès est un symptôme. » Ne s'ensuivrait-il pas que la politique pacifique est le symptôme d'un symptôme?

L'Homme politique. — Oui. Mais qu'est-ce que cela fait? Assurément, tout est relatif. Que voulez-vous dire au juste?

M. Z... — Ceci, simplement : Si la politique pacifique est seulement l'ombre d'une ombre, y a-t-il lieu d'en parler avec une telle abondance? Ne serait-il pas préférable de dire franchement à l'humanité ce que le Père Varsonophii disait à la dame pieuse : « Tu es vieille, tu es faible ; et jamais tu ne vaudras mieux. »

La Dame. — Il est tard maintenant pour engager la discussion là-dessus. *(A l'Homme politique.)* Voyez combien votre *politique-politesse* (1) s'est moquée de vous.

L'Homme politique. — Comment donc?

La Dame. — Puisque vous n'irez pas demain à Monte-Carlo, ou à Nice, comme vous dites *par euphémisme* (2).

L'Homme politique. — Et pourquoi?

La Dame. — Parce que ces messieurs veulent vous

---

(1) En français. *(N. d. t.)*
(2) *Id*. *(Id.)*

réfuter. Ils n'en ont plus le temps par suite de votre *prolixité* (1) si grande. Les voilà obligés de renvoyer à demain leurs objections. Eh bien, quand des gens cultivés seront ici occupés à réfuter votre thèse, est-il possible qu'en ce moment-là vous vous trouviez à Monte-Carle, abandonné aux jouissances plus ou moins défendues, dans la compagnie de croupiers incultes et de leurs familles ? Ce serait *le comble* (2) de l'impolitesse. Alors, que deviendrait votre « obligatoire minimum de moralité » ?

L'Homme politique. — Puisque nous en sommes là, je puis retarder d'un jour ma course à Nice. J'écouterai avec curiosité ce que l'on peut dire contre mes axiomes.

La Dame. — A la bonne heure ! Mais, maintenant, je pense que tout le monde a terriblement faim et que, n'était notre amour de la « culture », il y a longtemps que nous nous serions précipités dans la salle à manger.

L'Homme politique. — *Il me semble, du reste, que la culture et l'art culinaire se marient très bien ensemble* (3).

La Dame. — Oh ! oh ! je me bouche les oreilles.

Là-dessus, en échangeant des bons mots douteux, tous nous nous hâtâmes de suivre la maîtresse de maison, qui nous conduisait vers le dîner.

(1) En français. *(N. d. t.)*
(2) *Id*.   *(Id.)*
(3) *Id*.   *(Id.)*

TROISIÈME ENTRETIEN

Audiatur et tertia *pars.*

Cette fois, d'un commun désir, nous nous réunîmes dans le jardin avant l'heure ordinaire, pour n'avoir pas besoin de brusquer la fin de la conversation. Le même motif nous avait communiqué à tous une disposition d'esprit plus sérieuse que la veille.

L'Homme politique *(à M. Z...).* — Vous vouliez, je crois, faire une objection ou une remarque au sujet de ce que j'ai dit hier?

M. Z... — Oui, à propos de votre définition : la politique pacifique est un symptôme de progrès. J'ai rappelé le mot d'un personnage de Tourgueniev, dans *Fumée* : « Le progrès est un symptôme. » J'ignore ce que le personnage en question voulait dire au juste. Mais le sens naturel de ces paroles est tout à fait exact. Réellement, le progrès est un symptôme.

L'Homme politique. — De quoi?

M. Z... — C'est fort agréable d'avoir affaire à des gens intelligents. Précisément, je voulais en venir à ce sujet. Je pense que le progrès, bien entendu le progrès visible et accéléré, est toujours un *symptôme de la fin.*

L'Homme politique. — Évidemment, si, par exemple, il s'agit de la paralysie progressive, alors c'est le symptôme de la fin. Mais pourquoi le progrès de la culture ou de la civilisation devrait-il absolument être le symptôme de la fin ?

M. Z... — En effet, ce n'est pas évident comme dans le cas de paralysie, mais c'est ainsi tout de même.

L'Homme politique. — Vous êtes convaincu, je le vois bien. Cependant, je ne distingue pas quelle est, à proprement parler, la chose dont vous êtes convaincu. D'abord, comme votre compliment m'y encourage, je répète ma simple question, qui vous a paru sensée. Vous dites : « Symptôme de la fin. » Là-dessus, je demande : la fin de *quoi ?*

M. Z... — La fin de ce qui a fait le sujet de notre conversation. Nous nous sommes entretenus de l'histoire de l'humanité ; de ce « progrès » historique qui, incontestablement, a pris une allure accélérée et qui, j'en suis persuadé, approche de sa conclusion.

La Dame. — *C'est la fin du monde, n'est-ce pas ?* (1) C'est très curieux.

Le Général. — Enfin, nous atteignons le point le plus intéressant.

Le Prince. — Probablement, vous avez l'intention de ne point passer l'Antéchrist sous silence ?

M. Z... — Assurément. L'Antéchrist a droit à la première place.

Le Prince (*à la Dame*). — Veuillez m'excuser. J'ai à faire une terrible besogne absolument pressée ; de sorte que, malgré tout mon désir d'écouter des pro-

---

(1) En français. *(N. d. t.)*

pos si intéressants, je suis obligé de rentrer chez moi.

Le Général. — Comment? Et le *vint?*

L'Homme politique. — Depuis trois jours, je pressentais quelque scélératesse. Dès que la religion s'en mêle, n'attendez rien de bon. *Tantum religio potuit suadere malorum.*

Le Prince. — Je n'ai pas en vue la moindre scélératesse. Je m'efforcerai de revenir à neuf heures. Mais, maintenant, je ne suis pas libre.

La Dame. — D'où vous vient donc une hâte si soudaine? Pourquoi ne nous avez-vous pas prévenus de ces affaires importantes? Je n'y crois pas. Avouez donc que c'est l'Antéchrist qui vous fait partir tout à coup.

Le Prince. — Hier, j'ai entendu dire tant de choses au sujet de la prééminence de la politesse que, sous cette impression, par égard pour la politesse, j'avais résolu de sacrifier la vérité. Maintenant, je m'aperçois que j'ai eu le plus grand tort. Je parlerai donc avec franchise. Réellement, j'ai beaucoup d'affaires sérieuses; mais, si je quitte la conversation, c'est surtout parce que je considère que je n'ai pas le droit de perdre mon temps à discuter sur des choses qui ne méritent d'intéresser personne, excepté, peut-être, des espèces de Papous.

L'Homme politique. — Voilà sans doute une jolie façon de réparer votre grave excès de politesse.

La Dame. — Pourquoi vous irriter? Si nous sommes des imbéciles, pardonnez-nous. Quant à moi, vraiment, je ne me fâche pas de ce que vous me traitez de

Papou. Les Papous peuvent avoir quelques idées justes. Dieu enseigne les enfants. Mais, puisque vous ne pouvez supporter d'entendre parler de l'Antéchrist, je vous propose un arrangement. Votre villa est à deux pas d'ici. Allez-y travailler, et revenez pour la fin de l'entretien, — après l'Antéchrist.

Le Prince. — Bien. Je reviendrai.

(Après que le Prince s'est éloigné, Le Général, *riant, fait cette remarque)* : Le chat sait quelle viande il a mangée.

La Dame. — Comment? Pensez-vous que notre Prince soit — l'Antéchrist?

Le Général. — C'est-à-dire, pas en personne; non, pas en personne. Il n'est pas de taille. Mais, tout de même, il penche de ce côté. Comme il est dit encore dans l'évangile de saint Jean : « Vous avez entendu dire, enfants, que l'Antéchrist viendra; mais maintenant les antéchrists sont nombreux. Alors, parmi tous ceux-ci...

La Dame. — On peut inopinément être englobé dans ce grand nombre. Le Prince ne sera pas jugé avec sévérité par Dieu; car on lui a fait perdre le bon sens. Il sait qu'il n'est pas de ceux qui inventent la poudre. Il porte l'uniforme qui a la vogue, avec la fierté qu'on a, quand, de la ligne, on passe dans la garde. Pour un grand général, la chose n'a aucune importance, mais elle flatte un petit officier.

L'Homme politique. — C'est de la bonne psychologie. Cependant, je ne comprends pas pourquoi il s'est irrité à propos de l'Antéchrist. Ainsi, par exemple, je ne crois pas à la mystique; mais elle ne m'irrite pas, et plutôt elle m'intéresse, au point de vue de l'ensemble de l'humanité. Je sais que beaucoup de gens prennent la mystique au sérieux ; j'en conclus qu'elle exprime un caractère de la nature humaine, caractère qui chez moi est plus ou moins atrophié, mais qui continue de m'offrir un intérêt objectif. Ainsi, par exemple, je suis absolument nul en peinture ; je ne sais rien dessiner, pas même tracer une ligne droite ; alors, avec les peintres, je ne discute pas ce qui est bien peint ou ce qui est mauvais. Mais les questions de peinture m'intéressent au point de vue de l'éducation et de l'esthétique générales.

La Dame. — On ne doit pas s'irriter d'un sujet si inoffensif ; et, cependant, vous-même vous haïssez la religion. Tout à l'heure, vous avez dirigé contre elle une injure en latin.

L'Homme politique. — C'est vite parler d'injure. Comme mon poète favori, Lucrèce, je reproche à la religion ses autels ensanglantés et les gémissements des victimes humaines. Un écho de cette cruauté me parvient sourdement à travers les intolérantes déclarations de l'interlocuteur qui vient de refuser la discussion. Mais, en elles-mêmes, les idées religieuses m'intéressent beaucoup, principalement cette idée de l' « Antéchrist ». Par malheur, il se trouve que je viens d'achever un livre de Renan ; et, là, toute la question est envisagée au point de vue de la science historique et tout aboutit à Néron. C'est peu de chose. Bien avant le temps de Néron, l'idée de l'Antéchrist existait chez les Hébreux — au sujet du roi Antiochus Épiphane, et elle s'est conservée jusqu'à notre époque, par exemple, chez nos rascolniks. C'est, en quelque sorte, une idée générale.

Le Général. — C'est très bien à Votre Excellence de méditer sur de tels sujets pendant vos moments de loisir. Notre pauvre Prince, lui, est tellement enfoncé dans les affaires de la propagande évangélique qu'il ne peut même plus réfléchir sur le Christ ou sur l'Antéchrist. Même, pour jouer au *vint*, il ne dispose que de trois heures par jour. C'est un homme sincère ; on doit lui rendre justice.

La Dame. — Vous êtes trop sévères pour lui. Assurément ces gens-là ont tous quelque fêlure, mais, en revanche, ils sont malheureux. Ils n'ont pas de gaieté, ni de contentement, ni de mansuétude. Cependant, l'Évangile dit bien quelque part que le christianisme est la joie dans le Saint-Esprit.

Le Général. — La situation est en effet difficile : ne pas avoir l'esprit du Christ et se donner pour les vrais chrétiens.

M. Z... — Pour des chrétiens supérieurs, et sans posséder ce qui, précisément, constitue surtout la supériorité du christianisme.

Le Général. — Selon moi, ce fâcheux état d'esprit est juste l'état d'esprit antichrétien, lequel, chez les plus intelligents ou les plus perspicaces, est accablé par la conviction que, à la fin des fins, le chemin détourné n'aboutit pas.

M. Z... — En tout cas, certainement, l'idée d'Antéchrist qui, d'après la Bible — l'ancien Testament et le nouveau — indique par elle-même le dernier acte de la tragédie historique, ne sera pas la simple incrédulité, ou la négation du christianisme, ou le matérialisme, ou autre chose d'analogue. Elle sera *l'imposture* religieuse. Alors, le nom du Christ sera exploité par toutes les puissances humaines qui, en fait et en principe, sont étrangères et directement hostiles au Christ et à Son Esprit.

Le Général. — Assurément, le diable ne serait plus le diable s'il jouait à découvert.

L'Homme politique. — Je l'avoue, je crains que tous les chrétiens ne tournent à l'imposture et, par conséquent, selon vous, ne deviennent des Antéchrists. Comme exception il n'y aurait guère que le peuple inconscient, à supposer que celui-ci existe encore dans le monde chrétien ; et quelques originaux isolés, de votre espèce, Messieurs. En tout cas, il faut considérer comme « antéchrists » tous ces gens, — ici, en France, et chez nous — qui s'agitent tant à propos du christianisme, qui en font leur souci principal et transforment leur nom de chrétiens en monopole et en privilège. Aujourd'hui, ces gens appartiennent à l'une des deux catégories qui sont également dépourvues de l'esprit du Christ. Ce sont, ou bien des égorgeurs tout prêts à rétablir l'inquisition et à organiser des massacres religieux, tels ces « pieux » abbés et ces « catholiques » officiers, qui, à une date peu ancienne, exprimaient la grande joie que leur causait la glorification d'un certain chevalier d'industrie pris sur le fait (1) ; — ou

(1) Évidemment, l'Homme politique vise la souscription ouverte en l'honneur du « suicidé », où un officier français déclarait souscrire avec l'espoir d'une nouvelle nuit de la Saint-Barthélemy; un autre : qu'il espère la rapide pendaison de tous les protestants,

de nouveaux apôtres du jeûne et du célibat, qui découvrent la vertu et la conscience comme une espèce d'Amérique et perdent le sens intime de la droiture et tout sens commun. Devant les premiers, on ressent la nausée morale ; devant les seconds, on est vaincu par le bâillement physique.

Le Général. — Oui. A l'origine, le christianisme était inconnu des uns et détesté des autres ; mais seule notre époque a réussi à le rendre odieux. J'imagine comment le diable s'est frotté les mains et s'est caressé le ventre après un tel succès. Hélas ! Seigneur !

La Dame. — Vous pensez donc que c'est cela l'Antéchrist ?

M. Z... — Non. Nous possédons quelques indices explicatifs ; mais lui-même est encore dans l'avenir.

---

francs-maçons et juifs ; — un abbé : qu'il vit dans l'attente du brillant avenir qui verra fabriquer des tapis à bon marché avec la peau des huguenots, des francs-maçons et des juifs, et que, comme bon chrétien, il foulera continuellement des pieds ces tapis. Ces déclarations, au milieu de quelques dizaines de mille autres du même genre, furent imprimées dans le journal *la Libre Parole*. *(Note de l'auteur.)*

(Soloviev était opposé à l'antisémitisme. Cependant, il ne se prononçait pas sur l'innocence ou sur la culpabilité du capitaine Dreyfus. Comme beaucoup d'écrivains étrangers, Soloviev avait subi l'influence des journaux qui réclamaient la révision du premier jugement. Les chiffres qu'il indique au sujet des déclarations haineuses faites par des souscripteurs du monument Henry sont inexacts. Il y eut environ vingt mille personnes répondant à l'appel de la *Libre Parole*. Quatre ou cinq cents souscriptions (et non pas des dizaines de mille) avaient le caractère noté dans l'entretien. Elles étaient, d'ailleurs, généralement anonymes.) — *(Note du traducteur.)*

La Dame. — Expliquez-nous donc, aussi simplement que possible, en quoi consiste l'affaire.

M. Z... — Eh bien ! soit ; mais la simplicité, je n'en réponds pas. On n'arrive pas d'un coup à la simplicité véritable ; et la simplicité prétendue, artificielle, fausse, c'est ce qu'il y a de pire. Un de mes amis défunts aimait à répéter cette vieille maxime : *mainte simplicité trompe aisément*.

La Dame. — Mais cela n'est pas très simple.

Le Général. — C'est, vraisemblablement, ce que signifie le proverbe populaire : *il y a une simplicité pire que le vol*.

M. Z... — C'est la même chose.

La Dame. — Maintenant, je comprends.

M. Z... — Seulement, il est regrettable qu'on ne puisse pas expliquer entièrement l'Antéchrist rien qu'avec des proverbes.

La Dame. — Eh bien, expliquez selon ce que vous savez.

M. Z... — Avant tout, dites-moi si vous reconnaissez l'existence et la puissance du mal dans le monde ?

La Dame. — Force m'est bien de le reconnaître, même si je ne le voulais pas. Comme preuve, la mort à elle seule suffirait : voilà un mal que personne n'évite. Je crois que « la mort est le dernier ennemi à détruire ». Tant que cet ennemi n'est pas détruit, nul doute que le mal ne soit puissant, et même plus puissant que le bien.

M. Z... *(au Général)*. — Et vous, quelle est votre opinion ?

Le Général. — J'ai regardé en face les balles et les

boulets. Je ne clignerai donc pas les yeux devant les questions les plus subtiles. Assurément le mal existe, d'une manière réelle, comme aussi le bien. Dieu existe; le mal existe, du moins tant que Dieu le tolère.

L'Homme politique. — Provisoirement, moi, je ne réponds rien. Mon opinion n'atteint pas à la racine des choses. Ce que je comprends là-dessus, je l'ai expliqué hier de mon mieux. Mais je suis toujours disposé à faire connaissance avec d'autres opinions. Je comprends parfaitement la manière de penser du Prince ; c'est-à-dire, je comprends qu'il n'y a là absolument rien qui ressemble à une véritable idée, mais seulement la marque d'une simple prétention, *qui n'a ni rime ni raison* (1). Mais l'opinion religieuse positive a, naturellement, plus de consistance et m'intéresse davantage. Seulement, jusqu'ici je ne la connais que sous sa forme administrative, laquelle ne me satisfait pas. Je suis donc très désireux d'entendre, à ce sujet, non pas l'éloquence onctueuse, mais la parole humaine, naturelle.

M. Z... — Parmi toutes les étoiles qui se lèvent sur l'horizon de l'homme appliqué à lire nos livres saints, aucune, selon moi, n'est plus éclatante ni plus impressionnante que celle qui brille dans la parole évangélique : « Pensez-vous que je sois venu apporter la paix sur la terre? Non, je vous le dis, — mais la division. » Il est venu apporter sur la terre la *vérité;* et celle-ci, comme le bien, *divise* d'abord.

La Dame. — Je réclame une explication. Pourquoi

---

(1) En français. *(N. d. t.)*

le Christ s'appelle-t-il *prince de la paix* (1) et pourquoi a-t-il dit que les pacificateurs sont appelés enfants de Dieu?

M. Z... — Et vous êtes assez bonne pour désirer me voir obtenir cette haute dignité en réalisant l'accord de textes qui se contredisent?

La Dame. — Précisément.

M. Z... — Veuillez donc remarquer que pour arriver à cet accord il n'y a qu'un moyen, c'est de faire la division entre la véritable et bonne paix et la paix mauvaise ou menteuse. Cette séparation est directement signalée par Celui qui a apporté la paix véritable et la bonne inimitié : « Je vous laisse la paix, je vous donne *ma* paix : je vous donne, mais non pas ainsi que donne le monde. » Il y a donc la bonne paix, la paix chrétienne, ayant pour principe cette *division* que le Christ est venu apporter sur la terre, c'est-à-dire la séparation entre le bien et le mal, entre la vérité et le mensonge; et il y a la paix du monde, la paix mauvaise ayant pour principe le mélange ou l'union extérieure de ce qui, intérieurement, est en guerre avec soi-même.

La Dame. — Et comment distinguez-vous la bonne paix de la mauvaise?

M. Z... — A peu près comme faisait le Général avant-hier, lorsque, en plaisantant, il constatait qu'il y a une bonne paix, par exemple, celle de Nishtadt ou celle de Kutchuk-Kainardji. Sous cette plaisanterie se trouve un sens plus étendu et plus important. Dans la

(1) En français. *(N. d. t.)*

lutte spirituelle, comme dans la lutte politique, la seule bonne paix est celle qui se conclut seulement lorsque le but de la guerre est atteint.

La Dame. — En fin de compte, d'où provient la guerre entre le bien et le mal? Ont-ils donc essentiellement besoin de combattre l'un contre l'autre? Est-il possible qu'il y ait réellement entre eux collision, *corps à corps* (1). Dans la guerre ordinaire, quand un des deux partis commence à se renforcer, et que l'autre cherche des appuis, le conflit doit se résoudre par de vraies batailles, avec des canons et des baïonnettes. Mais la lutte du bien et du mal se passe autrement; et quand le bon parti gagne de la force, aussitôt le mauvais s'affaiblit. Entre eux, l'antagonisme ne va jamais jusqu'à une bataille réelle; et tout cela ne se dit qu'au figuré. La seule chose dont il y ait lieu de se soucier, c'est que, dans le sein de l'humanité, la somme de bien soit plus grande; alors les ressources du mal diminueront d'elles-mêmes, en proportion.

M. Z... — Donc, selon vous, il suffirait que les gens qui sont bons deviennent encore meilleurs pour que les mauvais perdent leur méchanceté, en attendant finalement de devenir bons eux aussi?

La Dame. — Il me semble qu'en effet c'est cela.

M. Z... — Avez-vous eu quelquefois l'occasion de voir la bonté d'un homme bon rendre bon un homme mauvais ou, simplement, le rendre moins mauvais?

La Dame. — Non, à dire vrai, je n'ai pas eu cette occasion, et je n'ai pas non plus entendu raconter que

---

(1) En français. *(N. d. t.)*

d'autres personnes l'aient eue... Mais, attendez... Ce que vous venez de dire approche, il me semble, de ce dont vous parliez avant-hier avec le Prince : que le Christ lui-même ne put, malgré toute Sa bonté, rien faire de bon de l'âme de Judas Iskariote ou du mauvais larron. Là-dessus, la réponse appartient au Prince. Souvenez-vous-en, quand il arrivera.

M. Z... — Comme je ne le prends pas pour l'Antéchrist, je ne suis pas assuré de son arrivée, et encore moins des ressources de son esprit théologique. Alors, afin que notre entretien ne s'alourdisse pas d'une question non résolue, je présente la réponse que devrait faire le Prince, d'après son point de vue. Pourquoi le Christ n'a-t-Il pas regénéré par sa bonté les âmes mauvaises de Judas et Cie? — Simplement parce que l'époque était trop enténébrée et parce que trop peu d'âmes se tenaient à la hauteur du progrès moral où se fait sentir la force intime de la vérité. Judas et Cie étaient encore trop peu « développés ». Mais le Christ lui-même a dit à Ses disciples : « Les œuvres que J'accomplis, vous les accomplirez aussi, et même de *plus grandes.* » C'est-à-dire ceci : au degré supérieur de développement moral dans l'humanité, degré atteint aujourd'hui, les vrais disciples du Christ peuvent, par la puissance de leur mansuétude et de la non-résistance au mal, accomplir des prodiges moraux plus grands que ceux qui étaient possibles il y a dix-huit siècles...

Le Général. — Permettez! permettez! S'ils sont *capables* de les accomplir, pourquoi ne le font-ils pas? Ou bien, avez-vous vu ces nouveaux prodiges? Voyez notre Prince : maintenant, « après dix-huit siècles pendant lesquels s'est poursuivi le progrès moral de la conscience chrétienne », il est absolument incapable de dissiper les ténèbres de mon âme. Le cannibale que j'étais avant de l'avoir rencontré, je le suis encore de même qu'autrefois. Après Dieu et après la Russie, ce que j'aime le plus dans ce monde, c'est l'œuvre militaire en général, et l'artillerie en particulier. Et, cependant, des partisans de la non-résistance, j'en ai rencontré beaucoup d'autres que notre Prince et mieux équilibrés que lui.

M. Z... — Maintenant, pourquoi en resterions-nous à une question personnelle? Qu'est-ce que vous désirez de moi? Je vous ai offert, en faveur de notre contradicteur absent, un texte évangélique qu'il avait oublié, mais ensuite,

— Est-ce raisonnable ou non —
Je ne suis pas responsable du songe d'autrui.

LA DAME. — Eh bien! je prendrai la défense du Prince. S'il avait voulu faire preuve de sagesse, il aurait ainsi répondu au Général : — Ceux de mon opinion avec lesquels vous vous êtes rencontré, et moi-même, nous nous considérons comme les vrais disciples du Christ, seulement à cause de la tendance de nos pensées et de notre conduite, et non point parce que nous nous attribuons une grande force. Mais, certainement, il y a quelque part, ou il y aura bientôt, des chrétiens plus parfaits que nous. Ceux-là sauraient percer votre muraille de ténèbres.

M. Z... — Pratiquement, cette réponse serait commode, puisqu'elle ferait appel à une juridiction inconnue. Mais, en somme, cela n'est pas sérieux. Supposons qu'ils disent, comme ils doivent dire :

— Nous ne pouvons rien faire qui soit supérieur, ni égal, ni même inférieur à ce que le Christ a fait. — En bonne logique, que resterait-il à conclure d'un tel aveu ?

LE GÉNÉRAL. — Seulement ceci, je pense : que les paroles du Christ : « vous ferez ce que J'ai fait, et plus encore » s'adressaient non pas à ces messieurs, mais à quelque autre personne qui ne leur ressemblait pas du tout.

LA DAME. — Mais on peut s'imaginer un homme appliquant jusqu'au bout le précepte du Christ sur l'amour des ennemis et sur le pardon des offenses. Alors, il recevrait du Christ la puissance de transformer par sa douceur les âmes mauvaises et de les rendre bonnes.

M. Z... — L'expérience a été faite, il n'y a pas si longtemps. Elle n'a pas réussi ; et même elle a tourné au rebours de ce que vous supposez. Il y avait un homme qui ne connaissait pas de limites à sa mansuétude et qui non seulement pardonnait toutes les offenses, mais répondait à chaque nouvelle scélératesse par de nouveaux et plus grands bienfaits. Qu'est-ce qui en résulta ? Parvint-il à ébranler l'âme de son ennemi et à le régénérer moralement ? Hélas ! Il ne fit qu'endurcir le scélérat, dans les mains duquel il périt d'une manière lamentable.

LA DAME. — De quoi donc parlez-vous ? De quel homme s'agit-il ? Où et quand a-t-il vécu ?

M. Z... — A Pétersbourg ; et il n'y a pas très longtemps. Je pensais que vous le connaissiez. C'était le chambellan Delarue.

La Dame. — Jamais je n'ai entendu parler de lui; et je crois pouvoir me flatter de connaitre tout Pétersbourg sur le bout du doigt.

L'Homme politique. — Moi non plus je ne me rappelle rien à ce sujet. Quelle est donc l'histoire de ce chambellan?

M. Z... — Elle est supérieurement exposée dans une poésie inédite d'Alexis Tolstoï.

La Dame. — Inédite? Alors, c'est bien une farce. Pourquoi mêlez-vous cela à notre conversation si sérieuse?

M. Z... — Quoique la forme ait le caractère d'une farce, il s'agit cependant d'une chose très sérieuse, je vous assure, et qui, point capital, a un fondement pratique et véridique. D'ailleurs, le rapport réel entre la bonté et la méchanceté dans la vie humaine est représenté par ces vers facétieux beaucoup mieux que je ne pourrais le représenter sur le ton grave de ma prose. Quand les héros des grands romans universels qui, sérieusement et avec art, labourent l'humus de la psychologie, seront devenus de simples souvenirs littéraires bons pour les érudits, cette farce, qui, avec ses traits d'une caricature féroce, touche à la souterraine profondeur de la question morale, conservera, j'en suis très sûr, toute sa vérité artistique et philosophique.

La Dame. — Eh bien, je n'ai pas confiance dans vos paradoxes. Vous êtes possédé de l'esprit de contradiction; et, à dessein, vous bravez toujours l'opinion publique.

M. Z... — Probablement, je la « braverais » si elle

existait. Mais, tout de même, je vous dirai l'histoire du chambellan Delarue, puisque vous ne la connaissez pas et puisque je la sais par cœur :

   L'infâme scélérat enfonça son poignard
    Dans la poitrine de Delarue.
Celui-ci, retirant son chapeau, dit d'un ton courtois :
   « Je vous rends grâces ».
Alors, dans le côté gauche pénétra l'horrible poignard
    Du meurtrier.
Et Delarue dit : « Comme votre poignard
    « Est beau ! »
Alors, l'assassin, se tournant vers le côté droit,
    Y fit une blessure.
Delarue se contenta de le menacer à peine,
    D'un sourire malin.
Ensuite, l'assassin le perça de coups
    Par tout le corps.
Delarue : « Je vous prie de venir prendre une tasse de thé
   « A trois heures. »
Le meurtrier, la face contre terre, pleurant en abondance,
    Tremblait comme une feuille.
Delarue : « Ah ! Relevez-vous, pour l'amour de Dieu !
   « Ici, le parquet est sale. »
   Mais, sans force, l'âme angoissée,
    Le meurtrier pleurait.
Tendant les mains, Delarue dit :
   « Je ne prévoyais pas !
« Est-ce possible ? Comment ? Pleurer de la sorte,
   « Pour une bagatelle !
« Par mes démarches, je vous procurerai, cher Monsieur,
   « Une bonne rente.
« On vous donnera l'écharpe de l'ordre de Stanislas,
   « Pour servir d'exemple.
« J'ai le droit de donner des conseils aux autorités :
   « Je suis chambellan.

« Voulez-vous épouser ma fille Dounia?
« Dans ce but, je vous compterai, en billets de banque,
    « Cent mille roubles.
« Pour le moment, voici mon portrait comme souvenir,
    « En signe d'amitié.
« Je n'ai pas eu le temps de le faire encadrer —
    « Acceptez-le tel qu'il est. »
Alors, le visage du meurtrier devint caustique
    Et même plus piquant que le poivre.
    Hélas! Son âme dépravée
    Ne rend pas le bien pour le mal.
La médiocrité inquiète les esprits élevés.
    Les ténèbres ont peur de la lumière.
Pardonner l'offre du portrait, l'assassin le peut;
    Mais d'une rente, — non.
La flamme de l'envie le brûle
    Si ardemment,
Qu'à peine a-t-il revêtu l'écharpe de Stanislas,
    Il plonge son poignard dans le poison
Et, avec prudence, s'approchant furtivement de Delarue,
    Le poignarde dans le dos.
Delarue gît sur le parquet, empêché par d'horribles douleurs
    De se tenir sur son fauteuil.
L'assassin monte à l'entresol
    Et séduit Dounia.
Il s'enfuit à Tambov, où il devint gouverneur,
    Très aimé.
Ensuite Moscou le connut sénateur zélé,
    Honoré de tout le monde.
Enfin, il devint membre du Conseil,
    En peu de temps.
Quel exemple nous fournit cette histoire
    Et quelle leçon!

    La Dame. — Ah! comme c'est joli et imprévu!

    L'Homme politique. — En effet, excellent. « Je

vous compterai en billets de banque, » — merveilleux. « Pardonner l'offre d'une rente — non ! » et « il s'enfuit à Tambov » — *deux vrais coups de maître !* (1).

M. Z... — Mais quelle véracité! vous le voyez. Delarue n'est pas la « vertu épurée », qui ne se rencontre pas dans la réalité naturelle. C'est un homme vivant, qui a les humaines faiblesses, — et l'ostentation (« je suis chambellan ! ») et l'avidité (cent mille roubles de provision). Sa fantastique impénétrabilité au poignard du scélérat n'est que le clair symbole de sa bonté sans limites, supérieure et même insensible à toutes les offenses ; ce qui se rencontre, bien que très rarement. Delarue n'est pas la personnification de la vertu : c'est l'homme naturellement bon, en qui la bonté du cœur a vaincu les mauvais instincts et les a repoussés à la surface de l'âme, sous la forme d'inoffensives faiblesses. De même, le « scélérat » n'est pas du tout le simple extrait du vice, mais l'ordinaire mélange des bons et des mauvais instincts. Chez lui, le mal de l'envie siégeait dans les profondeurs mêmes de l'âme et a repoussé tout le bon à *l'épiderme* de l'âme, si l'on peut dire ; et, là, alors, la bonté a pris la forme de la sensibilité vivante mais superficielle. Quand, à une série d'offenses atroces, Delarue répond par des paroles courtoises et par l'invitation à prendre une tasse de thé, ces témoignages de bonne éducation éveillent la sensibilité de l'épiderme moral chez le scélérat, qui, alors, se livre au repentir le plus expansif. Quand la politesse du chambellan devient le cordial intérêt de

---

(1) En français. *(N. d. t.)*

l'homme vraiment bon, qui, envers son ennemi, rend le bien pour le mal, non seulement en apparence, par la courtoisie des paroles et des gestes, mais le bien réel et vivant, sous la forme d'un secours pratique ; — quand Delarue intervient dans les conditions d'existence du scélérat et se montre prêt à partager avec lui sa fortune, à lui assurer des arrangements domestiques et même à partager avec lui le bonheur familial, — alors cette bonté active, pénétrant les couches plus cachées de l'être moral du scélérat, en dévoile l'insignifiance, et, enfin, atteignant le fond de l'âme, éveille là le crocodile de l'envie. Cette envie ne s'adresse pas à la bonté de Delarue — car le scélérat peut être bon — d'ailleurs n'a-t-il pas senti sa propre bonté quand « il sanglota avec le tourment du cœur? » — non, il envie précisément l'inaccessible, absolu et *simple sérieux* de cette bonté :

> Le meurtrier peut pardonner l'offre du portrait,
> Mais non pas l'offre d'une rente.

Est-ce que cela n'est pas réel? Est-ce que les choses ne se passent pas ainsi dans la vie réelle? La seule humidité de la pluie vivifiante fait naître les forces salutaires dans les plantes médicinales ; — de même se développe le poison des herbes vénéneuses. A la fin des fins, le bienfait actif augmente le bien dans le bien — et le mal dans le mal. Devons-nous alors, et même avons-nous le droit, toujours et sans distinction, d'abandonner notre volonté à nos bons sentiments? Peut-on louer les parents qui, avec zèle, vident de bons entonnoirs sur les herbes vénéneuses d'un jardin où se promènent leurs enfants ? Comment a été perdue Dounia ? Je vous le demande.

Le Général. — C'est exact ! Si Delarue avait passablement serré le cou du scélérat à la porte de la maison, celui-ci ne serait pas monté à l'entresol.

M. Z... — En effet. Admettons que Delarue fût libre de se sacrifier à sa bonté, comme jadis il y avait des martyrs de la foi et comme, maintenant, il doit y avoir des martyrs de la bonté. Mais à l'égard de Dounia, que faire ? je vous le demande. Vous le voyez, elle est sotte et jeune ; elle ne peut ni ne désire rien dénoncer. N'est-elle pas à plaindre ?

L'Homme politique. — Admettons qu'elle est à plaindre. Mais ce que je regrette davantage, c'est que, apparemment, l'Antéchrist nous a quittés avec le scélérat, pour courir à Tambov.

M. Z... — Nous le rattraperons, Excellence, nous le rattraperons. Hier, vous avez bien voulu nous montrer, par l'histoire, que l'humanité naturelle, — composée primitivement d'une multitude de nations plus ou moins sauvages, en partie étrangères et en partie hostiles l'une à l'autre, — développe graduellement la meilleure portion d'elle-même, la portion civilisée — le monde cultivé ou européen qui, graduellement, prend de l'ampleur et de la consistance et qui, enfin, doit embrasser dans ce mouvement historique toutes les nations retardataires et former avec elles un ensemble solidaire, pacifique et international. L'institution de la paix internationale perpétuelle — voilà, n'est-ce pas, votre formule ?

L'Homme politique. — Oui, et cette formule, dans

son inévitable et prochaine réalisation, remportera, en fait de culture essentielle, des succès bien plus nombreux qu'on ne peut supposer aujourd'hui. Songez un peu à la somme de mal qui sera nécessairement atrophiée ; et à la somme de bien qui, selon la nature même des choses, surgira et se développera. Combien de forces seront mises en liberté au profit des travaux producteurs ; comment fleuriront les sciences et les arts, l'industrie et le commerce...

M. Z... — Bien. Et la suppression des maladies et de la mort, comptez-vous aussi cela parmi les imminentes victoires assurées à la culture ?

L'Homme politique. — Sans doute... jusqu'à un certain degré. Déjà, on a fait beaucoup dans le domaine des méthodes sanitaires, de l'hygiène, de l'antisepsie... de l'organothérapie...

M. Z... — Mais ces incontestables succès positifs, est-ce qu'ils ne sont pas mis en balance par le progrès si certain des phénomènes névropathiques et psychopathiques, symptômes de dégénérescence, symptômes qui accompagnent le développement de la culture ?

L'Homme politique. — Soit ; mais avec quelle balance peser cela ?

M. Z... — En tout cas, il est incontestable que *le plus* grandit et que *le moins* grandit. Comme résultat, on obtient quelque chose qui approche de zéro. Voilà pour le compte des maladies. Et en ce qui concerne la mort, il semble que, excepté le zéro, le progrès de la civilisation n'a rien produit.

L'Homme politique. — Mais est-ce que le progrès

de la civilisation prétend résoudre une tâche telle que la suppression de la mort?

M. Z... — Je sais qu'il n'y prétend pas; et c'est pourquoi on ne peut avoir une bien haute idée de lui. En fait, si j'étais très certain que je dois, moi-même, avec tout ce qui m'est cher, disparaître pour toujours, ne me serait-il pas tout à fait indifférent que les diverses nations combattent entre elles ici ou là, ou bien qu'elles vivent en paix, civilisées ou sauvages, policées ou non?

L'Homme politique. — Oui, au point de vue égoïste, cela serait absolument égal.

M. Z... — Comment! au point de vue égoïste? Je vous demande pardon : — à tous les points de vue. La mort établit l'égalité complète; et, devant elle, l'égoïsme et l'altruisme sont identiquement absurdes.

L'Homme politique. — Soit. Mais l'absurdité de l'égoïsme ne nous empêche pas d'être égoïstes; exactement comme l'altruisme, autant qu'il est possible en général, se passe de fondements rationnels et ne se met pas en peine de raisonner sur la mort. Je sais que mes enfants et mes petits-enfants mourront, mais cela ne m'empêche pas de m'occuper de leur bien, comme d'une chose qui serait éternelle. Je travaille pour eux, d'abord parce que je les aime; et leur donner ma vie me procure de la satisfaction. « J'y trouve du goût. » *C'est simple comme bonjour* (1).

La Dame. — Oui, tant que tout va bien; et cependant la pensée de la mort se fait place tout de même.

---

(1) En français. *(N. d. t.)*

Et quand, avec les enfants et les petits-enfants, surviennent les infortunes diverses? Quelle satisfaction et quel goût y trouver? C'est comme les fleurs aquatiques d'un marécage : on les cueille et on s'enfonce.

M. Z... — En outre, on peut et on doit prendre soin des enfants et des petits-enfants *quand même* (1), sans résoudre et aussi sans poser la question de savoir si notre sollicitude leur procurera le bien réel et définitif. Vous prenez soin d'eux non en vue de n'importe quoi, mais *parce que* vous avez à leur égard un vivant amour. On ne peut éprouver un tel amour pour l'humanité future, qui n'existe pas encore. Alors, on juge combien est fondée la question que pose la raison sur le sens *final*, c'est-à-dire sur le but de nos sollicitudes. Si, en dernière instance, cette question se résout par la mort; si le dernier résultat de votre progrès et de votre culture est tout de même la mort de chacun et de tous, alors, évidemment, toute activité progressiste et civilisatrice se déploie en vain. Elle n'a point de but ni de signification.

(Ici, M. Z... s'interrompit tout à coup; et les autres interlocuteurs tournèrent la tête vers la porte, qui venait de s'ouvrir en sonnant. Quelques instants de surprise s'écoulèrent. Dans le jardin entrait et, à pas inégaux, s'avançait le Prince.)

La Dame. — Ah! Mais nous n'avons pas encore commencé à nous occuper de l'Antéchrist.

Le Prince. — Peu importe. J'ai changé d'avis. Il me semble que j'ai été injuste en condamnant l'erreur de mes amis sans écouter leur justification.

(1) En français. *(N. d. t.)*

La Dame *(au Général, et d'un ton triomphant).* — Vous voyez ! Et maintenant qu'est-ce que vous avez à dire ?

Le Général *(sèchement).* — Rien.

M. Z... *(au Prince).* — Vous arrivez fort à propos. Voici où en est la discussion : le progrès mérite-t-il qu'on se soucie de lui quand on sait que, à l'égard de tous les hommes, soit les sauvages, soit les futurs Européens les plus civilisés, il aura toujours pour résultat final la mort ? Que diriez-vous là-dessus, d'après votre doctrine ?

Le Prince. — La vraie doctrine chrétienne ne permet même pas de poser ainsi la question. La solution évangélique du problème est exposée avec une clarté et une force particulières dans la parabole des vignerons. Ceux-ci s'étaient imaginé que le jardin où on les avait envoyés travailler pour le compte du maître était leur propriété ; que tout ce qui se trouvait là avait été fait pour eux et que leur rôle consistait seulement à jouir de leur vie dans ce jardin, en oubliant le propriétaire et en assommant les gens qui parlaient de lui et qui rappelaient ce à quoi on était obligé envers lui. Comme ces vignerons, la plupart des hommes de maintenant vivent dans la stupide assurance qu'ils sont eux-mêmes les maîtres de leur vie : qu'elle leur a été donnée pour leur jouissance. Évidente absurdité. Si nous avons été envoyés ici-bas, c'est par la volonté de quelqu'un et pour l'accomplissement de quelque chose. Nous avons décidé que nous sommes comme les champignons. Nous sommes nés et nous vivons seulement pour notre joie. Évidemment c'est mal à nous, comme c'est mal à l'ouvrier qui n'accomplit pas la volonté de son maître. La volonté du maître est exprimée dans la doctrine du Christ. Que les hommes mettent en pratique cette doctrine, et alors sur la terre s'établira le royaume de Dieu; et alors ils posséderont le plus grand bien auquel ils puissent parvenir. Tout est là. *Cherchez le Royaume de Dieu et sa vérité et le reste vous sera ajouté.* Nous cherchons le reste et nous ne le trouvons pas; et, non seulement nous n'établissons pas le Royaume de Dieu, mais nous le détruisons — par toute espèce de gouvernements, d'armées, de tribunaux, d'universités, de manufactures.

Le Général *(à part)*. — Eh bien! on a remonté la machine!

L'Homme politique *(au Prince)*. — Vous avez terminé?

Le Prince. — Oui.

L'Homme politique. — Je dois dire que votre solution du problème me paraît tout simplement incompréhensible. En quelque sorte, vous raisonnez, vous démontrez, vous expliquez, vous voulez persuader; — et cependant ce que vous dites n'est qu'une suite d'affirmations arbitraires et que rien ne relie entre elles. Ainsi, vous dites : — Si nous sommes envoyés ici-bas, c'est par l'effet de la volonté de quelqu'un et en vue de quelque chose. Telle est, il me semble, votre idée principale. Mais qu'est-ce que c'est que cela? Où prenez-vous que nous sommes envoyés ici-bas par quelqu'un et pour quelque chose? Qui vous l'a dit? Assurément, nous existons sur la terre; mais que notre existence représente une mission, cela vous l'affirmez sans aucune preuve. Par exemple, lorsque, dans ma jeunesse, j'exerçais une mission, je le savais d'une manière certaine; de même, je savais de qui j'étais l'envoyé et pour quel but. Je le savais, tout d'abord, parce que j'avais là-dessus des documents incontestables; je le savais, ensuite, parce que j'avais eu une audience personnelle de feu l'empereur Alexandre Nicolaïevitch, qui m'avait donné à moi personnellement ses hautes instructions; enfin, parce que, trois fois l'an, je recevais dix mille roubles en or. Maintenant, si, au lieu de tout cela, dans la rue, un étranger s'approchait de moi et me déclarait que je suis un ministre, envoyé en tel endroit, pour telle chose, mon seul mouvement serait de regarder autour de moi pour voir s'il n'y a pas à proximité un agent de police, qui me protégerait contre un maniaque capable, s'il vous plaît, d'attenter à ma vie. Mais, dans le cas présent, vous n'avez pas de titres incontestables émanant de votre maître supposé; il ne vous a pas accordé d'audience personnelle et il ne vous fournit pas de traitement. — Quel envoyé êtes-vous donc? Et non seulement vous vous attribuez ce titre, mais vous l'attribuez à tous les autres hommes et, en outre, vous les inscrivez comme ouvriers. De quel droit? Pour quel motif? Je ne comprends pas. Je ne vois là qu'une improvisation de rhétorique, *très mal inspirée d'ailleurs* (1).

La Dame. — C'est une nouvelle feinte. Vous comprenez très bien que le Prince ne s'est nullement pro-

---

(1) En français. *(N. d. t.)*

posé de réfuter votre scepticisme, mais qu'il a exposé la commune opinion chrétienne, d'après laquelle nous dépendons de Dieu et que nous devons le servir.

L'Homme politique. — Eh bien! je ne comprends pas un service sans salaire et si, comme nous en avons la preuve, le salaire, pour tout le monde, se réduit tout entier à la mort, *je présente mes compliments* (1).

La Dame. — Mais, c'est égal, vous mourrez sans que personne vous demande si vous y consentez.

L'Homme politique. — Eh bien! précisément, votre « c'est égal » prouve que la vie n'est pas un service; et puisqu'on ne me demande pas mon consentement pour ma mort, pas plus qu'on ne m'a demandé de consentir à vivre, je préfère voir dans la mort, comme dans la vie, ce que l'une et l'autre contiennent en effet : une nécessité de la nature, au lieu d'imaginer un service quelconque dû à un maître quelconque. Voici ma conclusion : vivre tant que l'on vit, et s'efforcer de vivre de la manière la plus intelligente et la plus agréable; et la condition d'une raisonnable et bonne existence c'est la culture pacifique. D'ailleurs, je pense que, sur le terrain de la doctrine chrétienne, la prétendue solution proposée par le Prince ne supporte pas la critique; mais, là-dessus, je laisse la parole à des gens plus compétents que moi.

Le Général. — Mais quelle solution nous a-t-on donnée? Ni solution, ni exposé, mais seulement un procédé tout verbal pour tourner le problème. Cela équivaut absolument à ce que je ferais si, sur un plan,

(1) En français. *(N. d. t.)*

je dessinais une forteresse ennemie entourée de mes bataillons, eux aussi dessinés, et si je m'imaginais ensuite avoir pris cette forteresse. C'est justement l'histoire que raconte la célèbre chanson militaire. Vous savez :

> Quand un mauvais génie
> Entraîna le quart de notre effectif
> A occuper la montagne.
> . . . .
> Les princes et les comtes arrivèrent ;
> Les topographes dessinèrent leurs plans
> Sur de grandes feuilles.
> L'affaire allait coulamment sur le papier,
> Mais on oublia les ravins
> A traverser.

Le résultat est bien connu :

> Sur les hauteurs de Thediouchine
> Parvinrent, au total, deux de nos compagnies,
> Les régiments avaient disparu (1).

LE PRINCE. — Je ne comprends rien. C'est donc là tout ce que vous pouvez opposer à mon argumentation ?

LE GÉNÉRAL. — Ce que j'ai le moins compris dans vos paroles, c'est ce qui concerne les champignons. Ceux-ci, d'après vous, vivent pour leur propre plaisir. Moi, j'avais toujours supposé qu'ils vivent pour le plaisir des gens qui aiment les champignons dans la smétana (2) ou le pâté aux champignons. Eh bien !

---

(1) Chanson composée par Tolstoï dans sa jeunesse, quand il était officier.
(2) Crème aigre. *(N. d. t.)*

si votre royaume de Dieu laisse la mort intacte, on doit en conclure que les hommes vivent sans liberté et, dans votre royaume de Dieu, vivront précisément comme des champignons; non pas les joyeux champignons que vous imaginez, mais les champignons réels, qui vont dans la poêle à frire. Bref, dans votre terrestre royaume de Dieu, les hommes auront pour destinée finale d'être la proie de la mort.

La Dame. — Le Prince n'a pas dit cela.

Le Général. — Ni cela, ni autre chose. Comment s'expliquer un tel silence sur l'affaire essentielle?

M. Z... — Avant d'aborder cette question, je désirerais savoir où a été puisée la parabole dans laquelle, vous, Prince, vous avez exprimé votre manière de voir. Êtes-vous l'auteur de cette composition?

Le Prince. — Comment! une composition! Mais cela vient de l'Évangile.

M. Z... — Non. Non. Cette parabole ne se rencontre dans aucun Évangile.

La Dame. — Que Dieu vous assiste! Comment pouvez-vous dénaturer la pensée du Prince! Mais c'est la parabole des vignerons dans l'Évangile.

M. Z... — C'est quelque chose comme cela, au point de vue de l'affabulation extérieure. Mais le contenu et le sens sont tout autres.

La Dame. — Que dites-vous?... Voyons!... Il me semble que c'est tout à fait la parabole elle-même. Vous subtilisez. Je ne vous crois pas sur parole.

M. Z... — Ce n'est pas nécessaire. J'ai le petit livre dans ma poche. *(Il tire un Nouveau Testament de petit format et se met à le feuilleter.)* La parabole des vignerons est rapportée par trois évangélistes : Mathieu, Marc et Luc ; mais il n'y a pas de différence importante entre les trois versions. Il suffira donc de la lire entière dans un seul Évangile, celui qui est le plus détaillé — chez Luc. Elle se trouve au vingtième chapitre, où est exposé le dernier et conclusif sermon adressé au peuple par le Christ. L'œuvre approchait du dénouement ; et alors (fin du dix-neuvième et commencement du vingtième chapitre) est raconté de quelle façon les adversaires du Christ — le parti des pontifes et des scribes — accomplirent contre Lui une attaque résolue et directe, en réclamant publiquement qu'Il présentât les pleins pouvoirs justifiant ses actes et qu'Il déclarât au nom de quel droit, en vertu de quelle autorité Il agissait. Mais, si vous le voulez bien, je ferais mieux de lire. *(Lisant.)* « Chaque jour, Il enseignait dans le Temple. Les pontifes et les scribes, ainsi que les chefs du peuple, s'appliquaient à Le perdre ; mais ils ne savaient comment y parvenir ; car le peuple ne se lassait point de L'écouter. Un de ces jours-là, comme Il instruisait la foule dans le Temple et prêchait la bonne nouvelle, les pontifes, les scribes et les chefs du peuple s'approchèrent et Lui dirent : « Dis-nous par quel pouvoir Tu fais ces choses, ou qui « T'a donné ce pouvoir ? » Et Il leur fit cette réponse : « Moi, je ne vous demande qu'une chose : « Le bap- « tême de Jean était-il des cieux ou des hommes ? » Ils délibérèrent entre eux, disant : — Si nous répondons : des cieux, Il demandera : Pourquoi n'avez-vous pas foi en lui ? — et si nous répondons : des hommes, tout le peuple nous lapidera, car il croit que Jean était un prophète; et ils répondirent qu'ils ne savaient pas d'où. Et Jésus leur dit : « Ainsi, Moi, Je ne vous dis point par quelle autorité je fais ces choses... »

La Dame. — Pourquoi lisez-vous cela? Que le Christ se soit abstenu de répondre quand on le pressait, cela est très compréhensible. Mais quel rapport y a-t-il là avec la parabole des vignerons?

M. Z... — Attendez; c'est tout un. Et vous avez tort de dire que le Christ n'a pas répondu. Il a répondu d'une manière parfaitement et doublement précise. Au sujet de ses pleins pouvoirs, Il a désigné un témoin que les hommes qui l'interrogeaient n'osèrent pas récuser. Ensuite, Il a prouvé qu'eux-mêmes n'avaient sur Lui aucun pouvoir véritable ni aucun droit véritable, puisqu'ils agissaient seulement par crainte du peuple, la préoccupation de mettre leur vie à l'abri du péril leur faisant adopter les opinions de la foule. La véritable autorité n'est pas celle qui marche à la suite des autres, mais celle qui se fait suivre par les autres. Craintifs devant le peuple et se réglant sur lui, ces gens montraient que l'autorité réelle les avait abandonnés pour passer entre les mains du peuple. C'est à lui maintenant que s'adresse le Christ, en lui dénonçant l'opposition qu'Il rencontre en eux. Cette accusation de résistance au Messie, accusation dirigée contre les indignes chefs nationaux des Juifs, — voilà tout le contenu de la parabole évangélique sur les vignerons, comme vous-mêmes allez le voir tout de suite. *(Lisant.)* « Il commença donc d'exposer *au peuple* cette parabole : Un homme planta une vigne, la livra aux vignerons et s'éloigna pour un temps assez long. Au jour convenable, il envoya un serviteur aux vignerons, afin de recevoir d'eux le fruit de la vigne. Les vignerons le maltraitèrent et le renvoyèrent les mains vides. Il envoya un autre serviteur. Les vignerons, l'ayant battu et déshonoré, le renvoyèrent les mains vides. Il décida d'envoyer un troisième serviteur ; et les vignerons, lui ayant infligé des blessures, le chassèrent. Alors, le maître de la vigne dit : Que dois-je faire ? J'enverrai mon fils bien-aimé ; peut-être, devant lui, auront-ils de la honte. A sa vue, les vignerons se mirent à délibérer entre eux, disant : Celui-ci est l'héritier ; tuons-le, afin que l'héritage nous appartienne. Et, l'ayant chassé de la vigne, ils le tuèrent. Que reste-t-il à faire au maître de la vigne ? Il viendra et perdra les vignerons et remettra la vigne à d'autres. Quand ils eurent entendu cela, ils dirent : Cela ne sera pas. — Lui, ayant regardé sur eux, dit : — Voici donc ce qui était écrit : la pierre, celle que les architectes ont rejetée, est devenue la pierre d'angle. Tout homme qui tombera sur cette pierre se brisera ; et tout homme sur qui tombera cette pierre sera écrasé. — Alors les pontifes et les scribes auraient voulu mettre la main sur Lui ; mais ils craignaient le peuple ; car ils comprenaient qu'Il avait dit cette parabole contre eux. » A qui et à quoi, je vous le demande, s'applique la parabole des vignerons ?

Le Prince. — Je ne comprends pas ce que vous pouvez objecter là-dessus. Les pontifes et les scribes juifs s'offensèrent parce qu'ils étaient et se reconnaissaient eux-mêmes des échantillons de cette mauvaise humanité mondaine dont parlait la parabole.

M. Z... — Mais de quoi, au juste, étaient-ils convaincus?

Le Prince. — De ne point pratiquer la vraie doctrine.

L'Homme politique. — Il me semble que c'est clair : ces vauriens vivaient comme des champignons, pour leur propre joie, fumaient du tabac, buvaient de la vodka, mangeaient de la viande de boucherie et même en régalaient leur dieu; d'ailleurs, ils se mariaient, présidaient des tribunaux et prenaient part aux guerres.

La Dame. — Pensez-vous donc que plaisanter de la sorte convienne à votre âge et à votre situation? — Prince, ne l'écoutez pas. Nous voulons parler avec vous sérieusement. Dites-moi ceci : donc, dans la parabole évangélique, en réalité, les vignerons se perdent parce qu'ils ont tué le fils héritier du maître — voilà, selon l'Évangile, la chose principale. — Pourquoi donc la laissez-vous de côté?

Le Prince. — Parce que je néglige ce qui se rapporte à la destinée personnelle du Christ, laquelle, assurément, a son importance et son intérêt, mais cependant n'est pas essentielle à l'unique chose nécessaire.

La Dame. — C'est-à-dire

Le Prince. — C'est-à-dire à l'observation de la doctrine évangélique, par laquelle on arrive à posséder le royaume de Dieu et sa vérité.

La Dame. — Attendez une petite minute. Il y a dans ma tête quelque chose qui est embrouillé...

Qu'est-ce que c'est exactement? Oui *(à M. Z...).* Vous avez l'Évangile entre les mains. Veuillez me dire de quoi il est encore question dans ce chapitre, après la parabole?

M. Z... *(feuilletant le petit livre).* — Il y est dit qu'on doit rendre à César ce qui lui est dû; ensuite, sur la résurrection des morts, que les morts ressusciteront, parce que Dieu n'est pas le Dieu des morts mais des vivants; et ensuite il y est prouvé que le Christ n'est pas le Fils de David, mais le Fils de Dieu; et les deux derniers versets sont contre l'hypocrisie et la vanité des Scribes.

La Dame. — Vous voyez, Prince : ceci, de même, est la doctrine évangélique : nous devons reconnaître le rôle de l'État dans les affaires du monde, croire à la résurrection des morts et professer que le Christ n'est pas simplement un homme mais le Fils de Dieu.

Le Prince. — Mais peut-on conclure d'après ce qui se trouve dans un seul chapitre et composé on ne sait par qui et on ne sait quand?

La Dame. — Non, pas cela! Sans avoir besoin de faire une enquête, je sais que, non pas dans un seul chapitre, mais dans l'ensemble des quatre Évangiles, beaucoup de passages concernent la résurrection et concernent la divinité du Christ — surtout l'Évangile de saint Jean; on le lit aux funérailles.

M. Z... — A propos de l'ignorance où l'on serait sur l'auteur et l'époque de la composition, la libre critique allemande a déjà reconnu que les quatre Évangiles sont tous d'origine apostolique, du premier siècle.

L'Homme politique. — Et dans la treizième édition de la *Vie de Jésus* (1), j'ai remarqué une espèce de rétractation au sujet du quatrième Évangile.

M. Z... — On ne peut pas rester en arrière des maîtres. Mais, à cet égard, Prince, quels que soient nos quatre Évangiles, quand et par qui ils ont été composés, le grand malheur, c'est que, d'autre Évangile, selon vous plus authentique et mieux en harmonie avec votre « doctrine », eh bien ! il n'en existe pas.

Le Général. — Comment ? il n'en existe pas ? Et le cinquième, celui où il n'y a point de Christ mais seulement une doctrine — sur la viande de boucherie et sur le service militaire ?

La Dame. — Vous aussi ! C'est honteux. Sachez que, plus vous et votre allié officiel taquinerez le Prince, plus je le soutiendrai. Je suis sûre, Prince, que vous voulez prendre le christianisme par le meilleur côté et que, quoique votre évangile ne soit pas le nôtre, il est cependant du même genre. Comme autrefois on composait des livres intitulés *l'esprit de M. de Montesquieu* (2), — *l'esprit de Fénelon* (3), ainsi vous ou vos maîtres avez voulu composer *l'esprit de l'Évangile* (4). Toutefois, c'est dommage que personne de vous n'ayez fait cela sous la forme d'un petit livre spécial qu'on aurait pu intituler « *L'esprit du christianisme,* d'après la doctrine de tels et tels ». Vous avez besoin d'avoir une espèce de catéchisme, afin que nous, simples

---

(1) En français. (*N. d. t*).
(2) *Id.* (*Id.*)
(3) *Id.* (*Id.*)
(4) *Id.* (*Id.*)

gens, ne perdions pas le fil à travers toutes ces variations. Tantôt, nous apprenons que la substance principale est dans le sermon sur la montagne; tantôt, subitement, on nous dit qu'il faut avant tout, à la sueur de son front, pratiquer l'agriculture — quoique cela ne soit pas dans l'Évangile, mais dans la Genèse, là où il y a « enfanter dans la douleur »; — mais, enfin, cela n'est pas un précepte, c'est seulement une triste destinée; tantôt, on dit qu'il faut tout distribuer aux pauvres; et ensuite ne rien donner, parce que l'argent est un mal; que ce n'est pas bien de faire du mal aux autres, mais seulement à soi et à sa famille; et à l'égard des autres il faut seulement travailler; tantôt on nous dit de nouveau : ne rien faire, méditer seulement; tantôt on nous dit : la vocation de la femme est d'engendrer le plus possible d'enfants bien portants; et tout à coup il ne faut absolument plus rien de cela; ensuite, ne pas manger de viande est le premier degré, mais pourquoi est-ce le premier, tout le monde l'ignore; ensuite, on condamne la vodka et le tabac; puis les *blini* (1); ensuite le service militaire devient le plus grand mal, et s'y refuser est le principal devoir du chrétien, et l'homme qui n'est pas pris comme soldat, celui-là est saint. Peut-être que je dis des absurdités, mais ce n'est pas ma faute : il est absolument impossible de se débrouiller dans tout cela.

Le Prince. — Moi aussi, je pense que nous avons besoin d'un résumé explicatif de la vraie doctrine. Je suppose qu'on s'occupe de le composer.

---

(1) Galettes. *(N. d. t.)*

La Dame. — Bien. En attendant qu'il soit composé, dites-moi maintenant, en deux mots, quel est, selon vous, le fond de l'Evangile?

Le Prince. — Il me semble, clairement, que c'est le grand principe de la non-résistance au mal par la force.

L'Homme politique. — Et comment ainsi en finir avec le tabac?

Le Prince. — Quel tabac?

L'Homme politique. — Ah! mon Dieu! Je demande quel rapport existe entre le principe de la non-résistance au mal et les appels à s'abstenir de vin, de viande et d'amour?

Le Prince. — Le rapport est clair, il me semble : ces habitudes dépravées abrutissent l'homme — elles étouffent en lui la voix de la raison ou de la conscience. C'est pourquoi les soldats s'enivrent en partant pour la guerre.

M. Z... — Surtout pour une guerre malheureuse. Mais nous pouvons laisser cela de côté. Le principe de la non-résistance au mal est important en lui-même. Mais est-ce qu'il justifie, ou non, l'application de l'ascétisme? Suivant vous, si nous nous abstenons de résister au mal par la force, alors, aussitôt, le mal disparaîtra. C'est-à-dire qu'il subsiste seulement par notre résistance ou par les moyens que nous employons contre lui, et qu'il n'a pas de force réelle qui lui soit propre. Au fond, il n'y a pas du tout de mal; il se manifeste seulement comme la conséquence de notre erreur qui nous fait croire que le mal existe et qui nous porte à agir contre lui. C'est cela, n'est-ce pas?

Le Prince. — Assurément, c'est cela.

M. Z... — Mais si le mal n'a pas de réalité, comment, alors, expliquez-vous le frappant insuccès de l'œuvre du Christ dans l'histoire? D'après votre point de vue, elle n'a rien produit, ou, en tout cas, elle a produit beaucoup plus de mal que de bien.

Le Prince. — Pourquoi cela?

M. Z... — Votre question est étrange. Eh bien! si cela vous paraît incompréhensible, examinons-le méthodiquement. Le Christ, même selon vous, a, avec plus de clarté, de force et de logique que personne, prêché le vrai bien. N'est-ce pas?

Le Prince. — Oui.

M. Z... — Et le vrai bien consiste à ne pas employer la force contre le mal, c'est-à-dire contre le mal prétendu, puisqu'il n'y a pas de mal réel.

Le Prince. — En effet.

M. Z... — Le Christ a non seulement prêché, mais il a Lui-même, jusqu'à la fin, accompli les obligations de ce bien en se soumettant sans résistance aux tourments du supplice. Selon vous, le Christ est mort et n'est pas ressuscité. Soit. A Son exemple, des milliers et des milliers de ses adhérents ont accepté le même sacrifice. Très bien. Et, selon vous, qu'est-il résulté de tout cela?

Le Prince. — Voudriez-vous donc que des anges enguirlandent brillamment ces martyrs et les placent, en récompense de leurs exploits, sous les tentes des jardins célestes?

M. Z... — Non. Pourquoi parler ainsi? Assurément, moi, et je l'espère, vous aussi, nous souhaitons à tout notre prochain, aux vivants et aux morts, ce qu'il y a de meilleur et de plus agréable. Mais il ne s'agit pas de nos désirs. Il s'agit de ce qui, selon vous, est réellement résulté de la prédication et des exploits du Christ ainsi que de ses adhérents.

Le Prince. — Résulté pour qui? pour eux?

M Z... — Eh bien! soit : ce qui en est résulté pour eux, on sait que c'est la mort par le supplice. Mais eux, assurément, dans leur héroïsme moral, ils ont fait un sacrifice volontaire, non en vue de recevoir de brillantes couronnes, mais pour procurer le vrai bien à autrui, à toute l'humanité. Voilà pourquoi je demande : quels biens l'héroïque martyre de ces hommes a-t-il procurés à autrui, à toute l'humanité? Selon la vieille maxime, le sang des martyrs était la semence de l'Église. Cela est vrai en fait, mais, selon vous, l'Église a été l'altération et la ruine du vrai christianisme, tellement que celui-ci a été tout à fait oublié par l'humanité; et, après dix-huit siècles, il faudrait restaurer l'œuvre entière, depuis le commencement, sans aucune garantie d'un meilleur succès, c'est-à-dire sans aucun espoir.

Le Prince. — Pourquoi sans espoir?

M. Z... — Vous reconnaissez, je pense, que le Christ et les premières générations de chrétiens ont mis toute leur âme dans cette œuvre et ont donné leur vie pour elle. Si, cependant, selon vous, cela n'a rien produit, sur quoi pouvez-vous fonder l'espérance d'arriver à autre chose? L'œuvre tout entière n'a produit qu'un seul résultat certain et constant, tout à fait identique pour les hommes qui la commencèrent, pour ceux qui l'ont défigurée, pour ceux qui l'ont perdue et pour ceux qui veulent la restaurer : eux tous, selon vous, sont morts dans le passé, meurent à présent, mourront plus tard ; et de l'œuvre de bien, de la prédication de la vérité, rien, excepté la mort, jamais rien n'est venu, ne vient, ne promet de venir. Qu'est-ce que cela signifie? Chose étrange : le mal, qui n'existe pas, triomphe toujours ; et le bien, toujours, s'enfonce dans le néant.

La Dame. — Est-ce que les mauvaises gens ne meurent pas?

M. Z... — Et même beaucoup... Mais la question consiste en ceci : que, par l'empire de la mort, la puissance du mal seul est *confirmée,* tandis que, au contraire, la puissance du bien est démentie. En fait, le mal est *évidemment* plus fort que le bien. Si cette évidence est admise comme la réalité unique, alors il faut reconnaître que le monde est l'œuvre du principe mauvais. Mais comment les gens deviendront-ils sages, s'ils jugent exclusivement d'après la réalité courante et visible, et si, par conséquent, ils admettent la visible prédominance du mal sur le bien, tout en affirmant que le mal n'existe pas et que, par conséquent, il n'y a pas lieu de lutter contre lui — cela, ma raison ne parvient pas à me le faire comprendre, et j'attends que le Prince me vienne en aide.

L'Homme politique. — Indiquez-nous donc d'abord le moyen que vous avez de sortir de cet embarras.

M. Z... — Il me semble que le moyen est simple. En réalité, le mal existe, et il ne s'exprime point par la seule absence du bien, mais par une opposition et une prédominance positives des instincts inférieurs sur les instincts supérieurs, dans tous les domaines de l'existence. Il y a le mal individuel; il s'exprime en ceci : que les éléments inférieurs de l'homme, les passions bestiales et sauvages, s'opposent aux meilleures tendances de l'âme et *les dominent*, chez l'immense majorité des gens. Il y a le mal public — il s'exprime en ceci : que la foule des hommes, individuellement assujettis au mal, combat les salutaires efforts du petit nombre meilleur et les surmonte; enfin, il y a le mal pour l'homme, le mal physique : il s'exprime en ceci, que les éléments matériels inférieurs de son corps combattent la force vivante et lumineuse qui les assemble dans la belle forme de l'organisme; les instincts inférieurs s'opposent à cette forme et la brisent, en détruisant la base pratique de tout ce qui est élevé. C'est le mal *extrême,* appelé la mort. Si la victoire de cet extrême mal physique devait être considérée comme définitive et absolue, alors les prétendues victoires du bien dans le domaine social ou dans le domaine de la personnalité morale ne mériteraient pas d'être mises au nombre des progrès sérieux. Imaginons un homme de bien, Socrate, par exemple, ayant triomphé non seulement de ses ennemis intérieurs — les mauvaises passions — mais ayant réussi à vaincre et à réformer ses ennemis publics et à régénérer les mœurs grecques. Quel avantage représenterait cette éphémère et superficielle victoire sur le mal, si le mal triomphe définitivement dans les couches les plus profondes de la vie et sur les principes mêmes de la vie? Ainsi donc, pour le réformateur et pour les réformés — un seul aboutissement : la mort. D'après quelle méthode pourrait-on faire grand cas des victoires morales remportées par le bien socratique sur les microbes moraux des mauvaises passions dans son sein et sur les microbes sociaux des places publiques d'Athènes, si les vrais vainqueurs se trouvaient être encore les plus mauvais, les plus inférieurs, les plus grossiers microbes de la décomposition physique? Alors, pour nous protéger contre l'extrême pessimisme et contre le désespoir, la littérature morale ne nous servirait de rien.

L'Homme politique. — Nous avons déjà entendu cela. Mais vous, sur quoi vous appuyez-vous pour combattre le désespoir?

M. Z... — Nous n'avons qu'un appui : la résurrection réelle. Nous savons que la lutte du bien et du mal ne se produit pas seulement dans l'âme et dans la société, mais aussi, et plus profondément, dans le monde physique. Déjà, nous connaissons dans le passé une victoire du bon principe de la vie, par une résurrection personnelle. Et nous attendons de futures victoires par la résurrection collective de tous. Là, alors, le mal prend sa signification ou reçoit la définitive explication de son existence, parce qu'il sert tout entier au triomphe de plus en plus grand, à la réalisation et à l'accroissement du bien. Si la mort est plus forte que la vie mortelle, alors la résurrection dans la vie éternelle est plus forte que l'une et l'autre. Le règne de Dieu est le règne de la vie qui triomphe par la résurrection, et dans laquelle réside le bien effectif, réalisé, final. Là est toute la puissance et toute l'œuvre du Christ; là, Son amour efficace pour nous et notre amour pour Lui. Le reste n'est que condition, moyen, allure. Sans la foi dans la résurrection accomplie par Un Seul, et sans l'attente de la future résurrection de tous, on ne peut parler qu'en paroles d'un Royaume de Dieu; en fait, tout se réduit à l'empire de la mort.

Le Prince. — Comment cela?

M. Z... — Voyons. Avec tout le monde vous reconnaissez que la mort est un fait, c'est-à-dire que les hommes, en général, sont morts, meurent et continueront de mourir. En outre, vous élevez ce fait à la hauteur d'une loi absolue, qui, selon vous, ne comporte aucune exception. Eh bien! ce monde où, pour toujours, la mort possède la puissance d'une loi absolue, comment l'appeler, si ce n'est le royaume de la mort? Votre Royaume de Dieu sur la terre, qu'est-ce que c'est, sinon un arbitraire et vain euphémisme pour désigner le royaume de la mort?

L'Homme politique. — Moi aussi, je pense que c'est vain, parce qu'on ne peut remplacer une grandeur connue par une grandeur inconnue. Dieu, personne ne l'a vu; et ce que peut être Son Royaume, personne n'en sait rien. Mais la mort des gens et des animaux, tous nous l'avons vue; et nous savons qu'elle exerce dans le monde un pouvoir souverain, auquel personne ne se soustrait. Alors, pourquoi au lieu de cet a inscrire un x quelconque? Cela n'a d'autre résultat que d'embrouiller et de scandaliser les « petits ».

Le Prince. — Je ne comprends pas. Sur quoi discutons-nous, maintenant? Certes, la mort est un phénomène très intéressant; on peut, si vous voulez, l'appeler une loi, comme phénomène constant parmi les substances terrestres, inévitable pour chacune d'elles. Vous pouvez en parler comme d'une loi absolue, puisque, jusqu'ici, on n'a pu, authentiquement, y constater une seule exception. Mais quelle essentielle et vitale importance cela peut-il avoir pour la vraie doctrine chrétienne, qui, par notre conscience, nous parle seulement de ce que nous devons et de ce que nous ne devons pas faire *ici et maintenant?* Évidemment, la voix de la conscience ne concerne que les choses qu'il est en notre pouvoir de faire. Aussi, non seulement la conscience ne nous dit rien sur la mort; mais même elle ne peut rien nous en dire. La mort, malgré sa grandeur colossale par rapport à nos sentiments et à nos désirs humains et terrestres, la mort est en dehors de notre volonté; et c'est pourquoi elle ne peut avoir à nos yeux aucune importance morale. Sous ce rapport, — le seul donc qui ait une importance actuelle — la mort est un fait indifférent, comme le mauvais temps, par exemple. Parce que je reconnais l'inévitable et périodique existence du mauvais temps et que j'en souffre plus ou moins, est-ce un motif pour dire, au lieu du Royaume de Dieu, le royaume du mauvais temps?

M. Z... — Non; et d'abord, parce que le mauvais temps règne seulement à Pétersbourg, et parce que nous nous moquons de son empire, pendant que nous voilà réunis avec vous sur les bords de la Méditerranée. — Ensuite, votre comparaison ne vaut rien, parce que, même pendant le mauvais temps, on peut louer Dieu et se sentir dans Son royaume. Comme il est dit dans l'Écriture, les morts ne louent pas Dieu. C'est pourquoi, ainsi que Son Excellence l'a remarqué, ce triste monde serait plus convenablement appelé le royaume de la mort que le Royaume de Dieu.

La Dame. — Allons! vous voilà engagés dans une discussion qui roule tout entière sur des noms. C'est ennuyeux! Est-ce de noms qu'il s'agit? Vous feriez bien mieux, Prince, de nous dire de quelle façon, vous, à proprement parler, vous entendez le Royaume de Dieu et Sa vérité.

Le Prince. — J'entends une situation où les gens agissent avec une conscience pure et accomplissent de cette manière la volonté divine, qui ne leur prescrit que le bien pur.

M. Z... — Mais, en outre, suivant vous, la voix de la conscience ne parle infailliblement que de l'accomplissement du devoir, *maintenant* et *ici*?

Le Prince. — Cela va de soi.

M. Z... — Eh bien! est-ce que votre conscience reste tout à fait muette au sujet des fautes dont peut-être, quand vous étiez plus jeune, vous vous êtes rendu coupable envers des personnes mortes depuis longtemps?

Le Prince. — Alors, le sens de ces souvenirs est que, maintenant, je ne dois rien faire de pareil.

M. Z... — Ce n'est pas tout à fait ainsi; mais il n'y a pas lieu de discuter là-dessus. Je veux seulement vous rappeler une autre limite, plus certaine, du rôle de la conscience. Depuis longtemps, les moralistes comparent la voix de la conscience à ce génie ou à ce démon qui tenait compagnie à Socrate, le prémunissant contre les infractions au devoir, mais ne lui indiquant jamais d'une manière positive le devoir à remplir. On peut dire exactement la même chose à propos de la conscience.

Le Prince. — Comment serait-ce possible ? Est-ce que, par exemple, la conscience ne me suggère pas de donner assistance à mon prochain dans certains cas de nécessité ou de péril ?

M. Z... — J'ai grand plaisir à vous entendre dire cela. Mais si vous examinez soigneusement ces circonstances, vous verrez que le rôle de la conscience apparaît ici purement négatif : elle exige que vous ne restiez pas inerte ou indifférent devant le besoin du prochain ; mais ce que, précisément, vous devez faire pour le prochain, la conscience ne vous le dit pas elle-même.

Le Prince. — Parce que cela dépend des circonstances, de la situation où je suis et de celle du prochain à qui je dois donner appui.

M. Z... — Naturellement. Or, l'examen et l'appréciation de ces circonstances et de la situation, ce n'est pas l'affaire de la conscience, mais de la raison.

Le Prince. — Mais peut-on séparer la conscience et la raison ?

M. Z... — Il n'est pas nécessaire de les séparer. Ce qu'il faut c'est les distinguer, précisément parce que, dans la réalité, il se produit parfois, non seulement séparation, mais opposition entre l'intelligence et la conscience. Si elles étaient une seule et même chose, alors comment l'intelligence pourrait-elle coopérer à des actions qui non seulement ne concernent pas la moralité, mais qui sont même directement immorales? Et cela arrive. On peut procurer des secours avec intelligence mais malhonnêtement; par exemple, si je donne à manger, à boire et si je témoigne de toutes manières de la bienveillance à un nécessiteux, en vue de faire de lui un complice pour la réussite d'une escroquerie quelconque ou d'une autre mauvaise action.

Le Prince. — Oui, c'est élémentaire. Mais que prétendez-vous en conclure?

M. Z... — Ceci : que, si la conscience, avec toute son autorité, comme la voix qui prononce des avertissements et qui fait des reproches, ne donne pas, pour nos actes, des indications positives et pratiquement définies; et si notre bonne volonté a besoin de l'intelligence comme d'un instrument à son service; et si cependant l'intelligence se montre un serviteur douteux, étant propre et prêt à servir de la même manière deux maîtres, — le bien et le mal — alors, la conclusion c'est que, pour accomplir la volonté de Dieu, il faut, outre la conscience et l'intelligence, quelque chose, une troisième chose.

Le Prince. — Et qu'est-ce que sera celle-là, selon vous?

M. Z... — Pour le dire brièvement, c'est *l'inspiration du bien*, ou l'action directe et positive du bon principe sur nous et en nous. Dans cette coopération d'en haut, l'intelligence et la conscience deviennent les fidèles collaborateurs du bien lui-même ; et la moralité, au lieu d'être la « bonne conduite », toujours douteuse, devient, incontestablement, la vie dans le bien lui-même — développement organique et perfectionnement de l'homme tout entier — intérieur et extérieur, personne et société, peuple et humanité, afin qu'elle s'achève par l'unité vivante du passé ressuscité et de l'avenir réalisé dans l'éternelle actualité du royaume de Dieu, lequel existera sur la terre, mais seulement sur une terre nouvelle, amoureusement fiancée à un ciel nouveau.

Le Prince. — Je n'ai rien contre de telles métaphores poétiques ; mais pourquoi pensez-vous que les gens qui accomplissent la volonté de Dieu selon les préceptes évangéliques manquent de ce que vous appelez « l'inspiration du bien ? »

M. Z... — Non seulement parce que, dans leur activité, je ne vois pas les signes réels de cette inspiration, immenses et libres élans d'amour ; — parce que, n'est-il pas vrai, Dieu ne mesure pas l'esprit qu'il donne ; et je ne vois pas non plus la joyeuse et débonnaire tranquillité dans le sentiment de la possession de ces dons, même simplement élémentaires ; — mais, surtout, parce que je vous suppose dépourvu de l'inspiration religieuse, dont vous croyez, d'ailleurs, n'avoir pas besoin. Si le bien s'épuise par l'accomplissement de la « règle », alors, où trouvera place l'inspiration ? La « règle » a été donnée une fois pour toutes ; elle est décrétée et identique pour tous les individus. Celui qui a donné cette règle est mort depuis longtemps et, selon vous, n'est pas ressuscité et n'a donc pas pour nous une personnelle et vivante existence. A vos yeux, le bien absolu et primordial n'est pas le père des lumières et des esprits, qui saurait nous éclairer et nous inspirer directement, mais un maître économe qui vous a envoyés cultiver sa vigne comme des mercenaires, et qui, vivant quelque part à l'étranger, réclame ses revenus par l'intermédiaire d'un envoyé.

Le Prince. — Comme si nous avions composé arbitrairement cette image!

M. Z... — Non; mais, d'une façon arbitraire, vous y voyez le modèle supérieur des relations entre l'humanité et la divinité. Arbitrairement, vous rejetez du texte évangélique ce qui en est la substance — l'indication concernant le fils et l'héritier, dans laquelle réside le véritable modèle du rapport divino-humain. Le maître, les devoirs envers le maître, la volonté du maître. Là-dessus, voici ce que je vous dis : tant que votre maître se borne à vous imposer des obligations et à exiger de vous l'accomplissement de sa volonté, je ne vois pas comment vous me prouvez que c'est le vrai maître et non pas un imposteur.

Le Prince. — Voilà qui me plaît! La conscience et la raison m'enseignent que les exigences du maître expriment seulement le bien le plus pur.

M. Z... — Pardon; je ne parle pas de cela. Je ne conteste pas que le maître exige de vous le bien; mais s'ensuit-il que lui-même soit bon?

Le Prince. — Que voulez-vous dire?

M. Z... — C'est singulier! J'ai toujours pensé que la valeur morale de n'importe quel être se prouve, non point par ses exigences envers autrui, mais par ses propres actes. Si cela ne vous paraît pas clair en logique, voici pour vous un exemple saisissable à première vue. Le tsar moscovite Ivan IV, dans une lettre bien connue, enjoignit au prince André Kourbski de donner un exemple du plus grand bien : l'héroïsme moral le plus élevé, en s'abstenant de résister au mal et en acceptant avec douceur la mort du martyre pour la vérité. Cette volonté du maître était bonne en ce qu'elle exigeait d'autrui, mais elle ne prouvait nullement que le maître qui exigeait un tel bien fût bon lui-même. Évidemment, le martyre pour la vérité manifeste la plus haute vertu morale, mais cela ne témoigne rien du tout en faveur d'Ivan IV, puisque, dans la circonstance, il n'était pas le martyr mais le bourreau.

Le Prince. — Que voulez-vous donc dire par là ?

M. Z... — Ceci : tant que vous ne me montrez pas la bonne qualité de votre maître par ses propres actes, mais seulement par ses prescriptions verbales aux ouvriers, je demeure persuadé que votre maître lointain, qui exige des autres le bien, mais qui ne fait aucun bien lui-même; qui impose des obligations, mais qui ne manifeste pas d'amour; qui jamais ne s'est montré à vos yeux, mais qui vit quelque part à l'étranger, *incognito* — qu'il est uniquement le *Dieu de ce temps*...

Le Général. — *Incognito* maudit !

La Dame. — Ah ! ne parlez pas ainsi ! Quelle horreur ! Que la puissance de la croix soit avec nous ! *(Elle fait le signe de la croix.)*

Le Prince. — On pouvait s'attendre à quelque chose de ce genre.

M. Z... — Je suis certain, Prince, que dans votre erreur sincère, vous confondez le vrai Dieu avec un adroit imposteur. L'*adresse* de l'imposteur est pour vous la circonstance la plus atténuante. Moi-même, je n'ai pas analysé tout d'un coup ce qu'il y a là au juste; mais aucun doute ne me reste; et vous saisissez avec quel sentiment je dois observer ce que je considère comme un *masque* trompeur et séducteur...

La Dame. — Cela, sachez-le, est une offense.

Le Prince. — Je vous assure que je ne me trouve nullement offensé. En somme, on a posé une question générale et assez intéressante; et il me semble bizarre que mon interlocuteur, apparemment, imagine qu'elle ne peut s'adresser qu'à moi seul et non pas aussi à lui. Vous réclamez de moi que je vous montre les propres bonnes actions que mon maître a faites et qui témoignent qu'il est le principe du bien et non du mal. Mais vous, quelles bonnes actions de votre maître m'indiquez-vous que je ne puisse attribuer à moi-même?

Le Général. — Mais déjà on a indiqué un fait par lequel tout le reste est soutenu.

Le Prince. — Lequel? Exactement.

M. Z... — La réelle victoire sur le mal, dans la résurrection réelle. C'est seulement par elle que, je le répète, est révélé le réel royaume de Dieu. Sans elle, il n'y a que le royaume de la mort et du péché et de leur auteur, le démon. La résurrection — non pas seulement dans son sens figuré, mais dans son sens véritable — voilà le titre du vrai Dieu.

Le Prince. — Oui, s'il vous plaît de croire à une

telle mythologie. Moi, je vous demande des faits que l'on puisse prouver et non point vos croyances.

M. Z... — Doucement, doucement, Prince. Tous les deux nous procédons d'une croyance, ou, si vous le voulez, d'une mythologie; seulement, je l'accompagne jusqu'au bout, tandis que vous, malgré la logique, vous vous arrêtez au commencement du chemin. Voyons, vous admettez, n'est-ce pas, la puissance du bien et son futur triomphe sur la terre?

Le Prince. — Je l'admets.

M. Z... — Et qu'est-ce que c'est que cela? Un fait ou une croyance?

Le Prince. — Une croyance *raisonnable*.

M. Z... — Nous allons voir. Comme on nous l'a enseigné au séminaire, la raison ordonne, entre autres choses, de ne rien admettre sans un fondement suffisant. Je vous prie de me dire sur quel fondement suffisant, après avoir reconnu la puissance du bien dans le progrès moral et dans le perfectionnement de l'homme et de l'humanité, vous reconnaissez que le bien est impuissant contre la mort?

Le Prince. — Moi, j'estime que vous avez à nous dire pourquoi vous attribuez de la puissance au bien en dehors de la sphère morale?

M. Z... — Je vais vous le dire. Dès que je crois au bien et à sa puissance propre et que, dans la notion même de cette puissance bienfaisante, se confirme sa supériorité essentielle et *absolue*, alors, *logiquement*, je reconnais là une puissance illimitée; et rien ne m'empêche de croire à la vérité de la résurrection, certifiée *historiquement*. En outre, si, tout d'abord, vous aviez dit franchement que la foi chrétienne ne compte pas à vos yeux, et que, selon vous, son objet c'est une mythologie, alors, naturellement, j'aurais imposé une contrainte à l'hostilité que je ne puis vous dissimuler pour votre manière de penser. Car, erreur ou faute n'est pas compte ; et ressentir de l'animosité envers des personnes pour leurs erreurs théoriques, c'est se donner soi-même un certificat d'excessive petitesse d'esprit, d'excessive faiblesse de foi et d'excessive dureté de cœur. Les hommes qui croient réellement et qui, par là même, sont à l'abri de ces excès de sottise, de lâcheté et de dureté, doivent avoir une disposition cordiale pour l'adversaire ou le négateur des vérités religieuses, quand celui-ci est sincère et franc, c'est-à-dire *honnête*. Mais à notre époque cette rencontre est si rare ! Je ne saurais guère vous dire avec quelle particulière satisfaction je contemple un ennemi déclaré du christianisme. Peu s'en faut que je ne sois toujours prêt à voir en tout homme de ce genre un futur apôtre Paul ; tandis que tels et tels zélateurs du christianisme me font forcément songer à Judas, le traître. Mais vous, Prince, vous vous êtes comporté avec tant de franchise que je refuse catégoriquement de vous ranger parmi les Judas d'aujourd'hui, innombrables dans les deux sexes ; et déjà je prévois le moment où je ressentirai pour vous la meilleure disposition, celle qu'éveillent en moi beaucoup d'athées et de païens déclarés.

L'Homme politique. — Puisque, par bonheur, il est bien clair maintenant que ni les athées, ni les païens, ni les « vrais chrétiens » pareils au Prince ne représentent eux-mêmes l'Antéchrist, c'est le moment, pour vous, de nous exhiber son propre portrait.

M. Z... — Voilà donc où vous vouliez en venir! Mais est-ce que, parmi les nombreuses représentations du Christ, même parmi celles qu'ont faites parfois des peintres de génie, il y en a une seule qui vous plaise complètement? Moi, je n'en connais pas une qui soit satisfaisante. Je pense qu'il ne peut y en avoir, pour cette raison que le Christ est l'incarnation de son essence : le bien; — incarnation individuelle, unique en son genre et, par conséquent, sans analogie avec aucune autre. Pour représenter cela, le génie artistique est insuffisant. Il faut dire la même chose de l'Antéchrist. C'est, également, l'incarnation du mal, incarnation individuelle, unique dans son achèvement et dans sa plénitude. On ne peut exhiber son portrait. Dans la littérature ecclésiastique nous trouvons seulement son passeport, avec des indications générales et particulières...

La Dame. — Nous n'avons pas besoin de son portrait. Que Dieu nous en préserve! Dites-nous plutôt pourquoi lui-même est nécessaire; en quoi, selon vous, consiste l'essence de son œuvre et s'il viendra prochainement?

M. Z... — Soit. Je puis vous satisfaire mieux que vous ne pensez. Un de mes anciens camarades d'études, qui s'était fait moine, m'a, il y a quelques années, au moment de mourir, légué un manuscrit, auquel il tenait beaucoup, mais qu'il ne voulait ni ne pouvait imprimer. Le manuscrit est intitulé : *Brève narration sur l'Antéchrist*. Quoiqu'elle ait la forme ou la physionomie d'un tableau historique imaginaire et anticipé, cette composition donne, selon moi, tout ce que la Sainte-Écriture, la tradition de l'Église et la saine raison permettent de dire de plus vraisemblable sur un tel sujet.

L'Homme politique. — Est-ce que ce ne serait pas une production de notre connaissance Varsonophii?

M. Z... — Non, on lui donnait un nom plus raffiné : Pansophii.

L'Homme politique. — Pan Sophii? Un Polonais?

M. Z... — Nullement. Le fils d'un prêtre russe. Si vous m'accordez un instant pour aller jusqu'à ma chambre, j'apporterai et je vous lirai ce manuscrit. Il n'est pas volumineux.

La Dame. — Allez! Allez! Mais ne vous égarez pas. *(Pendant que M. Z... va dans sa chambre prendre le manuscrit, la compagnie se lève et fait un tour de jardin.)*

L'Homme politique. — Je ne sais pas au juste : est-ce la vieillesse qui obscurcit ma vue ou est-ce la nature qui se modifie? En tout cas, je constate que dans n'importe quelle saison et dans n'importe quel endroit, il n'y a plus maintenant ces claires et tout à fait transparentes journées qu'on observait jadis sous tous les climats. Ainsi, aujourd'hui, pas un seul petit nuage; nous sommes assez loin de la mer; et pourtant on dirait que tout est recouvert d'une sorte de voile fin qu'on ne peut saisir. Toujours est-il que ce n'est pas la pleine clarté. Le remarquez-vous, Général?

Le Général. — Voilà déjà bien des années que je l'ai remarqué.

La Dame. — Moi, je le remarque depuis l'année passée et non seulement dans l'atmosphère, mais encore dans l'âme, où manque aussi la « pleine clarté » comme vous dites. Partout, une espèce d'inquiétude, une sorte de pressentiment de mauvais augure. Je suis persuadée, Prince, que vous avez la même impression.

Le Prince. — Non, je n'ai rien remarqué de particulier : l'atmosphère me semble être toujours la même.

Le Général. — Vous êtes trop jeune pour constater la différence : vous n'avez pas de terme de comparaison. Mais quand on a des souvenirs de cinquante ans, alors cela est sensible.

Le Prince. — Je pense que la première supposition est la vraie : l'affaiblissement de la vue.

L'Homme politique. — Nous vieillissons, c'est hors de doute; mais la terre ne rajeunit pas non plus; on sent une espèce de lassitude réciproque.

Le Général. — Ce qui est encore plus certain, c'est que le diable, avec sa queue, promène un brouillard sur la clarté divine. Voilà encore un signe de l'Antéchrist !

La Dame *(montrant M. Z... qui descend de la terrasse)*. — Nous allons apprendre tout de suite quelque chose là-dessus.

(Tous reviennent s'asseoir à leurs places primitives; et M. Z... se met à lire le manuscrit qu'il a rapporté.)

COURTE RELATION SUR L'ANTÉCHRIST

>   Panmongolisme ! Quoique sauvage,
>   Le mot me caresse l'oreille,
>   Comme s'il était rempli par le présage
>   D'un grand décret de la divine Providence.

La Dame. — D'où vient cette épigraphe ?

M. Z... — Je pense qu'elle a été composée par l'auteur même de la narration.

La Dame. — Bien. Lisez.

M. Z... *(lisant)*. — « Le vingtième siècle après la naissance du Christ fut l'époque des dernières grandes guerres, discordes civiles et révolutions. La principale des guerres extérieures eut pour cause éloignée le mouvement intellectuel que l'on avait vu surgir au Japon vers la fin du dix-neuvième siècle et qui s'appelait *panmongolisme*. Imitateurs, les Japonais ayant, avec une rapidité et une réussite surprenantes, copié les formes de la culture européenne, s'approprièrent aussi quelques idées européennes d'ordre inférieur. Ayant, par les journaux et par les manuels d'histoire, appris l'existence en Europe du panhellénisme, du pangermanisme, du panslavisme, du panislamisme, ils proclamèrent la grande idée du panmongolisme, c'est-à-dire l'union d'ensemble, sous leur suprématie, de tous les peuples de l'Asie orientale, en vue d'une lutte décisive contre les étrangers, c'est-à-dire les Européens. Profitant de ce que, au début du vingtième siècle, l'Europe était occupée à en finir avec le monde *musulman*, ils commencèrent la réalisation du grand programme. D'abord, ils envahirent la Corée, ensuite Pékin, où, avec le concours du parti progressiste chinois, ils renversèrent la vieille dynastie mandchoue, en la remplaçant par une dynastie japonaise. Rapidement, ils réussirent à se réconcilier avec les conservateurs chinois. Ceux-ci comprenaient que de deux maux on fait mieux de choisir le moindre et que, par la force des choses, un parent est plutôt un frère. D'ailleurs, l'indépendance impériale de la vieille Chine ne pouvait plus se maintenir; et il était inévitable de se soumettre, soit aux Européens, soit aux Japonais. Il était clair que la domination japonaise, en détruisant les formes extérieures de l'impérialisme chinois, devenues inutilisables aux yeux de tout le monde, ne modifiait pas les principes intérieurs de la vie nationale; tandis que la domination exercée par les peuples européens, protecteurs politiques des missionnaires chrétiens, menaçait même les plus profonds appuis spirituels de la Chine. La haine que, jadis, les Chinois ressentaient pour les Japonais, datait de l'époque où ni les uns ni les autres ne connaissaient les Européens, devant lesquels, ensuite, l'inimitié de deux peuples parents prenait le caractère d'une discorde intestine et devenait absurde. Les Européens étaient *entièrement* des étrangers, *uniquement* des ennemis; et leur suprématie ne pouvait en aucune manière flatter l'amour-propre de la race. Au contraire, les Chinois apercevaient dans les mains du Japon le doux appât du panmongolisme, qui, en même temps, justifiait à leurs yeux la triste nécessité de s'européaniser extérieurement. Les Japonais leur répétaient avec énergie : « Frères obstinés, comprenez donc que nous prenons l'armement des chiens occidentaux, non point parce que nous les préférons, mais parce que nous voulons nous en servir pour les abattre. Si vous vous joignez à nous et si vous acceptez notre direction effective, non seulement nous aurons bientôt fait de chasser de notre Asie les diables blancs, mais, en outre, nous ferons la conquête de leurs propres territoires et nous établirons le véritable Empire du Milieu, qui régnera sur le monde entier. Vous avez raison de tenir à votre orgueil national et de mépriser les Européens ; mais c'est en pure perte que vous ne nourrissez ces sentiments qu'avec des rêveries et sans activité intelligente. Nous qui, à cet égard, vous avons devancés, nous devons vous montrer la voie de l'intérêt commun. D'ailleurs, regardez donc ce que vous a procuré votre politique de confiance en vous-mêmes et de défiance envers nous, qui sommes vos amis et vos défenseurs naturels : peu s'en faut que la Russie et l'Angleterre, l'Allemagne et la France ne se soient entièrement partagé la Chine ; et tous vos projets de tigres n'ont montré que la pointe impuissante d'une queue de serpent. » Les judicieux Chinois trouvèrent que ce raisonnement était fondé ; et la dynastie japonaise s'affermit. Naturellement, elle s'occupa d'abord d'organiser une armée et une flotte puissantes. La plus grande partie des forces militaires japonaises fut transportée en Chine et, là, servit de cadres pour une armée nouvelle, énorme. Parlant la langue chinoise, les officiers japonais remplissaient le rôle d'instructeurs et avec beaucoup plus de succès que n'en avaient eu les officiers européens, désormais congédiés. L'innombrable population de la Chine, avec la Mandchourie, la Mongolie et le Thibet, fournissait suffisamment une excellente matière militaire. Bientôt le premier empereur de la dynastie japonaise put essayer avec succès les armes de l'empire renouvelé, en expulsant les Français du Tonkin et du Siam, les Anglais de la Birmanie, et en annexant à l'Empire du Milieu l'Indo-Chine entière. Son successeur, Chinois par sa mère, et en qui s'unissaient la ruse et l'élasticité chinoises avec l'énergie, la mobilité et l'esprit d'entreprise des Japonais, mobilisa dans le Turkestan chinois une armée de quatre millions d'hommes. Pendant que le Tsun-li-Yamin informe confidentiellement l'ambassadeur russe que cette armée est destinée à la conquête de l'Inde, l'empereur envahit l'Asie centrale russe, y soulève toute la population, s'avance rapidement à travers l'Oural, inonde de son armée la Russie orientale et centrale. De leur côté, mobilisées au plus vite, venant de Pologne et de Livonie, de Kiev et de Vilna, de Pétersbourg et de la Finlande, les troupes russes se hâtent de se concentrer. Faute d'un plan de guerre établi d'avance et par l'effet de l'énorme supériorité numérique de l'ennemi, la valeur militaire des troupes russes ne pouvait leur servir qu'à succomber avec honneur. La rapidité de l'invasion ne leur laisse pas le temps de faire la concentration convenable; aussi les corps d'armée sont-ils détruits successivement dans des luttes acharnées et désespérées. Les Mongols paient un prix élevé cette victoire; mais ils n'ont pas de peine à réparer leurs pertes, en s'emparant de tous les chemins de fer de l'Asie, pendant qu'une armée russe de deux cent mille hommes, depuis longtemps rassemblée à la frontière de Mandchourie, s'efforce sans succès d'envahir la Chine bien défendue. Laissant une partie de ses forces en Russie, afin d'y empêcher la formation de nouveaux contingents, et aussi afin de poursuivre les détachements de plus en plus nombreux de partisans, l'empereur amène trois armées en Allemagne. Là, on avait su préparer la résistance; aussi, l'une des armées mongoles est-elle battue à plate couture. Alors, en France, le parti attardé de la revanche prend le dessus; et bientôt un million de baïonnettes ennemies se dressent derrière les Allemands. Placée entre le marteau et l'enclume, l'armée allemande n'a d'autre ressource que d'accepter les conditions, honorables, dans lesquelles l'Empereur lui propose le désarmement. Tout à la joie, les Français fraternisent avec les Jaunes, se répandent à travers l'Allemagne et perdent rapidement toute notion de discipline militaire; l'Empereur mongol ordonne à ses troupes d'égorger les plus inutiles de ses alliés; et la mesure est exécutée avec la ponctualité chinoise. A Paris, les ouvriers *sans patrie* (1) se soulèvent; la capitale de la culture occidentale ouvre joyeusement ses portes au maître de l'Orient. Celui-ci, ayant satisfait sa curiosité, se dirige

---

(1) En français. *(N. d. t.)*

vers le port de Boulogne, où, sous l'escorte de la flotte arrivée de l'océan Pacifique, des navires s'apprêtent à transporter des troupes mongoles en Grande-Bretagne. Mais il a besoin d'argent; et les Anglais assurent l'inviolabilité de leur territoire au prix d'un milliard de livres sterling. En une année, il impose à tous les États européens la reconnaissance de sa suzeraineté. Alors, laissant en Europe une suffisante armée d'occupation, il retourne en Orient et entreprend une expédition navale contre l'Amérique et contre l'Australie. Durant cinquante ans, le monde européen subit le nouveau joug mongol. Au point de vue intérieur, cette époque est caractérisée par un mélange général, par une profonde et réciproque pénétration des idées européennes et des idées orientales, par la répétition *en grand* (1) de l'antique syncrétisme alexandrin; — dans l'ensemble de la vie pratique elle est caractérisée surtout par trois phénomènes : la multitude d'ouvriers chinois et japonais charriée comme un limon et qui rend beaucoup plus aiguë la question économique sociale, pour la solution de laquelle les classes dirigeantes continuent d'expérimenter des palliatifs; la croissante activité internationale des organisations sociales secrètes, qui forment un vaste complot européen pour chasser les Mongols et rétablir l'indépendance de l'Europe. Ce complot colossal, auquel prennent part les divers gouvernements nationaux, autant que le permet le contrôle des vice-rois mongols, est préparé de main de maître et réussit d'une

---

(1) En français. *(N. d. t.)*

manière brillante. Au moment fixé, commence le massacre des soldats mongols; les ouvriers asiatiques sont tués ou expulsés. Partout se dévoilent les cadres jusque-là dissimulés des armées européennes, dont la mobilisation générale s'accomplit selon le plan le plus détaillé, tracé longtemps à l'avance. Le nouvel empereur, petit-fils du grand conquérant, quitte la Chine pour gagner en hâte la Russie; mais, là, ses troupes innombrables sont complètement défaites par l'armée de l'Europe entière coalisée. Leurs débris dispersés retournent dans les profondeurs de l'Asie. L'Europe est délivrée. Son assujettissement d'un demi-siècle aux barbares d'Asie avait été la conséquence de la désunion des États, occupés seulement de leurs propres intérêts nationaux : au contraire, sa grande et glorieuse délivrance est le résultat de l'organisation internationale où se sont unies les forces de tous les peuples européens. Alors, ce fait éclatant produit sa conséquence naturelle : l'antique loi de la co-existence de peuples séparés est discréditée partout; et presque partout s'écroulent les derniers restes des vieilles institutions monarchiques. Au vingt et unième siècle, l'Europe représente une union d'États plus ou moins démocratiques : les États-Unis d'Europe. Les progrès de la culture extérieure, retardés un moment par l'invasion mongole et par les nécessités de la lutte libératrice, prennent de nouveau une allure accélérée. Mais les problèmes de la conscience intime — le sens de la vie et de la mort, la destinée finale du monde et de l'homme — compliqués et embrouillés par une multitude de recherches et de découvertes nouvelles, physiologiques et psychologiques, demeurent, comme auparavant, sans solution. Seul, un résultat est clair, important quoique négatif : la complète déroute du matérialisme théorique. La danse des atomes, comme conception de l'univers; la combinaison mécanique des moindres changements de la matière comme explication de la vie, cela ne peut plus satisfaire aucun homme qui pense. Pour toujours, l'humanité a dépassé ce degré de l'enfance philosophique. Mais il est évident qu'elle a aussi dépassé l'enfantine faculté de la foi naïve et non raisonnée. Des notions telles que Dieu *ayant fait* le monde *de rien*, etc., on cesse d'enseigner cela même dans les écoles primaires. Pour la conception de ces sujets un certain niveau général élevé s'est formé, au-dessous duquel aucun dogmatisme ne peut descendre. Et, si la très grande majorité des gens qui pensent est tout à fait incrédule, les rares croyants subissent tous la nécessité de devenir des *penseurs*, conformément au précepte de l'apôtre : Soyez des enfants par le cœur, mais non par l'intelligence.

Alors, parmi les rares croyants spiritualistes, se trouvait un homme remarquable — beaucoup l'appelaient sur-homme — également loin de l'enfance de l'esprit comme de l'enfance du cœur. Quoiqu'il n'eût que trente-trois ans, il possédait, grâce à son génie, une large renommée de grand penseur, d'écrivain et de réformateur social. Conscient de sa grande vigueur d'esprit, il avait toujours été spiritualiste convaincu. Son intelligence claire lui montrait toujours la vérité de ce à quoi il faut croire : le bien, Dieu, le Messie. Il *croyait* à cela, mais il *n'aimait* que *soi-même*. Il croyait en Dieu, mais, dans le fond de l'âme, involontairement et inconsciemment, il se préférait à Lui. Il croyait au Bien, mais l'œil Éternel, qui voit tout, savait que cet homme s'inclinait devant la puissance mauvaise, pour peu qu'elle le corrompît — non par la fourberie des sentiments et des basses passions ni même par le haut attrait du pouvoir — mais en flattant son amour-propre démesuré. D'ailleurs, cet amour-propre n'était ni un instinct inconscient, ni une prétention absurde. Son talent exceptionnel, sa beauté, sa noblesse et, en outre, les preuves éclatantes qu'il donnait de sa tempérance, de son désintéressement, de sa bienfaisance active, semblaient justifier suffisamment l'immense amour de soi-même qui caractérisait le grand spiritualiste, ascète, philanthrope. Si on lui reprochait d'être si abondamment muni des dons divins, il y apercevait les marques particulières d'une exceptionnelle bienveillance d'en haut envers lui. Il se considérait comme le second de Dieu, comme le fils de Dieu, unique en son genre. Bref, il se reconnaissait le véritable caractère du Christ. Or, cette conscience de sa haute dignité ne prenait pas en lui la forme d'une obligation morale envers Dieu et envers le monde, mais la forme d'un droit et d'une supériorité par rapport au prochain et, surtout, par rapport au Christ. Non pas qu'il eût pour Jésus une inimitié de principe. Il lui reconnaissait l'importance et la dignité messianiques; mais, sincèrement, il ne voyait en Lui que son auguste devancier. L'action morale du Christ et Son unicité absolue étaient inconcevables à cette intelligence aveuglée par l'amour-propre. Il raisonnait ainsi : « Le Christ est venu avant moi ; je me manifeste en second lieu ; mais ce qui est subordonné dans l'ordre du temps a la prééminence dans l'ordre de la nature. J'arrive le dernier, au terme de l'histoire, et, précisément, parce que je suis le sauveur définitif et accompli. Le premier Christ est — mon précurseur. Son rôle était de devancer et de préparer mon apparition. » Et selon cette idée, le grand homme du vingt et unième siècle s'appliquait tout ce qui est dit dans l'Évangile à propos du second avènement, expliquant cet avènement non comme le retour du premier Christ mais comme le remplacement du Christ précurseur par le Christ définitif, c'est-à-dire lui-même.

A ce stade, « l'homme qui vient » est encore peu caractérisé et peu original. Son rapport avec le Christ, il l'envisage comme faisait, par exemple, Mahomet, homme droit, qu'on ne peut accuser d'aucune mauvaise intention.

L'amour-propre qui le fait se préférer au Christ, cet homme le justifiera encore par le raisonnement suivant : « Le Christ, en prêchant et en manifestant dan sa vie le bien moral, a été le *réformateur* de l'huma nité ; mais je suis destiné à être le *bienfaiteur* de cette humanité, réformée en partie, en partie incorrigible. Je donnerai à tous les hommes tout ce qui leur est nécessaire. Le Christ, comme moraliste, a divisé les hommes d'après le bien et d'après le mal. Moi, je les unirai par les bienfaits, qui sont également nécessaires aux bons et aux méchants. Je serai le véritable représentant de ce Dieu qui fait luire son soleil sur les bons et sur les méchants et qui donne la pluie aux hommes justes et aux hommes injustes. Le Christ a apporté le glaive ; moi, j'apporterai la paix. Il a menacé la terre du terrible jugement dernier. Eh bien, le dernier juge ce sera moi ; et mon jugement sera non pas celui de la justice seulement, mais aussi celui de la bonté. La justice sera dans mon jugement ; non pas la justice rémunératrice, mais la justice distributive. Je les distinguerai tous les uns des autres ; et à chacun je donnerai ce qui lui est nécessaire. »

Et, dans cette magnifique disposition, il attend que Dieu l'appelle clairement au nouveau salut de l'humanité ; qu'un témoignage visible et frappant le déclare le fils aîné, le premier né, chéri de Dieu. Il attend ; et il nourrit son amour-propre de la conscience de ses mérites et de ses dons surhumains. Il est donc, selon la formule, l'homme d'une moralité sans reproche et d'un génie extraordinaire.

Ce juste orgueilleux attend la sanction suprême pour entreprendre son œuvre qui doit sauver l'humanité — et il se lasse d'attendre. Déjà, il a passé l'âge de trente ans, et trois années s'écoulent encore. Dans son esprit s'éveille une pensée qui, jusqu'à la moelle des os, l'emplit d'un frisson de fièvre : « Mais si ?... Si ce n'était pas moi ?... Si c'était l'autre ?... le Galiléen ?... S'il n'était pas mon précurseur, mais le véritable, premier et dernier ? Mais, alors, il serait *vivant*... Où donc est-Il ?... Et s'il venait vers moi ?... tout de suite, ici ?... Que Lui dirais-je ? Je devrais donc m'incliner devant Lui comme le dernier et inepte chrétien, et, comme le paysan russe, marmotter stupidement : « Seigneur Jésus-

Christ, pardonne-moi, qui suis pécheur, — ou, comme une Polonaise, m'aplatir les bras en croix? Moi, qui suis un brillant génie, le sur-homme. Non, jamais! » Et alors, à la place de l'ancien, raisonnable et froid respect pour Dieu et pour le Christ, s'engendre et grandit dans son cœur d'abord une espèce d'épouvante; ensuite, *l'envie* brûlante qui oppresse et qui contracte tout son être; puis, la *haine* furieuse s'empare de son esprit : « C'est moi, moi, et non pas Lui! Il n'est point parmi les vivants et n'y sera pas. Il n'est pas ressuscité, il n'est pas ressuscité, il n'est pas ressuscité! Il a pourri, il a pourri dans le tombeau, il a pourri comme la dernière... » En bonds convulsifs, la bouche écumante, il s'enfuit de sa maison et de son jardin et, à travers la nuit noire et épaisse, il court dans un sentier rocailleux. Sa fureur se dissipe, remplacée par un désespoir sec et pesant comme ces rochers, sombre comme cette nuit. Il s'arrête devant un précipice creusé à pic et, de loin, il entend le bruit confus d'un torrent qui court en bas, sur les pierres. Une angoisse intolérable oppresse son cœur. Tout à coup, un mouvement se produit en lui. « L'appellerai-je, pour Lui demander ce que je dois faire? » Et dans l'ombre apparaît une figure douce et triste. « Il a pitié de moi... Non, jamais! Il n'est pas ressuscité. Il n'est pas ressuscité. » Et il s'élance du côté opposé au précipice. Mais quelque chose d'élastique comme une colonne d'eau le retient suspendu. Il est secoué par la commotion d'une espèce de choc électrique; et une force inconnue le rejette en arrière. Il perd un instant connaissance et se réveille à genoux, séparé du précipice par quelques pas seulement. Devant lui se dessinait, éclairée d'un nébuleux rayonnement phosphorescent, une figure dont les deux yeux lui remplissaient l'âme d'une lumière subtile qu'il ne pouvait supporter.

Il voit ces deux yeux perçants ; et, sans pouvoir deviner si elle vient de lui-même ou du dehors, il entend une voix étrange, étouffée, ou plutôt contenue et nette en même temps, métallique et sans âme, analogue à la voix du phonographe. Et cette voix lui dit : — « Mon fils bien-aimé, tu as toute mon affection. Pourquoi n'as-tu pas recouru à moi? Pourquoi as-tu honoré l'autre, le mauvais, et son père? Je suis Dieu et ton père. Mais ce mendiant, le crucifié, est étranger à moi et à toi. Je n'ai pas d'autre fils que toi. Tu es unique, seul engendré, pareil à moi. Je t'aime et je ne réclame rien de toi. Ainsi, tu es beau, grand, puissant. Fais ton œuvre en *ton* nom et non pas au mien. Je n'éprouve pas l'envie à ton égard. Je t'aime. Rien de toi ne m'est nécessaire. L'autre, *Celui* que tu considérais comme Dieu, a exigé de *Son* fils l'obéissance et une obéissance illimitée, jusqu'à la mort sur la croix ; et *Il* ne l'a pas secouru sur la croix. Je t'aiderai sans rien te demander en retour. Par amour pour toi, pour ton propre mérite et pour ton excellence propre et par amour pur et désintéressé envers toi, je t'aiderai. Reçois mon esprit. De même qu'auparavant mon esprit t'a engendré dans la *beauté*, maintenant il t'engendre dans la force. »

A ces paroles de l'inconnu, les lèvres du sur-homme se sont involontairement entr'ouvertes, les deux yeux perçants se sont approchés tout près de son visage, et il a senti comme si un flot mordant et glacé entrait en lui et remplissait tout son être. En même temps, il s'est senti animé d'une force, d'un courage, d'une agilité, d'un enthousiasme qu'il ne connaissait pas. Et tout de suite, subitement, la figure lumineuse et les deux yeux ont disparu, quelque chose ayant enlevé le sur-homme au-dessus de la terre et l'ayant descendu immédiatement dans son jardin, à la porte de sa maison.

Le lendemain, non seulement les visiteurs mais aussi les domestiques du grand homme furent surpris de son aspect particulier, en quelque sorte inspiré. Ils auraient été plus surpris encore s'ils avaient pu le voir, enfermé dans son cabinet, écrivant avec une rapidité et une aisance surnaturelles son célèbre ouvrage intitulé : « La voie ouverte à la paix et à la prospérité universelles. »

Les livres précédents et l'action sociale du sur-homme avaient rencontré une critique sévère, quoique faite par des gens en grande majorité spécialement religieux et, pour ce motif, dépourvus de toute influence. (N'oublions pas que le temps dont je parle est celui de l'avènement de l'Antéchrist.) Aussi avait-on peu écouté ces critiques qui montraient dans tous les ouvrages et dans tous les discours de « l'homme qui vient » les signes de l'amour-propre et de la présomption intenses, absolument exceptionnels, en l'absence de vraie simplicité, de droiture et de cordialité véritables.

Mais son nouvel ouvrage séduisit même un certain nombre des gens qui précédemment avaient fait preuve d'hostilité. Écrit après l'aventure du précipice, il témoigne d'une puissance géniale entièrement nouvelle. C'est quelque chose comme l'assemblage et l'accord de toutes les contradictions. Là s'unissent le noble respect pour les symboles et pour les traditions antiques avec un large et audacieux radicalisme d'aspirations et d'exigences politiques et sociales; une liberté de pensée sans limites avec la plus profonde compréhension de toute la mystique; l'individualisme absolu avec un ardent dévouement au bien général; le plus haut idéalisme en fait de principes directeurs avec la complète précision et la pleine vitalité des solutions pratiques. L'art génial qui unit et qui lie toutes ces choses est si grand que tous les penseurs et tous les hommes d'action de catégorie diverse peuvent apercevoir et admettre l'ensemble sous leur angle particulier, sans avoir rien à sacrifier de la *vérité elle-même,* sans s'élever pour elle effectivement au-dessus de leur *moi*, sans répudier *en fait* leur exclusivisme, sans rien corriger de leurs erreurs d'opinion ou de tendance, et sans combler de lacunes. Tout de suite, ce livre étonnant est traduit dans les langues de toutes les nations civilisées et même de plusieurs peuples sans culture. Durant une année entière, dans toutes les parties du monde, mille journaux sont remplis par la réclame des éditeurs et par l'enthousiasme des critiques. Des éditions à bon marché, munies de portraits de l'auteur, se répandent par millions d'exemplaires. Tout le monde civilisé — c'est-à-dire alors le globe terrestre presque tout entier — chante la gloire de l'homme incomparable, grand, unique. Personne ne répond à ce livre. Il semble universellement être la révélation de la vérité intégrale. Là, tout le passé est traité avec tant de justice, tout le présent apprécié avec tant d'impartialité et de largeur, et le meilleur avenir rapproché du présent d'une manière si visible et si palpable, que chacun dit : « Voilà vraiment ce qu'il nous faut ; voilà un idéal qui n'est pas une utopie ; voilà un projet qui n'est pas une chimère. » Et le merveilleux écrivain non seulement entraîne tout le monde, mais chacun le trouve *agréable ;* et, de la sorte, s'accomplit la parole du Christ :

« Je suis venu au nom de mon Père, et vous ne m'accueillez pas ; *un autre* viendra en *son* propre nom et celui-là vous *l'accueillerez.* » C'est que, pour être *accueilli*, il faut être *agréable*.

Cependant, quelques hommes pieux, tout en louant beaucoup ce livre, demandent pourquoi le Christ n'y est pas une seule fois mentionné. A cela d'autres chrétiens répondent : « Dieu en soit loué ! Dans les siècles écoulés, toutes les choses saintes ont bien été suffisamment froissées et salies par les zélateurs sans mission. Désormais, l'écrivain profondément religieux doit être très circonspect. Et dès que le contenu du livre est pénétré du véritable esprit chrétien de l'amour actif et de l'universelle bienveillance, que vous faut-il de plus ? » Cette réponse met tout le monde d'accord.

Peu de temps après la publication du « Chemin ouvert », qui rendit son auteur le plus populaire des hommes dans l'histoire du monde, devait se tenir à Berlin l'assemblée internationale constituante de l'Union des États européens. Établie après une série de guerres extérieures et intérieures, qui se rapportaient à la délivrance du joug mongol et qui avaient modifié considérablement la carte de l'Europe, cette Union se trouvait exposée au danger d'un conflit — non plus alors entre les nations mais entre les partis politiques et sociaux. Les directeurs de la politique générale européenne, qui appartenaient à la puissante confrérie des Francs-Maçons, discernaient la nécessité d'une autorité générale exécutive. Réalisée au prix de tant d'efforts, l'Union européenne risquait continuellement de se dissoudre. Dans le Conseil de l'Union, ou tribunal universel *(Comité permanent universel)* (1), l'unité faisait défaut; car les vrais Maçons consacrés à l'œuvre n'avaient pu s'emparer de toutes les places. Dans le sein du Comité, les membres indépendants formaient entre eux des ententes séparées; et une guerre était en perspective. C'est pourquoi les *affiliés* décidèrent de confier le pouvoir exécutif à une seule personne, munie de la pleine autorité nécessaire. Le principal candidat membre secret de l'Ordre, était « l'homme qui vient ». Il était l'unique personnalité qui possédât la grande réputation universelle. On l'avait connu d'abord savant officier d'artillerie; puis il était devenu un riche capitaliste; ce qui lui avait permis de nouer partout des relations amicales avec des gens de la finance et de l'armée. En d'autres temps moins civilisés, on lui aurait reproché une origine couverte d'un épais nuage d'incertitude. Sa mère, personne de mœurs faciles, était bien connue dans les deux hémisphères; mais beaucoup

---

(1) En français. *(N. d. t.)*

d'hommes de catégories différentes avaient des droits égaux à le considérer comme leur fils. Naturellement, ces circonstances ne pouvaient lui nuire d'aucune façon dans un siècle assez avancé pour se dénommer lui-même le dernier siècle. Par la presque unanimité des suffrages « l'homme qui vient » fut élu président à vie des États-Unis d'Europe. Lorsque, dans tout l'éclat surhumain de sa jeune beauté et de sa puissance, il parut à la tribune et, avec une éloquence inspirée, présenta son programme universel, l'assemblée, séduite et transportée, décida, dans un élan d'enthousiasme spontané, de lui conférer l'honneur suprême : le titre d'empereur romain. Le Congrès fut clôturé au milieu de l'allégresse générale; et le grand élu publia un manifeste qui commençait par ces mots : « Peuples de la terre! Je vous donne ma paix! » et qui se terminait ainsi :

« Peuples de la terre! Les promesses se sont accomplies! La paix universelle et éternelle est assurée. Toute tentative pour la troubler rencontrera aussitôt une résistance invincible. Car, désormais, il y a sur la terre une autorité centrale plus forte que toutes les autres autorités, soit séparées, soit prises ensemble. Cette puissance que rien ne peut vaincre et qui domine tout m'appartient à moi, l'élu, le plénipotentiaire de l'Europe, l'Empereur de toutes ses forces. Le droit international possède maintenant la sanction qui jusqu'ici lui manquait. Désormais, aucun État ne se permettra de dire : « La guerre! », quand je dirai : « La paix! — Peuples du monde, à vous la paix! »
Ce manifeste produisit l'effet désiré. Partout, hors de

l'Europe, et principalement en Amérique, se formèrent de puissants partis impérialistes, qui contraignirent leurs gouvernements de faire alliance, de diverses manières, avec les États-Unis d'Europe, sous l'autorité suprême de l'empereur romain. Çà et là, en Asie et en Afrique, il y avait encore des peuples et des monarques indépendants. Avec une armée peu nombreuse, mais une armée d'élite, formée de contingents russes, allemands, polonais, hongrois et turcs, l'empereur exécute une promenade militaire, depuis l'Asie orientale jusqu'au Maroc; et, sans grande effusion de sang, impose son autorité à tous ces insoumis. Dans toutes les contrées des deux parties du monde, il institue ses vice-rois, choisis parmi les grands indigènes qui lui sont dévoués et qui ont reçu la culture de l'Europe. Dans tous les pays païens, la population, impressionnée et séduite, fait de lui une divinité supérieure. Un an suffit pour fonder la monarchie universelle, dans le sens exact et propre du mot. Les prétextes de guerre sont arrachés jusqu'à la racine. La ligue universelle de la paix se réunit pour la dernière fois, prononce l'enthousiaste panégyrique du fondateur de la paix, et puis se dissout, n'ayant plus sa raison d'être. Dans la deuxième année de son gouvernement, l'empereur romain universel publie un nouveau manifeste : « Peuples de la terre ! La paix que je vous avais promise, je vous l'ai donnée. Mais c'est seulement par la prospérité qu'elle est belle. Celui qui, dans la paix, est menacé par les calamités de la détresse n'a qu'une paix sans joie. Venez donc maintenant à moi vous tous qui avez faim et qui avez froid, afin que je vous rassasie et que je vous réchauffe ». Alors, il annonce la simple et complète réforme sociale, celle qu'il avait déjà indiquée dans son livre et qui, d'avance, avait conquis tous les esprits élevés et mesurés. Grâce à la concentration entre ses mains des finances universelles et d'énormes richesses territoriales, il peut accomplir cette réforme : contenter les pauvres sans nuire sensiblement aux riches. Chacun alors commença de recevoir selon ses facultés ; et chaque faculté selon le travail et les services.

Le nouveau maître de la terre était surtout un philanthrope compatissant, et non seulement l'ami des hommes, mais aussi *l'ami des bêtes*. Végétarien personnellement, il interdit la vivisection et soumit les abattoirs à une surveillance sévère ; les sociétés protectrices des animaux furent par lui encouragées de toute façon. La plus importante de ses œuvres fut la solide organisation, dans toute l'humanité, de l'égalité essentielle par excellence : *l'égalité du rassasiement général*. La seconde année de son règne vit se réaliser cette réforme. La question sociale économique fut définitivement résolue.

Mais si le rassasiement est le premier désir des affamés, ce désir, une fois satisfait, fait place à un autre. Les animaux eux-mêmes, quand ils sont repus, veulent d'ordinaire non seulement dormir, mais encore jouer. D'autant plus l'humanité, qui, toujours, *post panem,* a réclamé *circenses*.

L'empereur sur-homme comprend ce qu'il faut à ses peuples. Précisément, pendant qu'il se trouve à

Rome, il voit venir vers lui un grand faiseur de miracles, arrivé de l'Extrême-Orient et enveloppé d'un épais nuage d'étranges aventures et de récits bizarres. Celui-ci, d'après les rumeurs entretenues parmi les néo-bouddhistes, avait une origine divine : il était le fils du dieu du soleil, Sourya, et de quelque nymphe d'un fleuve.

Le faiseur de miracles s'appelait Apollonius. C'était incontestablement un homme de génie. Il était moitié Asiatique, moitié Européen, évêque catholique *in partibus infidelium*. En lui s'unissaient merveilleusement la possession des conclusions les plus récentes et des applications techniques de la science occidentale, et la connaissance théorique et pratique de tout ce qui est vraiment solide et important dans le mysticisme traditionnel oriental. Extraordinaires, les résultats d'une telle combinaison.

Parmi eux se trouve même l'art, demi-scientifique, demi-magique, d'attirer et de conduire à sa guise l'électricité de l'atmosphère ; et dans la foule on dit qu'*il fait descendre le feu du ciel*. D'ailleurs, frappant l'imagination populaire par divers prodiges inouïs, il n'abuse pas encore de sa puissance dans des intentions particulières. Donc, cet homme vient vers le grand empereur, le salue en lui donnant le titre de véritable fils de Dieu, lui déclare avoir vu dans les livres secrets de l'Orient des prédictions qui le désignent directement en qualité d'empereur, de dernier sauveur qui jugera l'univers ; enfin, il met à son service sa personne et tout son art. Ravi, l'empereur l'accueille comme un présent d'en haut, lui confère des titres somptueux et fait de lui son compagnon de chaque moment. De la sorte, les peuples de la terre, comblés de bienfaits par leur maître, obtiennent encore, outre la paix universelle et le plein rassasiement, la possibilité de jouir constamment de merveilles et d'apparitions les plus variées et les plus surprenantes. Ainsi se termine la troisième année du règne du sur-homme.

Après l'heureuse solution du problème politique et social se présentait la question religieuse. L'empereur la posa lui-même, l'envisageant avant tout dans ses rapports avec le christianisme. Voici quelle était à cette époque la situation du christianisme. Malgré une très grande diminution du nombre des fidèles — alors, sur toute la terre, il ne restait pas plus de 45 millions de chrétiens — elle s'était élevée et étendue moralement, et elle avait gagné en qualité ce qu'elle avait perdu en nombre. On ne voyait plus guère de chrétiens pour qui le christianisme fût sans intérêt spirituel. Les diverses confessions religieuses avaient, au point de vue du nombre de leurs fidèles, subi un amoindrissement analogue; de sorte qu'à cet égard subsistait entre elles la même proportion qu'autrefois. Quant à leurs sentiments réciproques, si la haine n'avait pas été remplacée par une parfaite concorde, elle s'était cependant assez adoucie; et les oppositions perdaient leur ancienne aigreur. La Papauté avait depuis longtemps été expulsée de Rome; et, après avoir été réduite à vagabonder pendant une longue période, elle avait trouvé un asile à Pétersbourg, sous la condition de ne point faire de propagande dans cette ville ni dans l'intérieur du pays. En Russie, la Papauté s'était notablement simplifiée. Sans modifier essentiellement ses collèges et son administration, elle avait dû spiritualiser leur caractère et leur rôle, et aussi réduire à l'extrême minimum la pompe de ses rites et de ses cérémonies. Beaucoup de coutumes étranges et scandaleuses, qui n'avaient pas été abolies formellement, disparurent d'elles-mêmes. Dans tous les autres pays, principalement dans l'Amérique du Nord, la hiérarchie catholique était encore très souvent représentée par des hommes qui possédaient une volonté forte, une infatigable énergie et une situation indépendante; encore plus fortement qu'autrefois ils resserraient l'unité de l'Église Catholique et lui conservaient son caractère international cosmopolite. Le protestantisme, à la tête duquel l'Allemagne continuait de se tenir, surtout depuis qu'une importante partie de l'Église Anglicane s'était réunie à l'Église Catholique — le protestantisme s'était débarrassé de ses extrêmes tendances négatrices, dont les représentants avaient ouvertement passé à l'indifférentisme religieux et à l'incrédulité. Dans l'Église Évangélique il ne restait que des croyants sincères, au premier rang desquels figuraient des hommes d'une large culture et d'une profonde religiosité, de plus en plus désireux de reproduire en eux-mêmes le vivant modèle du christianisme primitif. L'orthodoxie russe, ayant vu la situation officielle de l'Église changée par les événements politiques, avait perdu des millions et des millions de ses prétendus fidèles qui ne lui appartenaient que de nom; mais, en revanche, elle goûtait la joie d'être unie à la meilleure partie des Vieux-Croyants et même à beaucoup de sectes animées d'un esprit religieux positif. Sans grandir en nombre, cette Église rénovée développait sa force spirituelle, qu'elle manifestait surtout dans sa lutte intérieure avec les sectes extrêmes multipliées parmi le peuple et parmi la société, et non exemptes d'un élément démoniaque et satanique.

Pendant les deux premières années de la nouvelle domination, tous les chrétiens, à la fois effrayés et fatigués par les révolutions et par les guerres précédentes, témoignaient envers le nouveau souverain et envers ses pacifiques réformes, tantôt une réserve bienveillante, tantôt une sympathie résolue ou même un vif enthousiasme. Mais la troisième année, à l'apparition du grand mage, beaucoup de pravoslaves, de catholiques et de protestants commencèrent à éprouver de la crainte et de l'antipathie. On se mit à lire plus attentivement et à commenter avec animation les textes évangéliques et apostoliques qui parlent du Prince de ce monde et de l'Antéchrist. Prévoyant, à certains symptômes, qu'un orage se préparait, l'empereur décida de prendre les devants pour le détourner. Dès le commencement de la quatrième année de son règne, il publia un manifeste adressé aux chrétiens fidèles de toute confession, les invitant à élire ou à désigner des représentants avec pleins pouvoirs, en vue d'un concile œcuménique qu'il présiderait. La résidence de l'empereur avait été transférée de Rome à Jérusalem. Alors, la Palestine était une province autonome, principalement habitée et administrée par des juifs. Jérusalem était devenue ville libre, puis ville impériale. On avait respecté les sanctuaires chrétiens ; mais, depuis Birket-Israïn et la caserne actuelle, d'une part, jusqu'aux « écuries de Salomon » d'autre part, c'est-à-dire sur toute l'étendue de la grande plate-forme de Kharam-ech-Chérif, s'élevait un énorme édifice, qui contenait, outre les deux petites anciennes mosquées, le vaste « temple » impérial destiné à la réunion de tous les cultes, deux magnifiques palais impériaux avec des bibliothèques et des musées, et aussi des locaux spéciaux pour les expériences et pour les exercices magiques. C'est dans cet édifice, moitié temple, moitié palais, que devait, à la date du 14 septembre, s'ouvrir le concile œcuménique. Comme la confession Évangélique n'a pas, à proprement parler, de clergé, les prélats catholiques et les prélats orthodoxes, pour donner une certaine homogénéité à la représentation de toutes les catégories du christianisme, et selon le désir de l'empereur, décidèrent de laisser participer au concile un certain nombre de laïques, connus par leur piété et par leur dévouement aux intérêts religieux. Les laïques étant admis, on ne pouvait pas exclure le bas clergé, régulier ou séculier. En conséquence, le nombre des membres du concile dépassa trois mille ; environ un demi-million de pèlerins envahirent Jérusalem et toute la Palestine. Parmi les membres du concile, trois surtout étaient en évidence. D'abord, le pape Pierre II, chef de droit de la fraction catholique. Son prédécesseur était mort en se rendant au concile ; et le conclave, réuni à Damas, avait, d'une voix unanime, élu le cardinal Simone Barionini, qui avait pris le nom de Pierre. Né dans une pauvre famille de la région de Naples, il appartenait à l'ordre des Carmes et avait acquis de la réputation comme prédicateur ; de même par de très importants services dans la lutte contre une secte satanique qui faisait des progrès à Pétersbourg et dans les environs et qui séduisait non seulement des orthodoxes mais aussi des catholiques. Devenu archevêque de Mohilev, puis cardinal, il se trouvait d'avance désigné pour la tiare. C'était un homme de cinquante ans, de taille moyenne et de constitution robuste, au teint rouge, au nez busqué, aux épais sourcils. D'un tempérament ardent et impétueux, il parlait avec chaleur en faisant des gestes larges et entraînait son auditoire plus qu'il ne le persuadait. Le nouveau pape témoignait de la défiance et de l'antipathie envers le maître universel, surtout depuis que celui-ci avait, par ses instances, obtenu du pape précédent, en route pour le concile, l'élévation au cardinalat de l'exotique évêque Apollonius, devenu chancelier impérial et grand mage universel. Pierre considérait Apollonius comme un catholique douteux et comme un indubitable imposteur. Le chef des pravoslaves, dépourvu de titre officiel, mais chef de fait, était le moine Jean, très célèbre parmi le peuple russe. Quoiqu'il fût officiellement évêque « retraité », il n'habitait aucun monastère et circulait constamment, dans toutes les directions. Il y avait sur lui diverses légendes. Certains assuraient qu'il était Fédor Kouzmitch ressuscité, c'est-à-dire l'empereur Alexandre Ier, né environ trois siècles auparavant.

D'autres allaient plus loin, affirmant qu'il était le véritable Jean, c'est-à-dire l'apôtre Jean le Théologien, qui n'était pas mort et qui s'était manifesté dans les derniers temps. Lui-même ne disait rien de son origine ni de sa jeunesse. C'était maintenant un homme très âgé, encore robuste, avec la chevelure bouclée et la barbe jaunâtres et même verdâtres, de haute taille, au corps maigre mais avec des joues pleines et légèrement rosées, l'œil vif et brillant, une bonne physionomie et un langage qui respiraient l'onction. Toujours, il portait une soutane blanche et un manteau blanc. A la tête de la fraction évangélique du concile se trouvait le savant théologien allemand, professeur Ernst Pauli. C'était un petit vieillard sec, au front énorme, au nez pointu, au menton rasé et lisse. Ses yeux avaient un singulier caractère de bonhomie violente. A chaque instant, il se frottait les mains, secouait la tête, fronçait les sourcils d'une manière terrible, projetait les lèvres en avant; et puis, les yeux étincelants, il proférait d'une voix morne des sons entrecoupés : *so! nun! ja! so also!* Il portait la tenue solennelle : cravate blanche et longue redingote pastorale avec plusieurs décorations.

Impressionnante fut l'ouverture du concile. Dans les deux tiers de l'énorme temple consacré « à l'union de tous les cultes » étaient placés des bancs et d'autres sièges, pour les membres du concile. Dans l'autre tiers se dressait une haute estrade, sur laquelle, derrière le trône de l'empereur et celui, un peu moins élevé, du grand mage cardinal, impérial chancelier, s'étendaient des rangées de fauteuils réservés aux ministres, aux personnages de la cour, aux secrétaires d'État; sur les côtés, de plus longues rangées de fauteuils, dont on ignorait la destination. Des orchestres étaient disposés dans les tribunes. Deux régiments de la garde se tenaient sur la place voisine; ainsi qu'une batterie, pour les salves solennelles. Dans les églises diverses, des cérémonies religieuses avaient été célébrées par les membres du concile, dont l'ouverture devait avoir un caractère entièrement laïque. Quand l'empereur fit son entrée, accompagné du grand mage et de sa suite, l'orchestre se mit à jouer la « Marche de l'humanité unie », qui servait d'hymne impérial et international; et les membres du concile, agitant leurs chapeaux, crièrent à trois reprises, à pleine voix : « Vivat! Hourra! hoch! » Debout près du trône et les bras étendus avec une affabilité majestueuse, l'empereur, d'une voix sonore et agréable, prononça les paroles suivantes : « Chrétiens de toutes les croyances! Mes sujets et mes frères bien-aimés! Dès le début de mon règne, que l'Être suprême a béni par des œuvres si merveilleuses et si glorieuses, je n'ai pas eu une seule occasion de me plaindre de vous. Toujours, vous avez rempli votre devoir selon votre foi et selon votre conscience. Mais cela ne me suffit pas. L'amour sincère que je ressens pour vous, frères bien-aimés, a soif d'être payé de retour. Je veux que, non point par esprit de devoir, mais par l'effet de l'amour venant du cœur, vous me reconnaissiez pour votre chef, en tout ce qui est entrepris au profit du genre humain. Aussi, outre ce que je fais dans l'intérêt de tous, je voudrais vous témoigner des bontés particulières. Chrétiens,

comment pourrais-je vous rendre heureux? Que dois-je vous donner, non comme à mes sujets, mais comme à mes coreligionnaires, à mes frères? Chrétiens! Dites-moi ce qui vous est le plus cher dans le christianisme, afin que je puisse diriger mes efforts de ce côté. »
Alors, il s'arrêta et attendit. Dans le temple flottait un murmure étouffé. Entre eux, les membres du concile se parlaient à voix basse. Le pape Pierre, gesticulant avec ardeur, expliquait quelque chose à ceux qui l'entouraient. Le professeur Pauli agitait la tête et faisait claquer ses lèvres avec acharnement. Le père Jean, incliné vers un évêque et vers un capucin d'Orient, leur adressait doucement quelque suggestion. Après avoir un peu attendu, l'empereur, de nouveau, harangua le concile, toujours sur un ton caressant, où vibrait une note d'ironie à peine perceptible. Il dit :
« Chers chrétiens. Je comprends combien il vous est difficile de me répondre d'une manière directe. Je veux vous y aider. Vous êtes, malheureusement, de date immémoriale, émiettés en sectes et en partis divers, de telle sorte que, peut-être, il n'y a point parmi vous un seul objet d'inclination qui vous soit commun. Mais si vous ne pouvez vous accorder entre vous, j'espère mettre d'accord tous vos partis en leur montrant à tous le même amour et la même disposition à satisfaire la *vraie* tendance de chacun. Chers chrétiens! Je sais que beaucoup d'entre vous, et non les moindres, apprécient surtout dans le christianisme l'*autorité spirituelle* qu'il donne à ses représentants légitimes. Il la leur donne, non pas pour leur propre avantage, mais, assurément, pour l'intérêt général, puisque

cette autorité est le fondement de l'ordre spirituel régulier et de la discipline morale nécessaire à tous. Chers frères catholiques! Oh! comme je comprends votre manière de voir et comme je voudrais appuyer ma puissance sur l'autorité de votre chef spirituel! Pour que vous ne pensiez point que ce sont là des flatteries et de vaines paroles, nous déclarons solennellement notre autocratique volonté : désormais, l'évêque suprême de tous les catholiques, le pape romain, est replacé sur son siège à Rome, avec tous les anciens droits et les anciennes prérogatives de cette condition et de cette chaire, droits et prérogatives datant de toute époque et conférés par nos prédécesseurs, à commencer par Constantin le Grand. Et, en retour, chers frères catholiques, je demande seulement que, du fond de l'âme, vous me reconnaissiez comme votre défenseur et protecteur unique. Ceux qui, dans leur âme et conscience, me reconnaissent pour tel, je les invite à venir ici, près de moi. » Et il désignait les places demeurées vides sur l'estrade. En poussant des exclamations joyeuses : *Gratias agimus! Domine! salvum fac magnum imperatorem*, presque tous les princes de l'Église catholique, cardinaux et évêques, la plupart des laïques croyants et plus de la moitié des moines montèrent sur l'estrade, où, après s'être humblement inclinés devant l'empereur, ils occupèrent les fauteuils qui leur étaient réservés. Mais, en bas, au milieu de l'assemblée, droit et immobile comme une statue de marbre, resta assis à sa place le pape Pierre II. Tous ceux qui l'entouraient auparavant se trouvaient maintenant sur l'estrade. Alors, la troupe clairsemée des moines et des laïques qui demeuraient en bas se rapprocha de lui, le plaçant dans un cercle serré d'où sortait cette rumeur contenue : *Non prævalebunt, non prævalebunt portæ inferni.*

Observant avec surprise le pape immobile, l'empereur éleva de nouveau la voix : « Chers frères ! Je sais qu'il y en a parmi vous pour qui les choses les plus précieuses du christianisme sont *sa tradition sainte*, les vieux symboles, les hymnes et les prières anciennes, les icones, les cérémonies du culte. En effet, qu'est-ce qu'une âme religieuse peut avoir de plus cher? Apprenez donc, bien-aimés, qu'aujourd'hui j'ai signé une ordonnance et fixé une riche dotation en faveur du musée universel d'archéologie chrétienne qui sera établi dans notre glorieuse ville impériale de Constantinople. Là seront rassemblés, étudiés et conservés tous les monuments de l'antiquité ecclésiastique, surtout ceux de l'Église orientale. Je demande que demain vous élisiez, pris parmi vous, un comité chargé d'examiner avec moi les mesures qui doivent être appliquées pour rapprocher, autant que possible, les mœurs et les habitudes de la vie actuelle et la tradition et les institutions de la sainte Église orthodoxe ! Frères orthodoxes ! Que ceux qui ont dans le cœur cette volonté qui est la mienne, que ceux qui, au fond du cœur, peuvent m'appeler leur véritable chef et maître, qu'ils montent ici. » Et la plus grande partie des hiérarques de l'Orient et du Nord, la moitié des anciens vieux-croyants, plus de la moitié des prêtres, des moines et des laïques orthodoxes montèrent sur l'estrade avec des cris joyeux, en regardant à la dérobée les catholiques qui se montraient fiers de siéger là.

Mais le père Jean, sans faire un mouvement, soupira tout haut. Quand la foule qui l'entourait se fut considérablement éclaircie, il quitta son banc et alla s'asseoir près du pape Pierre et de son cercle. Derrière lui se groupèrent les autres orthodoxes qui n'étaient pas montés sur l'estrade. — L'empereur prit de nouveau la parole : « Chrétiens bien-aimés, j'en connais parmi vous qui, dans le christianisme, aiment pardessus tout l'assurance personnelle en fait de vérité, et la libre recherche à l'égard de l'Écriture. Ce que je pense de cela, je n'ai pas besoin de vous l'exposer, puisque, comme vous le savez peut-être, j'ai, dès ma première jeunesse, composé sur la critique biblique un grand ouvrage qui a fait un certain bruit et qui a posé le fondement de ma réputation. C'est vraisemblablement en souvenir de ce fait que l'Université de Tubingue vient de me demander d'accepter son diplôme d'honneur de docteur en théologie. J'ai ordonné de répondre que j'acceptais avec satisfaction et avec gratitude. Et aujourd'hui, en même temps que ce musée d'archéologie chrétienne, j'ai établi un budget annuel d'un million et demi de marks pour l'entretien d'un institut universel destiné à la libre recherche de l'Écriture sainte, dans toutes ses parties et sous tous les points de vue, et aussi à l'étude de toutes les sciences auxiliaires. Ceux de vous qui, dans leur cœur, apprécient mes sincères dispositions et qui peuvent, en conscience, me reconnaître pour leur chef souverain, je les invite à prendre place près du nouveau docteur en théologie. » Alors, un étrange sourire allongea légèrement les belles lèvres du grand homme. Plus de la moitié des savants théologiens s'avancèrent vers l'estrade, avec, toutefois, un peu de lenteur et d'hésitation. Tous regardaient le professeur Pauli, qui semblait enraciné à son siège. Il baissait profondément la tête, se repliant et se contractant. Les savants théologiens qui étaient montés sur l'estrade se sentirent envahis par la confusion. L'un d'eux, tout à coup, agita la main, sauta droit en bas à côté de l'escalier et, boitant un peu, courut rejoindre le professeur Pauli et la minorité qui restait là. Pauli leva la tête, se mit debout d'un mouvement un peu incertain, puis se dirigea vers les bancs abandonnés et, suivi de ses coreligionnaires qui résistaient à l'empereur, vint s'asseoir près du père Jean, près du pape Pierre et de leurs fidèles.

Sur l'estrade se trouvait la grande majorité du concile, y comprise presque toute la hiérarchie de l'Orient et de l'Occident. En bas restaient seulement trois groupes de gens qui s'étaient rapprochés les uns des autres et qui se serraient autour du père Jean, du pape Pierre et du professeur Pauli.

D'une voix attristée, l'empereur leur adressa la parole : « Que puis-je encore faire pour vous ? Hommes étranges ! Que voulez-vous de moi ? Je l'ignore. Chrétiens répudiés par la majorité de vos frères et de vos chefs, condamnés par le sentiment populaire, dites-moi vous-mêmes ce qui vous est le plus cher dans le christianisme ? » Alors, pareil à un cierge blanc, le père Jean se dressa. Avec douceur, il répondit : « Grand souverain ! Ce qui nous est le plus cher dans le christianisme, c'est le Christ lui-même. Il est Lui-même, et tout vient de Lui, car nous savons qu'en Lui réside corporellement la plénitude de la Divinité. De toi, maître, nous sommes prêts à accepter tout bienfait, pourvu que, dans ta main généreuse, nous reconnaissions la sainte main du Christ. A ta question : que peux-tu faire pour nous, voici notre réponse sincère : — ici, maintenant, devant nous, confesse Jésus-Christ Fils de Dieu, qui s'est incarné, qui est ressuscité, qui viendra de nouveau — confesse-Le, et nous t'accueillerons avec amour, comme le véritable précurseur de son second et glorieux avènement. » Il se tut et fixa ses yeux sur les yeux de l'empereur. En celui-ci s'accomplissait quelque chose de mauvais. Au sein de son être s'élevait une tempête diabolique, comme celle qu'il avait subie dans la nuit fatale. Il perdait entièrement l'équilibre intérieur; et toutes ses pensées se concentraient sur le désir de conserver les apparences de la possession de soi-même et de ne pas se dévoiler trop tôt. Il s'imposa des efforts surhumains pour se retenir de se jeter avec des cris sauvages sur l'homme qui venait de parler, et pour ne pas le déchirer à coups de dents. Soudain, il entendit la voix extra-terrestre qui lui était connue. Elle disait : « Tais-toi et ne crains rien. » Il garda le silence. Mais son visage, où passait l'ombre de la mort, devint tout convulsé; et de ses yeux jaillirent des étincelles. Pendant que retentissaient les paroles du père Jean, le grand mage, qui siégeait, enveloppé tout entier dans son vaste manteau tricolore cachant la pourpre cardinalice, semblait occupé à quelque manipulation secrète;

ses yeux, dont les regards étaient concentrés, étincelaient, et ses lèvres remuaient. Par les fenêtres ouvertes du temple, on voyait s'approcher un énorme nuage noir. Rapidement l'obscurité se répandit. Le père Jean, qui, de ses yeux étonnés et effrayés, n'avait pas quitté le visage de l'empereur muet, sursauta soudain d'épouvante et, se détournant, s'écria d'une voix étranglée : « Enfants, c'est l'Antéchrist! » Dans le temple éclata un formidable coup de foudre, accompagné d'un éclair circulaire qui enveloppa le vieillard. Pendant un instant, la stupeur fut complète. Quand les chrétiens sortirent de l'étourdissement, le père Jean gisait par terre, sans vie.

L'empereur, blême mais demeurant calme, interpella le concile : « Vous avez vu le jugement de Dieu. Je ne souhaitais la mort de personne ; mais mon Père céleste venge son fils bien-aimé. La question est résolue. Qui osera entrer en contestation avec le Très-Haut ? Secrétaires, écrivez : — Le concile œcuménique de tous les chrétiens, après que le feu du ciel eut frappé un adversaire insensé de la majesté divine, unanimement reconnaît l'empereur actuel de Rome et de l'univers pour son chef et pour son maître suprême. » Soudain, un mot sonore et clair remplit le temple : « *Contradicitur*. » Le pape Pierre II est debout et, tout tremblant de colère, le visage empourpré, il lève sa crosse dans la direction de l'empereur : « Notre maître unique, c'est Jésus-Christ, Fils du Dieu vivant. Et ce que tu es, toi — tu viens de l'entendre. Retire-toi de nous, Caïn fratricide! Arrière! vase de Satan. Par l'autorité du Christ, moi, serviteur des serviteurs de

Dieu, pour toujours je t'exclus de la cité divine, chien hideux, et je te livre à ton père Satan. Anathème, anathème, anathème ! » Pendant que le pape parlait, le grand mage, avec inquiétude, s'agitait sous son manteau. Plus retentissante que le dernier anathème, la foudre éclata ; et le dernier pape tomba par terre, inanimé. « Ainsi, par les mains de mon Père, périssent tous mes ennemis », dit l'empereur. « *Pereant, pereant!* » crièrent en tremblant les princes de l'Église. Il se retourna ensuite, lentement, appuyé sur l'épaule du grand mage et, suivi de la foule de ses fidèles, il sortit par la porte qui se trouvait derrière l'estrade. Il n'y avait plus dans le temple que les deux morts et un cercle étroit de gens à demi morts de crainte. Seul, le professeur Pauli restait maître de soi. L'horreur commune semblait stimuler toutes les forces de son esprit. Il avait même changé à l'extérieur — et avait pris un air majestueux et inspiré. D'un pas résolu, il monta sur l'estrade. S'asseyant à une des places que les secrétaires d'État avaient laissées vides, il prit une feuille de papier et se mit à écrire. Après quoi, debout et d'une voix forte, il lut ce qui suit : « A la gloire de notre unique Sauveur Jésus-Christ. Le Concile œcuménique des Églises de Dieu réuni à Jérusalem — notre bienheureux frère Jean, représentant de la chrétienté orientale, ayant convaincu le grand imposteur ennemi de Dieu d'être le propre Antéchrist prédit dans l'Écriture ; et notre bienheureux père Pierre, représentant de la chrétienté occidentale, l'ayant légitimement et régulièrement, pour toujours, excommunié de l'Église de Dieu ; — le Concile, en présence des corps de ces deux martyrs de la vérité, témoins du Christ — décide : de rompre tout rapport avec l'excommunié et avec son abominable séquelle; d'aller attendre dans le désert l'infaillible avènement de notre vrai maître Jésus-Christ. » L'animation s'empara de l'assistance; et des voix puissantes retentirent, qui disaient : *Adveniat! Adveniat cito! Komm, Herr Jesu, Komm!* Viens, Seigneur Jésus! »

De nouveau, le professeur Pauli écrivit, et puis il lut : « Ayant unanimement approuvé ce premier et dernier acte du dernier Concile œcuménique, nous apposons nos signatures » ; et, d'un geste, il appela les membres de la réunion. Tous se hâtèrent de monter sur l'estrade et de signer. A la fin, il signa ainsi, en gros caractères gothiques : « *Duorum defunctorum testium locum tenens Ernst Pauli.* » Montrant les deux défunts, il dit : « Maintenant, allons, avec notre arche d'alliance du dernier Testament. » Les cadavres furent enlevés sur des civières. Lentement, au chant d'hymnes latines, allemandes et slavonnes, les chrétiens se dirigèrent vers la sortie de Karam-ech-Cherif. Là, le cortège se heurta à un envoyé de l'empereur et à un secrétaire d'État, accompagnés d'un officier et d'un détachement de la garde. Les soldats se tinrent près de la porte et, d'un endroit élevé, l'officier lut l'ordre suivant : « Ordre de Sa Divine Majesté : Pour instruire le peuple chrétien et pour le mettre en garde contre les gens malintentionnés fauteurs de troubles et de scandales, nous avons jugé bon de décider que les corps des deux factieux tués par le feu du ciel seront publiquement exposés dans la rue des Chrétiens (Kharet-en-Nasara) à l'entrée du temple principal de cette religion, temple dénommé Saint-Sépulcre ou encore la Résurrection, afin que tout le monde puisse vérifier la réalité de leur mort. Leurs partisans obstinés, qui, avec méchanceté, refusent tous nos bienfaits et ferment follement les yeux devant les évidentes manifestations de la divinité elle-même, sont, grâce à notre miséricorde et à notre intercession devant le Père céleste, exempts de la peine qu'ils ont méritée de mourir par le feu du ciel ; et ils conservent leur entière liberté, sauf l'unique défense, faite dans l'intérêt du bien commun, d'habiter les villes ou les autres endroits peuplés, afin qu'ils ne puissent, par leurs mensonges pervers, agiter ou séduire les âmes innocentes et simples. » Quand il eut terminé, huit soldats, sur un signe de l'officier, s'avancèrent vers les civières où reposaient les corps.

— « Que ce qui est écrit s'accomplisse », dit le professeur Pauli ; et les chrétiens qui portaient les brancards les livrèrent en silence aux soldats. Ceux-ci s'éloignèrent par la porte du nord-ouest. Les chrétiens, eux, sortant par la porte du nord-est, s'éloignèrent rapidement de la ville, en passant près du mont des Oliviers, pour gagner Jéricho. Préalablement, des gendarmes et deux régiments de cavalerie avaient repoussé au loin la foule qui occupait la route. Sur les collines désertes près de Jéricho, on résolut d'attendre quelques jours. Le lendemain matin, des pèlerins chrétiens de connaissance arrivèrent de Jérusalem et racontèrent ce qui s'était passé à Sion. Après le dîner de la cour, tous les membres du concile avaient été convoqués dans l'immense chambre du trône (près de l'emplacement supposé du trône de Salomon). Là, s'adressant aux représentants de la hiérarchie catholique, l'empereur avait déclaré que le bien de l'Église exigeait, évidemment, l'immédiate élection d'un digne successeur de l'apôtre Pierre; que, dans les circonstances actuelles, l'élection devait s'accomplir d'une façon sommaire; que la présence de l'empereur, chef et représentant du monde chrétien tout entier, compensait abondamment l'omission des formalités rituelles; et qu'au nom de tous les chrétiens, il proposait au Sacré-Collège d'élire son ami et frère bien-aimé Apollonius, afin que le lien étroit qui existait entre eux rendît durable et indestructible l'union de l'Église et de l'État, pour le bien commun de tous. Le Sacré-Collège se retira dans une chambre spéciale pour tenir le conclave et, une heure et demie après, revint avec le nouveau pape, Apollonius.

Pendant que l'on procédait à l'élection, l'empereur, avec douceur, sagesse, éloquence, avait engagé les représentants des protestants et des orthodoxes à mettre définitivement de côté les vieilles contestations, en vue d'une ère historique nouvelle et grande; et il avait donné sa parole qu'Apollonius saurait abolir pour toujours tous les abus historiques du pouvoir papal. Persuadés par ce discours, les représentants de l'orthodoxie et du protestantisme avaient dressé l'acte d'union des Églises. Quand Apollonius et les cardinaux parurent au milieu des cris de joie de toute l'assemblée, un évêque grec et un pasteur évangélique présentèrent leur texte. *Accipio et approbo et laetificatur cor meum*, dit Apollonius, en apposant sa signature. « Je suis un véritable orthodoxe et un évangélique véritable, autant que je suis un véritable catholique », ajouta-t-il en échangeant un amical baiser avec le Grec et l'Allemand. Puis il vint à l'empereur, qui l'embrassa et qui le pressa longuement sur son cœur. Alors, dans le palais et dans le temple surgirent des points brillants qui flottaient en tous sens; ils se développèrent jusqu'à devenir des formes lumineuses de choses étranges; d'en haut tombaient sur le sol des fleurs extraordinaires, exhalant en abondance un parfum inconnu. D'en haut retentirent, délicieux, allant droit à l'âme et saisissant le cœur, les sons d'instruments musicaux ignorés jusque-là; et les voix angéliques d'invisibles chanteurs glorifiaient les nouveaux maîtres du ciel et de la terre. Mais, en même temps, un terrible bruit souterrain retentissait dans l'angle nord-ouest du palais central, sous le *Koubbet-el-arouakh*, c'est-à-dire sous la *coupole des âmes*, où, selon les traditions musulmanes, se trouve l'entrée de l'enfer. Quand, à l'invitation de l'empereur, les assistants s'avancèrent de ce côté, tous entendirent des voix innombrables, aiguës et perçantes, — ni enfantines, ni diaboliques — qui criaient : « L'heure est venue; délivrez-nous, sauveurs, sauveurs! » Mais Apollonius, se serrant contre le roc, cria en bas, à trois reprises, quelques mots d'une langue inconnue; alors les voix se turent et le bruit souterrain s'interrompit. Pendant ce temps, l'immense foule du peuple, venue de tous les côtés, s'était amassée autour de Kharam-ech-Chérif. A la tombée de la nuit, l'empereur, avec le nouveau pape, s'était montré sur le perron oriental, provoquant une « tempête d'enthousiasme ». Il salua aimablement toute l'assistance. Alors, Apollonius, puisant dans de grandes corbeilles que lui présentaient les cardinaux diacres, lança en l'air, continuellement, de magnifiques chandelles romaines, des fusées, des fontaines de feu, qui, enflammées au contact de ses mains, devenaient, tantôt des perles aux lueurs phosphoriques, tantôt des arcs-en-ciel. Tout cela sur le sol se transformait en innombrables feuilles de papier de diverses couleurs et chargées d'indulgences plénières pour tous les péchés passés, présents et à venir. La joie populaire était sans bornes. Certains, il est vrai, affirmaient avoir vu ces feuilles d'indulgence métamorphosées en crapauds et en serpents hideux. Néanmoins, la grande majorité du peuple s'abandonnait à l'enthousiasme. Les fêtes durèrent encore plusieurs jours, pendant lesquels le nouveau pape thaumaturge accomplit des prodiges si extraordinaires et si incroyables que le récit en serait complètement inutile.

Pendant ce temps-là, sur les hautes solitudes de Jéricho, les chrétiens se livraient au jeûne et à la prière. Le soir du quatrième jour, quand la nuit commençait, le professeur Pauli et neuf compagnons, montés sur des ânes et amenant un chariot, pénétrèrent dans Jérusalem. Là, par des rues détournées, passant près de Kharam-ech-Cherif, ils gagnèrent Kharet-en-Nazara et atteignirent l'entrée du temple de la Résurrection, où, sur le pavé, gisaient les corps du pape Pierre et du père Jean. A cette heure, la rue était entièrement déserte. Tous les habitants se trouvaient à Kharam-ech-Cherif. Les soldats chargés de monter la garde dormaient d'un profond sommeil. Les arrivants constatèrent que les corps n'étaient nullement décomposés ni même engourdis. Les ayant placés sur des civières et les ayant recouverts de manteaux qu'ils avaient apportés, ils revinrent, par les mêmes rues détournées, près de leurs frères. A peine avaient-ils déposé les civières sur le sol, que l'esprit de vie reprit possession des deux morts. Ceux-ci se mirent à s'agiter, s'efforçant de se débarrasser des manteaux qui les enveloppaient. Tous les aidèrent, avec des cris de joie; et bientôt les deux ressuscités étaient debout, entiers et intacts. Et le père Jean parla en ces termes : « Ainsi donc, chers enfants, nous ne nous sommes pas quittés. Et voici ce que je vous dis maintenant : — L'heure est venue d'accomplir la dernière prière que le Christ a faite pour ses disciples ; qu'ils soient un, comme Lui-même avec le Père est un. En vue de cette unité chrétienne, chers enfants, vénérons notre bien-aimé frère Pierre. Qu'il paisse les dernières brebis du Christ! Frère, qu'il soit fait ainsi! » Et il embrassa Pierre. Le professeur Pauli s'avança alors : « *Tu es Petrus* », dit-il au pape : « *jetzt ist es ja gründlich erwiesen und ausser jedem Zweifel gesetzt.* »

De la main droite il lui serra fortement la main et tendit l'autre au père Jean, en disant : «*So also Väterchen, nun sind wir ja Eins in Christo.* » Ainsi s'accomplit l'union des Églises, dans l'obscurité de la nuit, sur une hauteur isolée. Mais, tout à coup, l'obscurité nocturne fit place à une splendeur lumineuse, et dans le ciel le grand signe apparut : une femme revêtue du soleil, ayant la lune sous ses pieds, et sur la tête une couronne de douze étoiles. Le signe demeura quelque temps au même endroit, puis, lentement, s'achemina vers le sud. Levant sa crosse, le pape Pierre s'écria : « Voilà notre étendard ! Suivons-le ! » Et, accompagné par les deux vieillards, ainsi que par toute la foule des chrétiens, il s'engagea dans la voie marquée par l'apparition, vers la montagne de Dieu, vers le Sinaï...

(Ici le lecteur s'arrête.)

LA DAME. — Pourquoi donc ne continuez-vous pas ?

M. Z... — C'est le manuscrit qui ne continue pas. Le père Pansophii n'a pu terminer sa narration. Étant déjà malade, il m'a raconté ce qu'il se proposait d'écrire ensuite — « quand je serai guéri », disait-il. Mais il ne put guérir; et la fin de sa narration fut ensevelie avec lui dans le monastère Danilov.

LA DAME. — Mais, sans doute, vous vous rappelez ce qu'il vous a dit. Alors, racontez-le.

M. Z... — Je me rappelle seulement les grandes lignes. Après que les chefs spirituels et les représentants de la chrétienté se furent éloignés dans le désert de l'Arabie, où, de toutes les directions, affluèrent vers eux des foules de fidèles zélateurs de la vérité, Apollonius put librement pervertir par ses prodiges et par ses miracles tous les chrétiens superficiels, qui n'étaient pas désillusionnés sur l'Antéchrist. Il déclara que, par la puissance de ses clefs, il avait ouvert les portes entre la vie terrestre et la vie d'outre-tombe. En effet, la communication entre les morts et les vivants, comme aussi entre les hommes et les démons, devint un phénomène habituel; et l'on vit se développer des formes nouvelles, inouïes, de débauche mystique et démoniaque. Mais aussitôt que l'empereur se crut solidement établi dans le domaine religieux et que, sous la pressante inspiration de la mystérieuse voix « paternelle », il se fut déclaré l'unique et véritable incarnation de la divinité suprême et universelle, — alors lui advint un nouveau malheur, du côté d'où personne ne prévoyait rien de tel : la révolte des Juifs. Ce peuple, dont les membres atteignaient maintenant le chiffre de trente millions, n'avait pas été tout à fait étranger aux préliminaires et à l'affermissement des universels succès du sur-homme. L'empereur, en venant s'installer à Jérusalem, avait secrètement entretenu dans les milieux juifs la rumeur que son principal dessein était d'établir sur toute la terre la domination d'Israël; pour cette raison, les Juifs l'avaient reconnu comme le Messie et lui avaient témoigné un dévouement enthousiaste et sans bornes. Et tout à coup, ils se révoltaient, respirant la colère et la vengeance. Cette révolution, sans aucun doute prédite dans la tradition et dans l'Écriture, a été représentée par le père Pansophii peut-être avec trop de simplicité et de réalisme. En somme, les Juifs, qui considéraient l'empereur comme un véritable et parfait Israélite, auraient par hasard découvert qu'il n'était même *pas circoncis*. Ce jour-là, tout Jérusalem et le lendemain toute la Palestine se révoltaient. L'absolu et ardent dévouement au sauveur d'Israël, au Messie

annoncé, se changeait en une haine absolue et ardente
vis-à-vis du fourbe astucieux, de l'impudent imposteur. Tout le judaïsme se leva comme un seul
homme ; et ses ennemis s'aperçurent avec surprise
que l'âme israélite, au fond, ne vit pas des calculs et
des appétits de Mammon mais de la force d'un sentiment sincère, par l'espérance et par le courroux de sa
foi messianique éternelle. L'empereur, qui ne s'attendait pas à une explosion si soudaine, perdit la
maîtrise de soi : il publia un édit condamnant à la
mort tous les sujets insoumis, juifs et chrétiens. Par
milliers et par dizaines de milliers, des gens qui n'avaient
pas eu le temps de s'armer subirent un impitoya-
ble massacre. Mais, bientôt, une armée d'un million de Juifs s'empara de Jérusalem et cerna l'Antéchrist dans Kharam-ech-Cherif. Celui-ci ne disposait
que d'une partie de la garde, qui ne pouvait l'emporter sur la masse des ennemis. Grâce à l'art magique
de son pape, l'empereur réussit à percer les lignes des
assiégeants. Bientôt, on le vit de nouveau en Syrie,
commandant une immense armée de païens de races
diverses. Les Juifs, malgré leur peu de chances de
vaincre, marchèrent à sa rencontre. A peine les avant-
gardes des deux armées s'étaient-elles rejointes, que se
produisit un tremblement de terre d'une violence sans
pareille. — Sous la mer Morte, près de laquelle les
troupes impériales avaient pris position, s'ouvrit le
cratère d'un énorme volcan ; et des torrents de feu,
qui se mêlaient en un lac enflammé, engloutirent
l'empereur lui-même, ses troupes innombrables et
son inséparable compagnon le pape Apollonius, à qui

toute sa magie ne fut d'aucun secours. Les Juifs coururent vers Jérusalem, effrayés et tremblants, suppliant le Dieu d'Israël de les sauver. Quand la ville sainte fut devant leurs yeux, un grand éclair entr'ouvrit le ciel, depuis l'est jusqu'à l'ouest. Et ils virent le Christ, qui descendait vers eux, en robe royale, avec les plaies des clous sur ses mains étendues. Alors, du Sinaï vers Sion, s'ébranlait la foule des chrétiens, conduits par Pierre, Jean et Paul; et de différents côtés aussi accouraient d'autres foules enthousiastes : c'étaient tous les Juifs et tous les Chrétiens que l'Antéchrist avait mis à mort. Ils revivaient; et ils commençaient à régner avec le Christ, pour une période de mille ans.

C'est par ce tableau que le père Pansophii voulait terminer sa narration, qui avait pour sujet, non pas l'universelle catastrophe de la création, mais seulement le dénouement de notre évolution historique : l'apparition, l'apothéose et la ruine de l'Antéchrist.

L'Homme politique. — Et vous pensez que ce dénouement est si prochain?

M. Z... — Sans doute, il y aura encore sur la scène bien des bavardages et des vanités; mais ce drame-là est, depuis déjà longtemps, écrit tout entier jusqu'à la fin; et ni les spectateurs, ni les acteurs n'auront le droit d'y faire aucun changement.

La Dame. — Mais, en somme, quel est le sens de ce drame? Je ne parviens pas à comprendre pourquoi votre Antéchrist a tant de haine pour la divinité, puisque, *au fond,* il est bon et non mauvais?

M. Z... — C'est que, précisément, il n'est pas bon

au fond. Et tout le sens du drame est là. Aussi, je retire ma déclaration de tout à l'heure, quand je disais : « On n'explique pas l'Antéchrist rien qu'avec des proverbes. » Pour l'expliquer entièrement, il suffit d'un seul proverbe, qui est d'ailleurs d'une extrême simplicité : « *Tout ce qui brille n'est pas or.* » Le bien frelaté qui a perdu son éclat n'a plus aucune valeur essentielle.

Le Général. — Mais remarquez aussi, dans ce drame historique, sur quoi tombe le rideau : sur la guerre, sur la rencontre de deux armées ! Ainsi, la fin de notre conversation en a rejoint le commencement. Que dites-vous de cela, Prince?... Tiens!... Mais, où est-il donc le Prince?

L'Homme politique. — Est-ce que vous n'avez pas vu? Il s'est retiré sans bruit, pendant le moment pathétique : lorsque le père Jean mettait l'Antéchrist au pied du mur. Alors, je n'ai pas voulu interrompre la narration; et ensuite je n'y ai plus pensé.

Le Général. — Il s'est enfui, ma parole!... il s'est enfui, et pour la seconde fois. Il s'était dominé, mais, tout de même, il n'a pu supporter ce vin-là. Hélas! mon Dieu!

FIN

TABLE DES MATIÈRES

	Pages.
INTRODUCTION. — Vladimir Soloviev. — L'homme. — L'ensemble de son œuvre. — Les *Trois Entretiens*..	I à CIV
Premier entretien,...........................	1
Deuxième entretien...........................	47
Troisième entretien...........................	113
(Courte relation sur l'Antéchrist)................	171

PARIS. — TYP. PLON-NOURRIT ET Cⁱᵉ, 8, RUE GARANCIÈRE. — 21947.

TABLE DES MATIÈRES

	Pages.
INTRODUCTION. — Vladimir Soloviev. — L'homme. — L'ensemble de son œuvre. — Les *Trois Entretiens*..	I à CIV
Premier entretien,................................	1
Deuxième entretien................................	47
Troisième entretien................................	113
(Courte relation sur l'Antéchrist)..................	171

A LA MÊME LIBRAIRIE

Dixmude. *Un chapitre de l'histoire des fusiliers marins (7 octobre-10 novembre 1914)*, par Ch. Le Goffic. 88ᵉ édition Un vol. in-16 avec deux cartes et douze gravures. . . 3 fr.
(Prix Lasserre 1915.)

En Campagne (1914-1915). *Impressions d'un officier de légère*, par Marcel Dupont. 50ᵉ édit. Un vol. in-16. 3 fr. 50

D'Oran à Arras (1914-1915). *Impressions de guerre d'un officier d'Afrique*, par Henry d'Estre. 7ᵉ édition . . 3 fr. 50

Étapes et Combats. *Souvenirs d'un cavalier devenu fantassin*, par Christian Mallet. 14ᵉ édition. Un vol. in-16 3 fr. 50

Impressions de guerre de prêtres soldats. recueillies par Léonce de Grandmaison. 8ᵉ édit. Un vol. in-16. 3 fr. 50

Les Vagabonds de la gloire. *Campagne d'un croiseur (août 1914-mai 1915)*, par René Milan. 14ᵉ édition. 3 fr. 50

Avec une batterie de 75. **Ma Pièce.** *Souvenirs d'un canonnier (1914)*, par Paul Lintier. 21ᵉ édition. Un vol. in-16. 3 fr. 50

Journal d'un grand blessé. **Aux mains de l'Allemagne**, par Ch. Hennebois. Préface d'Ernest Daudet. 9ᵉ édition...... 3 fr. 50

La Belgique héroïque et vaillante. **Récits de combattants.** recueillis par le baron C. Buffin. Préface de M. de Broqueville 8ᵉ édition. Un vol. in-16 avec 34 gravures et 14 cartes. 3 fr. 50

Carnet de route (août 1914-janvier 1915), par Jacques Roujon. Préface de Robert de Flers. Croquis de Carlos Reymond 5ᵉ édition. Un vol. in-16................ 3 fr. 50

Trois Tombes, par Henry Bordeaux. 17ᵉ édition . 3 fr. 50

Dardanelles, Serbie, Salonique (avril 1915-janvier 1916), par Joseph Vassal. Un vol. in-16 avec gravures et cartes. 3 fr. 50

A tire d'ailes. *Carnet de vol d'un aviateur et Souvenirs d'un prisonnier de guerre*, par Renaud de La Frégeolière. Préface de René Bazin. 5ᵉ édition. Un vol. in-16. . . . . 3 fr. 50

Une ambulance de gare, par José Roussel-Lépine (croquis des premiers jours de guerre — août 1914). Un vol. in-16. 2 fr. 50

La Belgique loyale, héroïque et malheureuse, par J. Boubée. Préface de M. H. Carton de Wiart. . . . 3 fr.

Les Dessous de la politique en Orient, par Un Allemand Traduit de l'anglais par M. H. Bonnet. 4ᵉ édition.... 3 fr. 50

La Bataille de la Marne (6-12 septembre 1914), par Gustave Babin. 10ᵉ édition. Un vol. in-16 avec neuf cartes. 2 fr.

Voyages au front. *De Dunkerque à Belfort*, par Edith Wharton 7ᵉ édition. Un volume in-16..................... 3 fr. 50

Dans la Belgique envahie. **Parmi les blessés allemands** (août-décembre 1914). 4ᵉ édition par Joseph Boubée. 3 fr. 50

Les Allemands à Louvain. *Souvenirs d'un témoin*, par M. H. de Gruben. Préface de Mgr Simon Deploige. 8ᵉ éd. 2 fr.

Notes d'une infirmière (1914), par M. Eydoux-Démians 9ᵉ édition. Un volume in-16. . . . . 3 fr.

PARIS. TYP. PLON-NOURRIT ET Cⁱᵉ, 8, RUE GARANCIÈRE. — 21947

www.ingramcontent.com/pod-product-compliance
Lightning Source LLC
Chambersburg PA
CBHW060657170426
43199CB00012B/1833